数理社会学シリーズ1 Mathematical Sociology Series 1

数理社会学入門

数土直紀・今田高俊 編著

SUDO Naoki and IMADA Takatoshi, eds.
Introduction to Mathematical Sociology

勁草書房

数理社会学シリーズの刊行にあたって

　日本において，数理社会学会が設立されたのは1986年3月（その前身である，全国規模の数理社会学研究会が設立されたのは1980年6月）のことである．以来，日本でも数理社会学が根付きはじめ，学会誌『理論と方法』を中心にさまざまな研究成果が蓄積され，その裾野を拡げてきた．今や数理社会学は，日本の社会学界においてもっとも研究活動の盛んな分野の一つとなった．

　しかしその一方で，数理社会学が社会学全体の中で不可欠な領域として受け止められているかというと，必ずしもそうではない．少なくとも，数理経済学が経済学全体の中で占めているようなポジションを，数理社会学が占めているわけではない．多くの場合，数理的手法を用いた研究は，数理社会学に馴染みのない社会学者からは敬して遠ざけられる傾向にあった．いや，単に避けられるだけでなく，現実離れした研究しかやっていないかのような誤解を受けてもきた．これは，数理社会学者にとっても，それ以外の社会学者にとっても不幸な事態であったといえる．

　数理社会学は，現実社会から乖離した＜モデル＞遊びをする学問ではない．むしろ，さまざまな数理モデルを通じて，真剣に現実との対話を試みる学問である．このことが十分に理解されてこなかったのは，数理社会学者自身がもっぱら数理社会学者に向けて（あるいは，数理社会学に関心をもつ限られた院生や学生に向けて）論文を書き，研究成果を積み重ねてきたことに起因しよう．その結果，本来であれば学界全体で享受すべき果実を，意図したわけではないが，限られた範囲内で独占してきたのかもしれない．

　本シリーズは，このような事態を反省し，必ずしも数理社会学者に限定されない読者に向けて，数理社会学の何たるかを明らかにすると同時に，最新の研究成果をも紹介することを狙いとしている．この企画により，まずは数理社会学が「敬して遠ざけられる」ものではなく，社会を正しく理解するために不可欠な手法であることを明らかにしようと思う．現象を正しく理解するとは，その現象を引き起こすメカニズムを筋道立てて説明することであり，これに徹す

ることが数理社会学の基本だからである．次いで，数理社会学者が独占してきた成果をより多くの読者に還元しようと思う．従来のあまりに哲学的な社会理論やあまりに記述的な実証研究にうんざりしていた読者は，より魅力的な学に出会うことになるはずである．

　本シリーズは次のような構成をとっている．第1巻では数理社会学の基本的な姿を明らかにし，第2巻ではこれを前提にして数理社会学に関係する理論と方法をより詳しく解説する．そして，第3巻，第4巻，第5巻は，数理社会学の最前線を，テーマ別に一般の読者にも分かる形で紹介していく．このような形をとることで，数理社会学の全体像が把握できると同時に，具体的な個別研究を通じて読者の問題関心を深めることができると思われる．もちろん，各巻をそれ自体完結した図書として読むことも可能である．

　本シリーズを通じて，一人でも多くの読者に数理社会学の魅力を理解してもらうこと，これは本シリーズの編者が切に願うところである．そしてさらに，数理社会学に魅力を感じた読者の心に，自分も本格的に数理社会学に挑戦してみたいという思いが湧き上がってきたなら，私たちはその人とともに，今私たちの目の前にある途を歩んでいきたい．

2004年5月

数土直紀・今田高俊

第1巻　はしがき：数理社会学の全体像

数土直紀・今田高俊

　『数理社会学入門』というタイトルの本巻は，数理社会学のことを必ずしもよく知らない読者に向けて，数理社会学の全体像を理解してもらうために編まれた．特に，「第1部　社会から数理モデルへ：方法編」は，数理社会学の基本的な用具がどのような考えの下で発展し，また現在利用されているのかを明らかにすることを目的としている．これに対し，「第2部　数理モデルから社会へ：事例編」は，そうした用具が個別研究でどのように用いられ，またそうすることでどのような新しい知見が導かれるのかを示すことを目的としている．所詮，どんなに精巧な用具であっても使われなければ意味がない．用具は用具でしかなく，それ自体に存在意義はないからである．だからこそ，本巻では本格的な理論と手法の解説は禁欲し，基本的な考え方の紹介とそれらが実際の研究にどう適用されるのかの紹介に徹することにした．

　シリーズの冒頭に，数理社会学の全体像を問題にする巻を配置した理由は，学が学として発展するのは，その学が魅力的な全体像をもち，人々の構想力を刺激するときだと考えたからである．

　確かに，学は個別研究の集積であり，その中にどれだけ優れた研究が含まれるかが重視される．そういった意味では，優れた個別研究を多面的に紹介することも，学としての存在意義を明らかにするうえで必要である．しかし学の全体像がみえないことには，個別研究の意義も十分には理解できない．ある個別研究が他のそれとどうつながり，学全体の中でどう位置づけられるかを知ることが，個別研究を正しく評価するために必要である．逆に言えば，どれほど水準の高い研究であっても，その研究を正しく評価する枠組がなければ，周囲の理解を得られないまま埋もれてしまうことになる．

　以上の意図の下に，本巻では，特に方法論に焦点をあてて，数理的手法を用いた社会分析の意味を，一般読者にもわかる形で紹介することを試みた．

具体的には，第1章（今田高俊）では数理社会学の手法をもちいた分析により，社会がどれだけクリアに見えてくるかを論じている．この章は，そもそも「なぜ数理社会学なのか」の意味を明らかにしてくれるだろう．次に，第2章（志田基与師）では数理社会学の背景となる考え方（哲学といってもよい）が何であるかを論じている．この章によって，数理社会学に対する深みのある理解が得られるはずである．第3章から第5章までは，数理社会学の基礎となる代表的な用具の意味について，掘り下げた議論を提供している．第3章（佐藤嘉倫）では，特にゲーム理論を取り上げながら，分析手法が問題を支配するのではなく，問題に応じて分析手法がどう深められていくのかを明らかにしている．そうすることで数理社会学の，問題に対する柔軟な態度が明らかにされる．第4章（遠藤薫）では，シミュレーションが単なる模擬実験を超えた，深い社会理解を可能にする手法であることを論じている．これは，数理社会学が必ずしも数理にとらわれた学でないことを明らかにしてくれる．第5章（与謝野有紀）では，計量社会学との関係に注目しながら，数理社会学の全体像を浮かび上がらせている．数理社会学をまったく知らない人は数理社会学と計量社会学とを混同しがちだし，ある程度数理社会学（あるいは，計量社会学）を知っている人は両者を必要以上に対立的に考えがちだが，両者が互いに区別されつつも本質的なつながりをもっていることが明らかにされている．

第6章から第9章は個別研究の紹介である．第6章（近藤博文）では，投票ゲームを紹介する形をとりつつ，投票ゲームの考え方で細川連立政権の成立がどのように説明されるのかを明らかにしている．第7章（山本英弘）では，社会運動を素材にして，モデルとデータを結びつける試みがなされている．第8章（長谷川計二）では，シミュレーションモデルからどのような知見が導き出しうるかを明らかにしている．第9章（浜田宏）では，単純な仮定から説明すべき社会現象をいかにして導出するのかを明らかにしている．また，第10章（数土直紀）では，これらの各章に数理社会学の特徴がどう現れているのかについて，総括的な議論がなされている．

本巻によって，一人でも多くの読者に「なるほど，数理社会学のツボがみえた」と得心してもらえれば，編者としてこれにまさる喜びはない．

数理社会学シリーズ1
数理社会学入門

目次

数理社会学シリーズ刊行にあたって

第1巻　はしがき：数理社会学の全体像 ………………数土直紀・今田高俊

第1部　社会から数理モデルへ：方法編

第1章　数理社会学への招待 ……………………………今田高俊

1.1　数理社会学とは　3
  1.1.1　数理社会学の利点と落とし穴
  1.1.2　数理社会学の手順

1.2　常識の非合理性と人間味：数理への偏見　6

1.3　社会数理の妙味：言説理論を超えて　9
  1.3.1　恋愛のダイナミクス：ダイアド関係の安定性
  1.3.2　逢い引きのトラブル・ゲーム：協調関係下の駆け引き

1.4　数理社会学の心得　15
  1.4.1　概念のフォーマライゼーション：分業と集団のバランス
  1.4.2　命題のフォーマライゼーション：呪術の機能

第2章　数理社会学の可能性と限界 ……………………志田基与師

2.1　社会学理論としての数理社会学　27
  2.1.1　「理論」と「モデル」
  2.1.2　数学の必要性と不十分性：この章の目的と構成
  2.1.3　計量社会学と数理社会学
  2.1.4　社会科学と数学

2.2　数学と科学　31
  2.2.1　科学の「よさ」
  2.2.2　記述と一般化

2.2.3　分類と概念図式
　　　2.2.4　説明と法則
　　　2.2.5　公理主義
　　　2.2.6　定式化と解釈

2.3　実証性と理論の進歩　41
　　　2.3.1　反証主義
　　　2.3.2　パラダイム論

2.4　開かれた態度　45
　　　2.4.1　森鷗外の「脚気」と野口英世の「黄熱病」
　　　2.4.2　仮説的な態度

第3章　社会分析の道具としてのゲーム理論………………佐藤嘉倫

3.1　エスカレーターとゲーム理論　51

3.2　ゲーム理論の考え方　52
　　　3.2.1　ゲーム理論の基本枠組
　　　3.2.2　ナッシュ均衡の求め方

3.3　進化ゲーム理論の考え方　59
　　　3.3.1　進化の過程
　　　3.3.2　レプリケーター・ダイナミクス
　　　3.3.3　レプリケーター・ダイナミクスと進化的に安定な戦略

3.4　従来のゲーム理論と進化ゲーム理論の関係　69

第4章　実践としてのシミュレーション ………………………遠藤薫
　　　　　──〈社会〉の理解／記述／創出

4.1　シミュレーションという社会学的行為　73

4.2　現代のシミュレーション・モデルの特徴　74

4.3　シミュレーションと現代科学　75

4.3.1 フォン・ノイマンの「コンピュータ」と二つの「ゲーム」
   4.3.2 進化ゲームとシミュレーション
   4.3.3 遺伝子と進化論
   4.3.4 人工生命
   4.3.5 人工社会：マルチエージェントとオブジェクト指向
   4.3.6 サイバネティクス：オートポイエーシス，社会システム論

4.4 シミュレーションの正当性について：シミュレーションという実践　84
   4.4.1 シミュレーション・モデルの諸問題
   4.4.2 科学とは何か
   4.4.3 〈理解〉の技法としてのシミュレーション

4.5 社会の創出とシミュレーション　88
   4.5.1 社会生成の契機としてのシミュレーション（模擬）
   4.5.2 シミュレーションと役割演技：モレノとロールズ

4.6 〈現実〉のシミュレーション化　93

第5章　検証のための計量分析 ……………………………与謝野有紀

5.1 数理社会学と計量分析　99

5.2 計量分析と社会学理論　101

5.3 数理モデルから計量モデルへ　104

5.4 理論の数理モデル化とその展開，および計量分析　107

5.5 計量分析と演繹的モデルの独立的進展　112

5.6 社会学的計量分析の展開可能性　117

第2部　数理モデルから社会へ：事例編

第6章　投票者の勢力と提携形成の数理モデル　………近藤博文
　　　　──投票ゲームによる分析

6.1　社会科学とゲーム理論　125

6.2　投票ゲームとはなにか　126

6.3　投票者の勢力をどのようにとらえるか：パワー指数の定式化　129

6.4　どのような提携がつくられるか：提携形成モデルの構築　135

6.5　日本の連合政権形成へのモデル適用　141

6.6　投票ゲーム研究の広がり　143

第7章　社会運動の発生と政治的機会構造 ………………山本英弘
　　　　──ゲーム理論的モデルによる考察と国際比較分析

7.1　社会運動の発生メカニズムの追究　147

7.2　社会運動の発生と政治的機会構造　148
　　7.2.1　政治的機会構造論とその問題点
　　7.2.2　数理モデルを用いた定式化の意義

7.3　政治的機会構造の分析枠組　151

7.4　ゲーム理論的モデルによる分析　154
　　7.4.1　モデルの仮定
　　7.4.2　モデルからの考察

7.5　国際比較データによる分析　160
　　7.5.1　予測の導出
　　7.5.2　変数の操作化
　　7.5.3　データとの照合

7.6 結語:数理モデルによる分析の成果と課題　164

第8章　共同体でもなく原子化された個人でもなく
――社会的ジレンマにおけるゲームのリンケージと社会関係資本

長谷川計二

8.1 コミュニティにおける協力行動　169
 8.1.1　2つの調査
 8.1.2　社会的ジレンマと社会関係

8.2 社会関係資本とゲームのリンケージ　170
 8.2.1　市民的積極参加のネットワーク
 8.2.2　繰り返し囚人のジレンマにおける戦略と協力の進化
 8.2.3　「水利ゲーム」と「共同体ゲーム」のリンケージ

8.3 社会関係のネットワークと社会関係資本　175
 8.3.1　イシュー・リンケージとプレイヤー・リンケージ
 8.3.2　ネットワークの構造と社会関係資本

8.4 コミュニティの強さ／弱さ　180

8.5 社会的ジレンマにおける「中間集団」の位置　183

第9章　繰り返しゲームによる所得分布の生成　………浜田宏

9.1 「お金持ち」は少ない　187

9.2 ベースライン・モデル:投資ゲーム　188

9.3 ゲームの反復による正規分布の導出　194
 9.3.1　反復投資ゲームの数学的構造:$\frac{1}{(R+1)} < \gamma \leq 1$ の場合
 9.3.2　反復投資ゲームの数学的構造:$0 \leq \gamma \leq \frac{1}{(R+1)}$ の場合

9.4 対数正規分布の導出:累積効果を考慮したモデル　205

9.5 反復投資ゲームに関する今後の課題 209

第10章　これからはじめなければいけないこと　………数土直紀

10.1 抽象化と具体化 211

10.2 モデルと現実 214

10.3 事例編について 218
 10.3.1 投票者の勢力と提携形成の数理モデル：第6章
 10.3.2 社会運動の発生と政治的機会構造：第7章
 10.3.3 共同体でもなく原子化された個人でもなく：第8章
 10.3.4 繰り返しゲームによる所得分布の生成：第9章

10.4 数理社会学シリーズのめざすもの 226

人名索引／事項索引

執筆者略歴

第 1 部
社会から数理モデルへ：方法編

第1章 数理社会学への招待

今田高俊

1.1 数理社会学とは

　数理社会学とは，数学的論理を用いて社会現象を記述し説明することを目的とする理論社会学のことをいう．数理社会学はあくまで社会学であり，社会学の他の分野と同様に，社会学独自の視座や問題関心や概念枠組みによって基礎づけられる．ただ，説明手段として数学的論理を用いること，つまり社会学の概念や命題を数学的に翻訳することによって数理モデルを構築し，このモデルが持つ構造を解明することで，社会現象に一般的説明を与えるところに，数理社会学の独自性が存在する．

1.1.1 数理社会学の利点と落とし穴

　社会現象を理解するために，数理は万能ではないが不可欠である．数学は明確でありあいまいさがなく，しかも簡潔であり実り豊かな言語である．日常言語による言い回しや比喩は，しばしば読み手を偽り理論的な罠をつくりだす．数学的手法を理論構築の理想的手段と考えるのは，数学が言説の持つ限界や欠点を払拭して，厳密で一義的な推論を可能にするからである．しかし数学の持つ利点の裏返しとして，そこには落とし穴も存在する[1]．
　まず，利点についてピックアップしてみよう．(1)現象の明確な定式化が可能なこと．数学言語は，事象を正確に特定化することを要求するから，多義的解釈の余地を残さない．(2)数学的表現は一般に文章表現よりも簡潔であり節約的であること．(3)数学言語はイデオロギーや思想的背景から自由であり，数式の

1　今田（1980）を参照．

なかにそれらがアプリオリに入り込むことを回避できるという意味で客観性を保持できること．(4)ある条件のもとで導かれる帰結を正しく推論できること．(5)モデルの経験的テストのための目安を与えることができること．(6)パラメータをデータから求めなくても，シミュレーションによる予測が可能なこと．これら 6 つの効用は，体系的に考えてピックアップしたものではないから，他に追加される項目がありうるが，基本的なものはカバーされているはずである．

これに対して数理社会学の落とし穴には，大別して 2 つがある．(1)数理モデルの設定と解析が自己目的化することにより，社会学的な問題設定とその解明が希薄となる形式主義の落とし穴．むやみやたらと並びたてられた数式，あまりにも多い仮定による現実味の欠如などは，数理の強調による社会学の欠落を招きかねない．数理社会学はあくまで社会学として位置づけられるから，社会学を無視して数理に走ることは，悪しき形式主義に陥ることになる．(2)数理モデルの条件を備えていないにもかかわらず，あたかも数理モデルであるかの装いをする似非数理社会学の落とし穴．数理モデルの条件とは，数学的演算が可能であるように仮定や仮定命題が設けられていること，および演算によって有意義な命題が導出できることである．これらについての配慮がなされていない限り，それは数理モデルと呼ぶに値しない．この落とし穴は数理社会学のごく初期にあらわれるものであり，その普及とともに淘汰される運命にある．ただし形式主義の落とし穴に関しては，つねにその危険が存在する．

1.1.2　数理社会学の手順

数理社会学の作業は大きく分けて 3 段階に区別される．(1)モデルの構築，(2)モデルの解析，(3)モデルの評価，である．

まず，第 1 段階である数理モデルの構築について．すべての科学に共通する課題は，錯綜した対象世界に，ある視座から光をあてて概念枠組みを作成するとともに理論化を試みることにある．視座とは，対象世界の見方の基礎になる構えであり，各学問分野に固有の問題設定をもたらす源泉である．問題設定は，現実社会における具体的な争点についてなされることもあれば，純粋に理論的な争点についてなされることもある．いずれの場合でも，それを数理モデルに表現しなおす作業が必要である．

数理モデルには，《変数の集合》と変数間の関係をあらわす《関数》が含まれる．理論における概念が変数に対応し，命題が関数に対応する．したがって，

モデルの構築には，理論における概念や命題を数学的定式化が可能なようにつくりあげること，またそのために必要な仮定を設けることが必要である．というのも，数学による推論とは，仮定にもとづいて新たな命題を導出することだからである．結局，モデルの構築とは，変数の集合に仮定を設けることにより，変数間の関係を関数として表現する作業のことである．モデルの構築がなされたならば，そのモデルが経験的事象について何を語っているかを解釈し，モデルに現実味を与えることが要求される．

第2段階であるモデルの解析は，数学的演算によって，仮定から有意味な命題を導出する過程である．この段階で問題となることがらは2つ．(1)モデルの数学的構造が解の存在を保証するように設定されているかどうかの吟味，(2)モデルが首尾よく解けて解が求まった場合の社会学的な吟味，がそれらである．

解の存在の吟味は，ミクロ経済学における市場均衡の数理モデルでおなじみの問題である．一般に未知数と方程式の数とが等しいときには方程式は解けるが，方程式が相互に独立ではなく一方が他方に従属する関係であったり，変数に課せられた制限条件の範囲内では解が存在しなかったり，不定解であったりする場合には，充分ではない．そのような場合には，モデルに仮定を追加したり，線形関係の構造方程式モデルに近似したりするなどの工夫が必要である．しかし，これらの措置によって，モデルにあまりにも多くの仮定が設けられて，現実ばなれがはなはだしくなっては意味がない．数理社会学にとっての格言は，《単純化を恐れてはならない，しかし本質を落としてはならない》である．単純化と本質を突くことのバランス感覚を涵養することが大切である．

次に解の社会学的吟味の問題．かりにモデルが首尾よく解を求められるよう構築されていても，単に数学的演算をおこなえばよしというわけではない．モデルを解く過程でさまざまな演算が試みられるが，その演算が社会現象の何に対応するのかを明らかにする必要がある．たとえば，効用関数をある財の量で微分したものは，その財の限界効用であるとか，需要量と供給量の一致は市場の均衡であるといったように．これらのことがらは，一般に《演算の解釈可能性》の問題として位置づけられる．さらに，推論によって導かれた解が，何をあらわしているかについて的確な解釈をおこなう必要がある．これは《推論結果の解釈可能性》の問題である．これら2つの解釈可能性がどれだけ説得的であるかが数理モデルの意義を左右する．モデルの解析には，数学的テクニックの習得だけでなく，その社会学的解釈のトレーニングも要求される．

第3段階であるモデルの評価は，理論的観点からなされるものと，経験的観点からなされるものとに分かれる[2]．《理論的評価》とは，モデルを修正したり広範囲の問題へと一般化を試みたりすることである．この場合，評価活動は，社会学的視座に始まって概念枠組みの構築，問題設定，モデルの設定，モデルの解析と続く作業とは逆向きの流れでおこなわれる．これに対し，《経験的評価》はモデルを経験的テストにかけることをいう．モデルの変数が，そのまま経験的データに対応するものである場合には，パラメータの推定や検定によりモデルの現実適合度を吟味し，そうでない場合には，変数と何らかのかたちで対応がつく測定可能な他の概念を用いてテストすることが要求される．

1.2 常識の非合理性と人間味：数理への偏見

数理社会学に対する偏見の1つに，「人間行動は合理的ではないから，数学を用いて社会学しても意味がない」とする意見がある．なるほど，人の意思決定には，合理的に説明できない癖や錯覚がつきまとう．手っ取り早い直感的な判断に頼ったり，説明の仕方次第で選択結果が変わったり，さらには先に与えられた情報ほど印象に残りやすかったりするため，意思決定はしばしば合理性を逸脱する．これらを含め，社会現象には，思いこみや思い違いや気まぐれなど，いろんな心理的バイアスがかかり，複雑怪奇（非合理的）な行動が発生する．だから，数学で人間行動を説明しようとしても無駄である，という批判が起きるのも無理からぬことである．

しかし，こうした偏見には次のような誤解がある．つまり，数学が合理的説明を目指すための一方法であることと，説明しようとする現象が合理的であることとの混同である．これを《カテゴリーの誤謬》という．認識水準の話と実在水準の話をごちゃ混ぜにする誤りである．およそ科学であるためには，認識としての説明は合理的な（筋が通った）ものでなければならない．かりに数学を用いなくても，合理的に説明できなければ科学は成立しない．これに対し，認識の対象となる実在現象には，経済行動のように比較的合理的な行動もあれば，習慣や情緒的行為あるいはパニック行動のように合理的でないものもある．数学は現象を認識（説明）するための手段であって実在（現象）とは直接的に関連

---

[2] Fararo（1973＝1980：第1章）を参照．

しないから，数学が合理的行動だけを説明するというのは明らかに誤解である．非合理的とみえる現象にパラドクスや規則性を発見する試みが，しばしば数学を用いてなされる．

たとえば，次のような例を考えてみよう．「アレのパラドクス」と呼ばれる興味深い現象で，フランスの経済学者モーリス・アレが発見したものである[3]．まず，次のような選択肢のうちどちらを好むか考えてみる．

(a) 100％の確率で，つまり確実に100万円が手に入る．
(b) 89％の確率で100万円，10％の確率で500万円が手に入り，1％の確率で0円しか手に入らない．

この場合，多くの人が(a)を好むことが実験により確かめられている．確実に100万円が貰えるのなら，人はリスクを避ける傾向にある．これに対し，次のような選択肢を示した場合どうなるか．

(c) 10％の確率で500万円が手に入り，90％の確率で0円しか手に入らない．
(d) 11％の確率で100万円が手に入り，89％の確率で0円しか手に入らない．

この場合は，圧倒的に(c)が好まれる．500万円を手に入れるのと100万円を手に入れる確率の違いが1％でしかない場合，人はリスクを積極的に引き受けてみようという気持ちになりがちである．ということで，2つの実験をすると，ほとんどの人は(a)と(c)を選ぶ．しかし，この選択は本人の好みが首尾一貫しておらず矛盾しているのである．合理的な意思決定をするならば，(a)を選べば(d)を，(b)を選べば(c)を選ぶはずである．なぜそうなのか，簡単な数学を使ってこれを証明できる．

いま，x 円のお金に対する効用を $u(x)$ であらわし，それぞれの選択から得られる期待効用を U であらわすことにする．最初の選択状況での選択肢(a)では，その期待効用は $U(a)=1.0\times u(100万円)$ になり，選択肢(b)では $U(b)=$

---

[3] Allais (1953) を参照．

$0.89 \times u(100万円) + 0.1 \times u(500万円) + 0.01 \times u(0円)$ になる．同様に，2番目の選択状況での選択肢(c)では，その期待効用は $U(c) = 0.1 \times u(500万円) + 0.9 \times u(0円)$，選択肢(d)では，$U(d) = 0.11 \times u(100万円) + 0.89 \times u(0円)$ となる．

　選択肢(b)より(a)を好むということは，本人にとって(a)のほうが(b)より期待効用が大きいことをあらわす．そこで，両者の期待効用の差を計算してみる．単純な引き算をすれば，

$$\begin{aligned} U(a) - U(b) &= 1.0 \times u(100万円) - 0.89 \times u(100万円) \\ &\quad - 0.1 \times u(500万円) - 0.01 \times u(0円) \\ &= 0.11 \times u(100万円) - 0.1 \times u(500万円) - 0.01 \times u(0円) \end{aligned} \quad (1.1)$$

となる．(a)を選んだ本人は式 (1.1) の効用がプラスであると思っているはずである．つまり，$U(a) - U(b) > 0$ である．

　これに対し，2番目の選択状況を考えた場合，(d)より(c)を好むのだから，本人は(c)のほうが期待効用が大きいと判断しているはずである．そこで，期待効用 $U(c)$ から期待効用 $U(d)$ を引いてみる．

$$\begin{aligned} U(c) - U(d) &= 0.1 \times u(500万円) + 0.9 \times u(0円) \\ &\quad - 0.11 \times u(100万円) - 0.89 \times u(0円) \\ &= -0.11 \times u(100万円) + 0.1 \times u(500万円) + 0.01 \times u(0円) \end{aligned} \quad (1.2)$$

　(1.2) 式の右辺は，(1.1) 式の右辺の符号を正反対にしたものだから，(1.1) 式が正の値をとるとすれば，(1.2) 式の値は負にならなければならない．ということは，$U(c) - U(d) < 0$ だから，本人が首尾一貫した選好を持つならば，(c)ではなく(d)を選んでよいはずである．ところが実際に好まれるのは(c)で計算結果とは逆であり，合理的に正しい選択をしているとはいえない．このことは「リスクに対する選好」によっても説明がつかない．すなわち，人間には，小額でも確実な利益を求める《リスク回避的》な傾向がある一方，「一発逆転」をねらうときには《リスク愛好的》になる傾向があるが，これら双方を考慮しても，期待効用を無視したパラドクスが発生してしまうのである．

　アレのパラドクスが興味深いのは，人の行動には合理的に説明できない癖や錯覚があることを，数学を使って合理的に説明していることである．このように，人間行動の非合理性を明らかにするために数学は貢献しうる．こうした試

みがなされてはじめて，生身の人間が持つ温かな生命を取り込んだ理論づくりの指針が得られよう．非合理性の解明は数理社会学の射程内にある．

1.3 社会数理の妙味：言説理論を超えて

数理の妙味は言説では導くことができない推論を可能にすることにある．たとえば，社会学の基礎理論に相互行為論があるが，一般的にはこれについて次のような説明がなされる．「二者間の相互行為が互いの満足（欲求充足）をもたらす場合，相互作用が繰り返され相対的に安定したパターンが形成される．このとき相互行為は均衡し構造化する．逆に，相互の満足がもたらされない場合，相互行為は対立や葛藤の状態に陥り，破局に向かう．」以上は統合と分裂のダイナミクスを言説的に述べたものである．しかし，現実社会における相互行為はこんなに単純ではない．統合のタイプも一枚岩ではないし，どのような条件の下にどのようなタイプの統合があらわれるかを区別する必要がある．それには数理の助けを借りるのが有効である．

1.3.1 恋愛のダイナミクス：ダイアド関係の安定性

私はかつてダイアド関係（二者関係）の数理分析を試み，相互行為が収斂した均衡状態には4つのタイプがあること，またこれらのうち3つは安定な均衡状態，1つは不安定な均衡状態であることを明らかにした[4]．その詳細な説明は割愛せざるをえないが，結果の概要を紹介しておこう．

いま，二者をAとBとし，両者それぞれがおこなった行為のやりとりの経過を，(a_1, b_1)，(a_2, b_2)，(a_3, b_3)，…，(a_n, b_n)という2組の値のベクトル系列で表現する．AとBは，恋人関係にある男女，組織の上司と部下，友人同士など，どのような場合でもかまわない．要は，二人が互いに一連の行為(a, b)のやりとりをおこなう状況を考える．aとbの下付き数字は，1回目のやりとり，2回目のやりとり，…，n回目のやりとりをあらわす．具体的な行為の内容は，恋人関係であれば互いの愛情表現，上司・部下関係であれば助力の提供と敬意の表現を想定する．こうした相互行為の過程は，aとbを変数とする2変数システムとして，(1.3) 式のように表現できる．

---

[4] 今田（1977）を参照．

$$\frac{da}{dt} = f_a(a, b)$$
$$\frac{db}{dt} = f_b(a, b) \tag{1.3}$$

A と B の相互行為が時間の経過とともに収斂した場合，たとえば恋人関係にある男女の愛情表現のやりとりは，ある一定の値になる．つまり，愛情表現を互いに増やしたり減らしたりする調整がされ尽くして，その時間的変化率がゼロになることである．すなわち，

$$\frac{da}{dt} = 0$$
$$\frac{db}{dt} = 0 \tag{1.4}$$

である．(1.4) 式を満たす a と b の値が均衡値である．いまこれを (a^*, b^*) とする．このダイアド・システムの振る舞いを求めるには (1.3) 式を解く必要があるが，そのためにテイラー展開という手法を用いて，一次の微分形式に近似してみる[5]．そしてこの解を求めると 4 つの場合が存在し，3 つの安定なパターンと 1 つの不安定なパターンが得られる（完全に不安定な場合は除外してある）．図1-1 がこれらをグラフにしたものである．

いま，これら 4 つのパターンを恋愛関係にある男女を例として，考えてみることにしよう．男性 A は愛情表現 a を女性 B におこない，女性は愛情表現 b を男性に対しておこなうとする．具体的な愛情表現の内容は問わない．問題にするのはその量の多寡である．

（イ）はノード型の再均衡過程と呼ばれ，互いが満足できる均衡点 (a^*, b^*) から外れた場合，相互に歩み寄りを示すことで元の均衡に復帰するパターンである．たとえば，恋人同士が何らかの事情で喧嘩になり，男性 A と女性 B がともに拗ねて愛情表現不足に陥った状態――点 (a_i, b_i)――から，互いに反省し気を取り直して元の鞘におさまる状況がこれに相当する．そのほかにも，このパターンには「男性が拗ね，女性が歩み寄る」タイプやその逆のタイプ，あ

---

[5] テイラー展開法をここで詳しく述べることはできないが，これは非線形の関数の性質を微分法によって調べるための方法であり，一次微分の項（線形部分），二次微分の項，三次微分の項，等々を用いて近似する方法である．テイラー展開については，解析学についての標準的なテキストで必ず紹介されている．

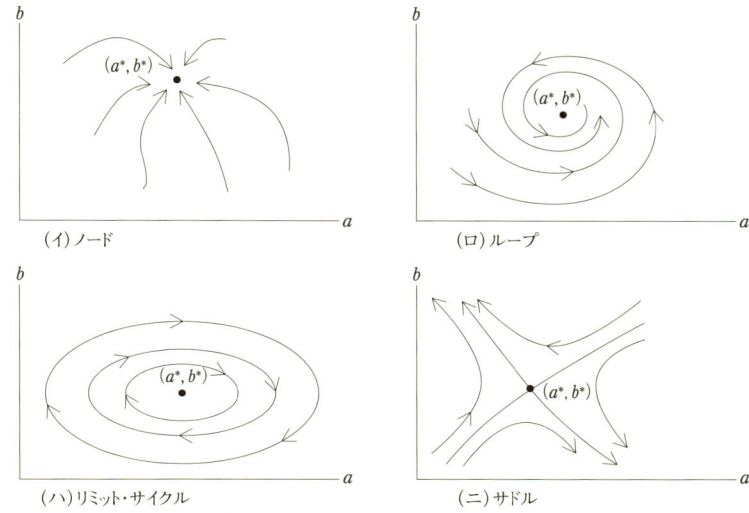

図1-1 相互行為システムの4つの挙動パターン

るいは「過剰な愛情の相互表現の熱をさます」といったタイプも含まれる．このタイプの均衡の特徴は，均衡から外れた場合，反省や歩み寄りによって均衡への復帰がストレートにおこなわれる力学が含まれることである．このタイプの二者関係は完全な統合状態にあるといえよう．これは《完全統合型関係》と呼ぶことができ，「あなたと私，一心同体よ」というケースがあてはまる．

(ロ)はループ型の再均衡過程をあらわす．これはノード型と同じく均衡へ復帰するパターンであるが，互いの愛情表現を増やしたり減らしたりしつつ，その増減の振幅を減衰させることにより均衡状態へ復帰するタイプである．女性が愛情表現を増大しているにもかかわらず，男性がそれに応答してくれない場合，女性が次第に冷めた状況に傾く．それを知った男性は危機感を抱いて愛情表現を高めるが，女性はますます冷めた態度をとり続けるため，男性も嫌気がさして，冷淡な態度をとるようになる．ところが，女性のほうも，その状態がどこまでも続くことに危機感を抱くようになり，反省して男性の愛情に応えるようになる．以下，同様のやりとり続くが，このパターンの特徴は，反発－応答の揺れ幅が次第に小さくなって減衰し，最終的には均衡状態へ復帰することにある．これは《試行錯誤型関係》と呼ぶことができ，「あなたがそうなら，

私だっていわせてもらう」と喧嘩しながらも，いつしか元の鞘（きゃ）におさまるケースである．

　（ハ）はリミット・サイクル型と呼ばれる．いったん均衡から外れると，元の鞘（きゃ）（均衡）におさまることはないが，かといって破局するわけでもなく，理想的な愛情関係の状態（均衡）を遠巻きに見ながら，反発－応答の周期的な運動を繰り返すタイプである．これは楕円軌道を描くが，反発－応答の振幅が減衰して均衡状態へと復帰することはない．男女間で，あるときは相互に応答的となり愛情を高めあうかと思えば，しばらくすると女性のほうが冷めて反発的になる．すると今度は男性も反発的になって，両者の愛情表現が冷め，相互反発的になる．このままでは，二人は破局を迎えることになりかねず，今度は女性が反省して男性の愛情表現に応答的になる．こうした駆け引きを延々と繰り返しながら，関係を維持しているパターンである．これは《疑心暗鬼型関係》と呼べるだろう．このタイプは，「夫婦喧嘩は犬も食わない」というイメージに近い．決裂しそうでしない，仲がよさそうでそうでもない，側で見ていると呆れてしまうケースである．

　（ニ）はサドル型と呼ばれ，均衡点がちょうど馬につける鞍の最上位に位置する状態をあらわす．この状態は不安定であり，少しでも均衡点から外れると破局に向かう．このパターンでは，二人の愛情表現のやりとりは双曲線を描く．たとえば，右下の方向にずれると，男性 A は過剰なまでに愛情表現をするが，女性 B はそれとは逆に冷めていく．左上の方向にずれると，女性は熱心に愛情表現をおこなうが，男性は冷めていく．このケースは男女のうちどちらかの一方的な愛情表現の高まりにより，他方がますます冷めていき，最終的には発散して破局に至るパターンをあらわす．二人の愛情関係が理想的な状態に保たれるのは，両者が剃刀の刃の上に立つようなものである．これは《散逸破局型関係》と呼べるだろう．「ちょっとした行き違いで破局を迎える」ケースである．

　以上の考察は，男女の恋愛関係を例にしたものであるが，モデル自体は抽象的であるから，上司と部下の関係，友人関係，業績を競い合うライバル関係など，二者が相互満足をめぐって行為のやりとりをおこなう関係ならば，どのようなケースにもあてはまる議論である．二者関係が均衡に収斂・発散する過程にはさまざまなコースがあることが，このモデルから理解できる．二者関係が安定した均衡に至る場合もあれば，不安定で発散してしまうこともあり，さら

第1章 数理社会学への招待

には均衡の周囲をある距離を持って周期運動することもある．互いが満足を得ることを前提にしてその過程を分析しても，これだけのタイプが区別される．これらの推論は数理モデルを用いることによって可能となるのであり，言説モデルでは得られないものである．

1.3.2 逢い引きのトラブル・ゲーム：協調関係下の駆け引き

さて，話を先へ進めよう．先の恋愛関係で均衡が安定した状態にある場合，相互行為のパターン化がなされたという．それは互いの他に対する期待に相補性が形成されたことでもある．しかし，この期待の相補性は，相互行為のたびに再確認あるいは再テストされると考えるのが現実的である．それがどのようになされるのか，1つの例によって示すことにしよう．安定した恋愛関係にある男女が示す「逢い引きのトラブル・ゲーム」がそれである．

いま恋愛関係にある男女が休日を一緒に過ごしたいと思っている．女性の希望は映画を観にいくこと，男性のそれはハイキングに出かけることである．しかし，互いに相手と一緒にいたいという気持ちは強く，自分のわがままをとおして別行動になってしまうことは避けたい，と二人は考えている．つまり，二人の恋愛関係は安定均衡の状態にあり，一緒に行動するという期待の相補性は確保されている．こうした状況を利得行列（pay-off matrix）で表現すると，たとえば**表1-1**のようになる．

二人揃ってハイキングに出かければ，男性は大きな満足を得る（+3）が，女性はそれほどでもない（+1）．逆に，揃って映画に出かければ，女性は大きな満足を得る（+3）が，男性はそれほどでもない（+1）．もし，二人が別行動をとれば，二人はともに後悔することになる（−2, −2）．こうした利得行列を持ったゲームの実現可能集合は**図1-2**の $(1,3)$ $(3,1)$ $(-2,-2)$ を結ぶ三角形の内部および周（凸閉集合）になる．

さて，この男女は親密な関係にあるから，互いに話しあって可能な限り両者

表1-1 逢い引きのトラブル・ゲームの利得行列

		女 性	
		ハイキング	映画
男 性	ハイキング	(3, 1)	(−2, −2)
	映画	(−2, −2)	(1, 3)

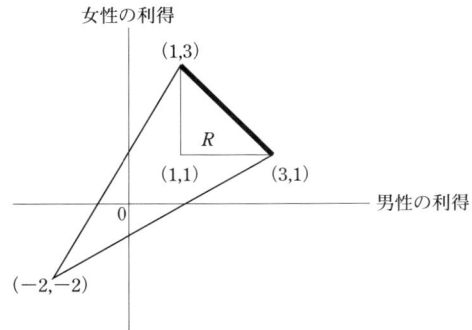

図1-2 逢い引きのトラブル・ゲームの実現可能集合

の不満（損失）を少なくする選択をおこなう（協力ゲームの状況）．このとき，二人が少なくとも一緒にハイキング $(3,1)$ か映画 $(1,3)$ に出かけることに同意するはずだから，最悪でも，両者ともに利得が1以上の戦略を用いることに合意が成立する[6]．二人の利得がともに1以上になる領域を，図1-2の点 $(1,3)$，$(1,1)$，$(3,1)$ によって囲まれた三角形の凸閉集合 (R) として示してある．また，凸閉集合 R のなかで任意の2点，$u=(u_1, u_2)$ と $v=(v_1, v_2)$ をとった場合に，$u_1 \geqq v_1$ かつ $u_2 \geqq v_2$ が成立し，さらに少なくとも一方が不等号となるような点 $u=(u_1, u_2)$ があれば，戦略 u は戦略 v を支配しているという．このとき，v はもはや男女にとって考慮しないでよい選択肢となる．というのも，u を選ぶことにより，双方にとって有利となる状態，あるいは少なくとも一方の利得を減ずることなく他方の利得を高める状態，を実現できるからである．集合 R のなかでこのような点を探すと，それは点 $(1,3)$ と点 $(3,1)$ を結んでできる線分上の点集合となる．この点集合は二人が協力することで到達できる最大利得領域であり，いわゆる《パレート効率的》な状態である．

問題はこの最大利得集合において，実際にどのような点が選択されるかであるが，これはもはや純粋に数理的な方法では解決できない．男性はハイキング

---

[6] この表現は正確ではない．ゲーム理論的には，相互独立的につまり非協力ゲームとしてそれぞれが混合ナッシュ均衡戦略を用いることで得られる期待利得以上の利得を得ることのできる戦略範囲を，相談によって選ぶというのが，ここでの正しい解釈である．しかし，このケースでは，$(1,1)$ はそのような期待利得以上であるという理由および二人の関係が安定均衡にあることを強調するという理由により，このように考えることにした．

（利得3）を女性は映画（利得3）を希望しているから，両者の利害は対立する．したがって，どこに決定するかは駆け引きないし交渉にならざるをえない．交渉による合理的な解決方法として提出されたナッシュ基準の1つに，ゲームがプレイヤーに対して対称的な場合は，両プレイヤーに等しい利得が与えられるべきだというのがある[7]．ここで扱ったゲームは対称的な場合であるから，利得が (2, 2) となる決定方法を考えるべしということになる．たとえばそれは，サイコロを振って偶数ならば男性の好みに，奇数ならば女性の好みに従うといった素朴な解決法になるかもしれない．しかし，一般的には交渉による合理的な解決方法をめぐっては，何が正義であるかに関して込み入った議論にならざるをえない．

ここで取り上げたゲームは男女が対称的な利得行列を持ち，しかも力関係も対等な状況を仮定しているため，ナッシュ基準でよさそうであるが，具体的な現実では，こうした理想状況から外れた選択がなされる場合が多い．たとえば，男性が強引な人間であるため，最大利得集合のうち点 (2.5, 1.5) が選択され，逢い引きの際には5:3の割合で男性の好みが反映されるパターンになるかもしれない．逆に，女性の発言が強くて (3, 1) が選ばれることもあろう．点 (3, 1) と点 (1, 3) を結ぶ線分上の位置は，二人のあいだの力関係をあらわす指標にもなりうるのである．ゲーム理論を用いることで，親密関係にある二人のあいだにも，利害対立の状況が発生すること，そして交渉や駆け引きによって期待の相補性を確認ないし修正せねばならない状況があらわれることが明確になる．

1.4 数理社会学の心得

社会現象を数理で語るには，数学を学ぶ必要があることはいうまでもない．しかし，数学と一口にいっても多数の分野があり，それぞれに蓄積があるから，闇雲に数学を学んでも数理社会学には役立たない．数学はあくまで手段であるから，目的である社会学の問題意識とセンスを磨いておく必要がある．

一般に，理論というものは《概念》と《命題》からなる．したがって，数理社会学にとって，これら2つを形式化（フォーマライゼーション）する作業が不可

---

[7] Nash (1950) を参照のこと．

欠である．数理社会学の最重要心得は，既存研究を読み込んで概念や命題を数学的に表現する習慣をつけることである．

1.4.1 概念のフォーマライゼーション：分業と集団のバランス

エミール・デュルケームは主著『社会分業論』において，分業の在り方を2つのタイプの社会組織——機械的組織と有機的組織——に関連づけて論じている．機械的組織とは分業があまり進んでいない社会にみられる組織形態である．このタイプの社会における連帯の基礎は，成員間の類似性もしくは同質性である．これに対し，産業社会は有機的組織によって特徴づけられる．この組織形態の特徴は異質な諸部分間の相互依存（高度な分業）にある．つまり，人々はみずからの生存を確保するために，他者とモノやサービスを交換する異質な活動に従事することだ．そして，この異質な活動の相互依存によって社会的連帯が生み出される．

分業は社会学できわめて重要な概念であり，社会的連帯の基礎をなす．では，この分業はどのように数学的に定式化できるであろうか．分業がない状態は社会成員の活動が同質であることを意味するから，まず同質性の尺度を考えてみるとよい．また，分業概念の経験的対応物として最も有力なものは職業である．そこで，いま n 人からなる社会を考えてみる．X_i を i 番目の職業カテゴリーに属する人の数とする（$\Sigma X_i = n$）．このとき同質性 H は次式で与えられる．

$$H = \frac{\Sigma X_i^2}{(\Sigma X_i)^2}$$

この尺度は，すべての人がある1つの職業カテゴリーに属しているとき（たとえば，全員が農業を営んでいるとき）$H=1$ となり，90％がカテゴリー1に10％がカテゴリー2に属しているとき $H=0.82$ となる．また，半数がカテゴリー1に，残りの半数がカテゴリー2に属しているとき $H=0.5$ となる．一般に，人々が2つ以上のカテゴリーに散らばっているとき，同質性は1以下でかつ $\frac{1}{K}$ 以上（K はカテゴリー数）である．すなわち，同質性の尺度は，$\frac{1}{K} \leq H \leq 1$ の性質を持つ．

分業の度合いをあらわす尺度は，同質性のそれの逆（異質性）の尺度として定式化できる．しかし，単に同質性の尺度の逆数（$\frac{1}{H}$）としたのでは，最小値が1で最大値が K となるから，最大値が職業カテゴリー数に依存していく

表1-2 職業別就業者の割合（%）と分業度：1950-2000

職業と分業度	年					
	1950	1960	1970	1980	1990	2000
専門的・技術的職業	4.3	5.0	6.6	8.7	11.6	13.5
管理的職業	1.8	2.2	3.9	4.7	4.1	2.9
事務	8.0	10.2	14.0	16.4	18.7	19.2
販売	8.4	10.8	12.0	14.6	14.4	15.1
サービス職業	3.3	5.2	6.1	6.9	7.2	8.8
保安職業	0.9	1.1	1.2	1.4	1.4	1.6
農林漁業	48.0	32.5	19.2	10.8	7.0	5.0
運輸・通信	2.1	3.4	4.5	4.3	3.8	3.6
生産工程・労務作業	23.2	29.5	32.4	32.1	31.3	29.3
分類不能の職業	0.1	0.0	0.0	0.1	0.5	1.2
計	100%	100%	100%	100%	100%	100%
分業度 (L)	0.77	0.87	0.90	0.91	0.91	0.91

資料出所：国勢調査
注：丸めの誤差により各年度の総計は必ずしも100.0%にはならない．

らでも大きくなる．これでは尺度として不十分であるから，職業カテゴリー数に関して標準化する必要がある．また，尺度は $(0,1)$ のあいだの値をとるようにするのが望ましい．これらの条件を満たすようにした分業度 (L) が，

$$L=\frac{1-H}{1-\frac{1}{K}}$$

である．分子は1から同質性の尺度 H を引いた値であり，H は $\frac{1}{K}$ から1までの値をとる．したがって，分子は同質性が最大のとき最小値0を，同質性が最小のとき最大値 $(1-\frac{1}{K})$ をとる．こうすれば分業度 (L) は $0 \leq L \leq 1$ の値をとる尺度となる．この分業度の尺度を用いて，日本の戦後の社会分業度を実際に測定した結果が表1-2に掲げてある．日本は戦後，1950年から70年頃まで急速な分業化を進めていったこと，またその主たる原因が農林漁業（とくに農業）の縮小にあることがわかる．1980年以降，分業度が停滞している主な原因は農林漁業が過剰縮小してしまったことにある．

さて，分業度をどのように測定するかは，数理社会学の課題というよりも計

量社会学の仕事ではないか,との意見が出そうである.しかし,分業に関する数理モデルを構築して,その解析結果を経験的テストにかける場合,分業の経験的尺度を必要とするから,概念の尺度を数学的に定式化する作業も,数理社会学にとっては不可欠なのである.

次に,測定とは直接的に関係しない概念のフォーマライゼーションについても言及しておこう.集団のバランス概念を取り上げてみる[8].いま,**図1-3**のような三者関係を考える.正(+)は互いに「好き」を,負(-)は互いに「嫌い」をあらわす.バランス理論によれば,3つの関係がすべて正の場合,または2つの関係が負で残りが正の場合,三者関係はバランス状態にある.**図1-3**はこの条件を満たしていないからバランス状態ではない.いわゆる恋愛の「三角関係」に相当する.

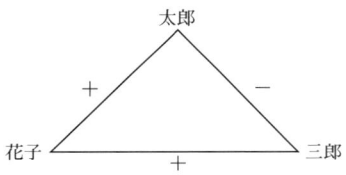

図1-3 不安定な三者関係

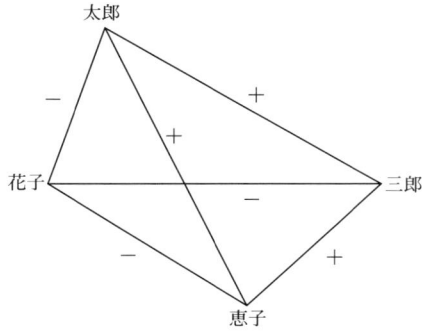

図1-4 錯綜した四者関係

---

8 バランス理論については,Heider (1946), Cartwright & Harary (1956), Harary, Norman & Cartwright (1965) を参照.

このバランス問題はフリッツ・ハイダーが定式化したものであるが，ドーウィン・カートライトとフランク・ハラリーはグラフ理論を用いて，その一般化をおこなっている．すなわち，グラフに含まれるサイクルに着目してその符号を考え，この値がすべてのサイクルで正になれば，グラフはバランス状態にあるとした．サイクルの符号とは，そのサイクルに含まれる辺の符号の積である．図1-3にはサイクルが1つ――C（太郎→花子→三郎→太郎）――しかない．このサイクルに含まれる各辺の符号の積を求めると負（＋・＋・－＝－）になるからバランスしていない．

三者関係は単純であり，あえて数理を用いなくても目測でバランスしているか否かがわかる．ではこの三角関係にもう一人の女性（恵子）が加わって，図1-4のように関係が変化したときどうなるか．恵子が加わることで，三郎は恵子と良好な関係（好き）になり，三郎と花子との関係は崩れて（嫌いになって）いる．花子と恵子は嫌い同士である．太郎も恵子と良好な関係になり，この結果，花子と太郎は嫌い同士になっている．

実はこの四者関係はバランスしているのである．この関係には，4人全員を含むサイクルが3つ（4人の円順列を考えてから向きを除いて$\frac{3!}{2}=3$）．3人からなるサイクルが4つある．4人を含むサイクルのうちC（太郎→花子→恵子→三郎→太郎）の符号は正（－・－・＋・＋＝＋），C（太郎→花子→三郎→恵子→太郎）の符号は正（－・－・＋・＋＝＋），C（太郎→恵子→花子→三郎→太郎）の符号も正（＋・－・－・＋＝＋）である．3人からなるサイクルのうち，C（太郎→花子→三郎→太郎）は正（－・－・＋＝＋），C（太郎→花子→恵子→太郎）は正（－・－・＋＝＋），C（太郎→恵子→三郎→太郎）も正（＋・＋・＋＝＋），さらにC（花子→恵子→三郎→花子）も正（－・＋・－＝＋）である．したがって，すべてのサイクルが正であり四者関係はバランス状態にある．三者関係と違って，四者関係になると目測でバランス状態を推測するのはかなり困難になる．10人からなる集団のバランス状態を目測で判定するのは絶望的であろう．

カートライトとハラリーはさらに，すべてのサイクルが正である完全バランスの状態だけでなく，部分的に負のサイクルを含む状態を想定して，「バランス度」という概念が考えられるとしている．そして，符号グラフのバランス度$b(G)$を次のように定義する．$C(G)$を符号グラフGに含まれるサイクルの総数とし，$C_+(G)$をGに含まれる正のサイクル数として，

$$b(G) = \frac{C_+(G)}{C(G)}$$

とすることである．このほか，長さ N を超えないサイクルがすべて正であれば，その符号グラフは N-バランス状態，ある点 P (たとえば太郎) を通るすべてのサイクルが正であれば，点 P において局所バランス状態といった定義も試みている．このように，概念を数学的に定式化すれば，さまざまな展開が可能となる．

1.4.2　命題のフォーマライゼーション：呪術の機能

　数理社会学は理論社会学の一分野であるから，理論を数学的に表現しこれを解くことが不可欠である．理論は諸概念の関係をあらわす命題からなる．したがって，数理社会学にとって，社会学の理論を命題化する習慣を身につけることが重要である．

　命題のフォーマライゼーションから数理モデルを構築するわかりやすい例をあげてみよう．ブロニスロー・マリノフスキーが『西太平洋の遠洋航海者』のなかで展開している，呪術の社会的機能に関する議論である．彼は，「呪術は人に自然力を支配する力を与えるものであり，四方から人間に襲いかかってくる多くの危険にたいする武器と甲冑なのだ」と述べ，西太平洋のトロブリアンド諸島でおこなわれている畑作と漁撈が呪術によって支配されている状況を分析している[9]．呪術は集合的不安を除去するためのものであり，環境の不確実性が高く，自分たちでこれをコントロールしきれないときにおこなわれる．たとえば，「決定的に重要な問題が起こったとき．はげしい感情，情緒が呼びさまされたとき．神秘的な力が人間の努力に拮抗するとき．自分の最も細心の計算をもすりぬけ，最も慎重な準備と努力もないがしろにするなにかがあることを，人間がどうしても認めざるをえないとき」である[10]．

　トーマス・ファラロと髙坂健次の議論を参考にすれば，マリノフスキーの呪術に関する命題は以下の3つに整理できる[11]．

---

[9]　Malinowski (1922=1967: 291).
[10]　Malinowski (1922=1967: 295).
[11]　Fararo (1973=1980: 240-243) および甲田・髙坂 (1989: 112-119) を参照．

(1) 環境の不確実性が高まれば集合的不安が高まる．
(2) 集合的不安が高まれば呪術が増大する．
(3) 呪術が増大すれば集合的不安は解消に向かう．

そこでいま，環境の不確実性を U（Uncertainty），集合的不安を A（Anxiety），呪術の量を M（Magic）とあらわすことにしよう．このとき，上記の3命題は，

$$\frac{dA}{dt} = aU - cM$$

$$\frac{dM}{dt} = bA$$

（ただし，$a, b, c > 0$）

と2つの式に定式化できる．環境の不確実性 U（たとえば海の荒れ模様の程度）は島民の力によっては変えることができない与件である．そこで，aU を $p(>0)$ と書くことにすれば，最終的に

$$\frac{dA}{dt} = p - cM$$
$$\frac{dM}{dt} = bA \tag{1.5}$$

となる．これがマリノフスキーの考える《呪術－不安解消システム》の数学的表現である．これを図示すれば，**図1-5**のようになる．(1.5)式にあるパラメータ b は，集合的不安がどれだけ呪術量を増加させるかを決める係数であり，《呪術促進係数》と呼べるだろう．これに対し，c は呪術がどれだけ集合的不安を解消する効果を持つかの係数であり，《呪術効果係数》と解釈できよう．

マリノフスキーはカヌーの建造にかかわる呪術の行使を詳細に描いている．カヌー建造には系統的な呪術が用意されており，呪術が体系的になされなければならないと島民が考えていることがわかる．建造の最初の段階から，進水，出帆，目的地への到着，帰郷に至るまで細かく呪術の実施方法が決められている．それだけ航海にともなう危険や事故の不安が高いことである．この意味で，遠洋航海は呪術促進係数 b が大きいといえる．

さて，(1.5)式は先に「恋愛のダイナミクス」のところで取り上げた (1.3) 式の特殊形であり（線形表現になっており），基本的に同じ分析法が適用できる．このシステムの均衡点は，(1.5)式のそれぞれをゼロとおいて，M と A に関

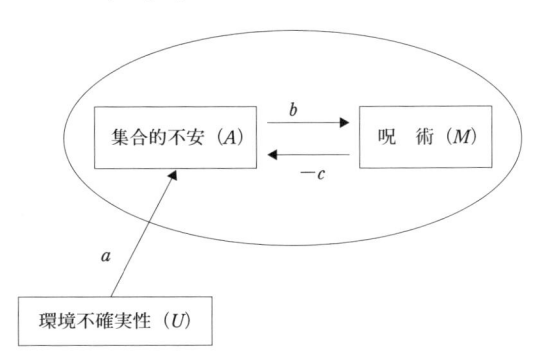

図1-5 マリノフスキーの呪術−不安解消システム

して解けば $M=\dfrac{p}{c}$，$A=0$ となるから，均衡点は $(M^*, A^*)=(\dfrac{p}{c}, 0)$ である．c は《呪術効果係数》であり，p は所与の環境不確実性である．したがって，均衡点の呪術量は，与えられた環境不確実性を呪術効果係数で割り算したものになる．環境不確実性が一定ならば，呪術効果が大きければ呪術の均衡点はゼロに近づき（少ない呪術量になり），呪術効果が小さければ値が大きく（呪術量が大に）なる．たとえば，トロブリアンド諸島では，主食であるタロ芋やヤム芋を栽培する際には呪術がおこなわれるが，ココナッツやバナナを採取する場合には呪術がおこなわれない．漁撈でも，危険をともなうサメ漁などの場合は呪術が実施されるが，湾内での容易な漁の際には実施されない．また，呪術の実施は「される」「されない」という二分法ではなく，危険の度合いや不安の程度によって，実施される質と量が異なる．先のカヌーの建造に関する呪術は最高の呪術儀式である．こうした呪術の多様性を表現しているのが，呪術量の均衡点 $M^*(\dfrac{p}{c})$ である．集合的不安の均衡点 A^* はゼロであり，不安が取り除かれるまで呪術がおこなわれることを意味する．

　さて，呪術と集合的不安はダイナミックな過程を展開し，必ずしも均衡状態に止まるとは限らない．何らかの理由で均衡からの乖離が起きたとき，どのような振る舞いをするのかを吟味してみる必要がある．これは均衡の安定性分析である．安定性分析をおこなう一般的方法は，式（1.5）を均衡点の近傍においてテイラー展開することである．(1.5) 式にこれを適用して一次微分の項だけで近似すると，

第1章　数理社会学への招待

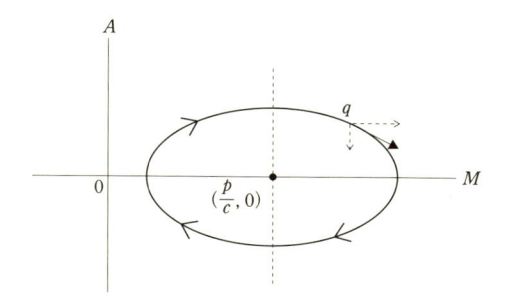

図1-6　呪術−不安解消システムのダイナミクス

$$\frac{dV}{dt} = -cW$$
$$\frac{dW}{dt} = bV$$
(1.6)

（ただし，$V = A - A^* = A$ および $W = M - M^* = M - \frac{p}{c}$）

となる．(1.6) 式を V と W に関して解くと，簡単な積分演算によって

$$\frac{V^2}{c} + \frac{W^2}{b} = K$$

（ただし，K は積分定数）

が得られる．これは $b = c$ の場合は円になるが，それ以外は一般的に楕円である．つまり，集合的不安が有する《呪術促進係数》と，集合的不安を解消する《呪術効果係数》とが等しい場合には円になるが，両者は多くの場合一致しないから楕円となる．したがって，均衡点から外れた場合のシステムの振る舞いは，「恋愛のダイナミクス」のところで取り上げたリミット・サイクル（周期解）のパターンになる（図1-6参照）．システムの振る舞いが右回りの楕円軌道となることは，(1.6) 式の V と W の時間微分の方向性の検討から簡単に求めることができる．たとえば，集合的不安 (A) と呪術 (M) がともに均衡点からプラス方向にずれている（点 q の）とき，(1.6) 式から，集合的不安方向の変化率 ($\frac{dV}{dt}$) は負（↓）であり，呪術方向の変化率 ($\frac{dW}{dt}$) は正（→）となり，両者を合成すると右回りになることがわかる（図1-6）．

いま点 q からの挙動を考えてみると，呪術を実施すればするほど集合的不安は除去されていく．そして，M 軸と交わるところで不安は解消され（ゼロと

なり），呪術量を減らす方向に転換する．しばらくは不安がマイナスの状態（不安とは反対の希望と自信が生まれ），つまり「恐怖に対する希望の勝利の信念を高める」状態が続く．そして，呪術の実施が減ってゆく．しかし，呪術量が $\frac{p}{c}$ を下回るようになると，今度は不安が増大傾向に転じる．そして，再び M 軸と交わるところで不安の増加率がピークに達する．すると，また呪術を増やす方向に転じ，不安を解消する試みが活発化する．呪術量の均衡点 $(\frac{p}{c})$ は，集合的不安が増大するか減少するかの《分岐点》であり，呪術量がそれより多ければ不安は減少し，少なければ不安が増大する．

以上，呪術機能の命題化をその解法を交えてみてきた．このほかにも，社会学の理論には命題化できる業績が多くある．

たとえば，デュルケームは『自殺論』で次のことを明らかにした．向上心と道徳的行動を制御する社会規範が喪失し，社会的連帯が弱体化してアノミー（無規制）状態になると自殺率が増大する，と．個人が集団生活に統合されている度合いが，人々を自殺へかりたてるか否かを決定する，つまり社会の凝集性が低下すると自殺が増大することである．自殺は逸脱行動の一形態だから，これを一般化すれば，《社会の連帯度（凝集性）と逸脱行動のあいだにはネガティブな（負の）関係がある》といえる．

また，逸脱行動の理論を発展させたロバート・マートンは，次のような考えを提出した．社会は人々が目標を達成するための手段をある限られた範囲に限定する．たとえば，富や所得の獲得は，相続によるか額に汗して働くことによっておこなうべきであるとする規範がそれである．しかし，それらを獲得する正当化された方法は，すべての人々に平等に開かれているわけではない．成員のなかにはこうした手段によって目標を達成できない者（たとえば失業者）もいる．このとき，盗みや恐喝など不正な方法（逸脱行動）によって目標を達成しようとする者があらわれる．つまり，《逸脱行動は，社会によって定められた規範的に賞賛される手段へのアクセスビリティ（接近可能性）の程度とネガティブ（負）に関連する》ことである．

社会紛争に関するゲオルグ・ジンメルとルイス・コーザーの議論にも有益な命題が含まれる．たとえば，ジンメルは紛争の「過激性」「継続性」や紛争集団内の「連帯度」，新たな集団との「連合」について命題化可能な議論をしている[12]．たとえば，《紛争が個人的な目的や利害を超えたものであると認識されればされるほど，それだけいっそう紛争は「過激性」を高める》という命題，

また《紛争が激しくなればなるほど，それだけいっそう紛争集団内における「連帯度」が高まる傾向にある》や《紛争の「過激性」が高まりかつ「継続性」が長びくほど，以前には関係のなかった集団同志で「連合」が形成される傾向にある》などの命題である．ジンメルの研究に触発されてコーザーは紛争についての系統的整理を試みた[13]．そして，《社会分化と機能的相互依存が高まれば，紛争の頻度は高まるが，その過激性は低下する》と述べ，《過激性の低い紛争の頻度が高まることによって，紛争は社会を分裂状態に導く前に敵意を発散させる傾向にある》として，紛争が持つプラスの社会的機能（社会統合や適応能力のへの貢献）を強調している．

以上のような命題化は数理社会学が発展するための苗床となる．現実社会のさまざまな問題に目を向け，これを解決するために数理モデルを開発するだけでなく，既存の社会学の成果にも目を向けて命題化を心がける[14]．これら2つの努力によって，実りある数理社会学の発展がもたらされるのである．

【文献】

Allais, Maurice, 1953, "Le comportement de l'homme rationnel devant le risque: critique des postulats et axiomes de l'école américaine," *Econometrica* 21: 503-546.
Cartwright, Dorwin & Harary, Frank, 1956, "Structural Balance: A Generalization of Heider's Theory," *Psychological Review* 63: 277-293.
Coser, Lewis A., 1965, *The Functions of Social Conflict*, London: Routledge & Kegan Paul.（＝1978，新睦人訳『社会闘争の機能』新曜社．）
Fararo, Thomas J., 1973, *Mathematical Sociology: An Introduction to Fundamentals*, New York: Wiley.（＝1980，西田春彦・安田三郎監訳『数理社会学（Ⅰ）（Ⅱ）』紀伊國屋書店．）
Harary, Frank, Norman, Robert Z. & Cartwright, Dorwin, 1965, *Structural Models: An Introduction to the Theory of Directed Graphs*, New York: John Wiley.
Heider, Fritz, 1946, "Attitudes and Cognitive Organization," *The Journal of Psychology* 21: 107-112.
今田高俊，1977，「ダイアド関係の安定条件」『社会学評論』27(4)：22-41.
―――，1980，「数理社会学の方法」季刊労働法別冊6『現代社会学』：117-129．
甲田和衛・髙坂健次，1989，『社会学研究法』放送大学教育振興会．
Malinowski, Bronislaw K., 1922, *Argonauts of the Western Pacific: An Account of Native*

12　ジンメルの紛争に関する議論は，Simmel（[1908] 1923＝1994：第4章）を参照．
13　Coser（1965＝1978）を参照．
14　こうした試みを自覚的に推進する動きが三隅編著（2004）で企画されている．

Enterprise and Adventure in the Archipelagoes of Melanesian New Guinea, London: Routledge.（＝1967，寺田和夫・増田義郎訳「西太平洋の遠洋航海者」『世界の名著　マリノフスキー／レヴィ＝ストロース』中央公論社．）

三隅一人（編著），2004『社会学の古典理論：数理で蘇る巨匠たち』勁草書房．

Nash, John F., 1950, "The Bargaining Problem," *Econometrica* 18: 155-162.

Simmel, Georg, [1908] 1923, *Soziologie: Untersuchungen über die Formen der Vergesellschaftung*, 3 Aufl., Leipzig: Duncker & Humblot.（＝1994，居安正訳『社会学：社会化の諸形式についての研究（上）（下）』白水社．）

第2章 数理社会学の可能性と限界

志田基与師

「地獄は法則性の成り立つ世界である」（芥川龍之介『侏儒の言葉』）

2.1 社会学理論としての数理社会学

2.1.1 「理論」と「モデル」

　冒頭に引いた芥川龍之介の言葉は，「人生は地獄よりも地獄的である」から始まる『侏儒の言葉』「地獄について」の一節である（芥川 [1923] 1968）．地獄では予想・期待したことが外れることはなく，反対に実人生では予想が外れることがわれわれを苦しめる，と述べており，その結果われわれは，針の山も血の池も「格別跋渉の苦しみを感じないようになってしまう筈である」と結ばれている．いかにも芥川らしいエスプリのきいた地獄観である．
　芥川のいうように，われわれは社会に対してある種の規則性（それは「起こるであろう」である場合も「起こるべきである」の場合もあるが）を前提に生活している．そうした「法則性」は極端な場合には体に染み付いた「身体技法」の形をとることもあるが，通常いくつかのフレーズにまとめられた箇条書きのような形でわれわれに記憶されている．社会科学者（の多くは）こうした日常人の抱く「法則性」の誤謬をなるべく修正し，より精度を上げ，より一般的で誰にでも了解可能な形で法則を体系化している（少なくともそれを目指した活動を行っている）．簡単に言って，そうした体系化された法則性を「理論」という．理論は言語によって書かれており，それが対象の作動を再現するように操作できるようになっているときしばしば「モデル」とも呼ばれる．
　芥川と違ってわれわれ社会科学者は，実人生の世界にも法則が成り立っており（それは芥川の言う「地獄の法則性」ほどは当てにならないものかもしれないが），それ

が発見できる，すなわち社会のモデルを構成することができると信じて研究を行っている．

社会学という分野にも社会学的法則性を体系化した社会学理論が存在し，「数理社会学」とはなによりもまずその社会学理論や社会モデルが「数学」によって書かれた法則の体系を扱う学問分野をいうのである．

2.1.2 数学の必要性と不十分性：この章の目的と構成

「数理社会学」とは耳慣れない言葉である読者も多かろう．またきわめて「胡散臭い」印象をもつ読者も多かろう．理論やモデルの必要性は認めるにしても，社会は数学ではできていないから，数理と社会学が結合していること自体違和感があるし，人によっては「数学」や「数学者」の社会のことを研究する学問だと思うかもしれない．しかし，数理社会学は，少なくとも志の上では数学を使って社会のすべてのことを解明しようという学問分野である．

この章では，数学を用いて，社会学という社会現象を解明する学問がどのようにして可能となるのか，その一般的な原則について述べることにする．

まず第一に，社会学に限らず科学一般にとって，数学（あるいは数学的思考様式）の使用は「欠くべからざる」必須の条件であることを確認したいと思う．その意味で，科学としての社会学が（可能性として）数理社会学であることは必然である．本章の前半（第2節）ではそのことを解説する．

この時点での理論は，まだ芥川のいう「地獄の法則性」を備えているとはいえない．ただし科学理論は次第にそうしたものへと「進歩」していく（べき）ものである．そこでつぎに，科学理論の進歩，すなわち数理社会学の進歩はどのようにして保証されるのかについて述べる（第3節）．

しかしながら，数学の使用はそれだけでは決して必然的に社会学を（それゆえ数理社会学も）生み出さないことを，本章の後半では述べるであろう．数学の使用は科学としての社会学にとって十分条件ではない．それは「仮説的態度」としかいいようのない，数学使用者のある心構え（エートス）によって支えられる必要がある．それを欠いて盲目的に数学を使用することは「百害あって一利なし」という可能性もまた否定できないのである．本章の後半（第4節）ではそのことを説明する．

以下この節の後半では，その前提となるいくつかの話題を紹介しておくことにする．

2.1.3 計量社会学と数理社会学

数学を社会学に使用する場合，その使用法によって大きく2つを区別することができる．

第1は「実証の手続き」に数学を使用する場合であり，これは通常「計量社会学」と呼ばれる．社会調査の結果をデータ解析にかけるような場合によく使用される．世間ではよく誤解されるが，数学を使う社会学者というとまずイメージされるのがこの「計量社会学」に携わる人々である[1]．

第2は，社会に関する理論ないしモデルを数学の助けを借りて議論する場合であり，これを「数理社会学」と呼ぶ．実証にも計量的ではない方法があるように，理論にも必ずしも数学的には見えないものも存在するから，この意味での数理社会学は理論社会学の一部分を構成しているともいえる（しかし，これから述べるように理論社会学は潜在的には数理社会学である）[2]．簡単に言うと，後で述べるような「理論」とか「法則」とか「モデル」と呼ばれるものが数学的に記述され，「説明」とか「予測」が明示的に数学的な演繹の助けを借りて行われる学問[2]なのである．

2.1.4 社会科学と数学

実際の社会が数学でできていないのになぜ理論やモデルだけを数学を用いて書くのか，という疑問がありうる．また，数学を使用しないほかの「社会学理論」とどう違って，どちらが優れているのか，という疑問もあるであろう．

「社会は数学ではできていない」という問題には，まずこう答えることができる．まず社会そのものは（カントの言う「物自体」と同様に）言葉ですら書き表せない．それを英語や日本語などで掬い取っているのが，社会科学者の仕事である．世界に多くある言語のうちのひとつが数学なのである[3]．「社会が数学で

---

1 計量社会学が，では，全く数理社会学ではないかというと必ずしもそうではない．それはしばしば数理社会学の理論的な裏付けがあっての計量社会学であるからである．その意味では数理社会学と計量社会学とは互いにオーヴァーラップする部分がある．今田（1980）を参照．
2 ほんらいならば，ここで数理社会学の歴史について解説する必要があろうが，省略する．安田編（1973）を参照されたい．
3 これは社会学ではないけれども，数理経済学の古典となったサミュエルソンの『経済分析の基礎』(Samuelson [1947] 1975＝1986) に掲げられているエピグラムは「数学もまた言語なり」(J・ウィラード・ギィブス) というものである．

できていない」ならば、同様にそれは必ずしも英語でも日本語でもできていない．第1に，社会学に限らず，科学一般について数学を使用する／使用しない，というような排他的な問題があるのではなく，まずそこにあるのは，よい記述と悪い記述とがあり，よい記述は必然的に数学的である，ということである．

　第2には　数学の力をかりて，ある程度機械的な演繹作業が可能になるという点である．通常の意味での論理演繹よりも数学のそれは一般に言って射程距離が長い．もしも複雑な現象や直観に反する現象が，いくつかの単純な一般原則から導けるとすれば，それは理論の勝利であるが，そうなる蓋然性を数学があげてくれる．演繹は論理学の規則を借りて行われる，純然たる数学的なプロセスである．つまり，演繹作業を行うということにより，科学は数学的な発想をせずにはすまないのである．

　とはいえ，経済学のような，投入された労働時間や，生産されたり交換されたりする財の物量や貨幣単位で表される価値などと違って，人々の住んでいる社会は数量では表せないではないか，という疑問もあるであろう．

　しかし，ヒルベルト（「公理主義」「形式主義」）以降の現代数学は，主として集合論の助けを借りて，数量的な対象を大きく離れて（というよりも固有の「数学的実在」を前提にしないで）抽象的な世界を取り扱うようになった．その特徴は，物理的実在や物理現象を離れて自由で仮説的な数学的対象を持つ点にある．すなわち，これまで数学的な対象でないと思われてきた世界も，数学的な取り扱いが可能になっているのである[4]．

　そこで，第3に，社会科学的な対象にも，それにふさわしい数学を構築することが可能である，と述べることができる．

　以下，次節では，「まっとうな」「有効な」理論やモデルは，数学的ならざるをえないことを説明しよう．

---

[4] とはいえ，数学がすべての問題を究極的に解決する，というもくろみはゲーデル（「不完全性定理」1931年）によって否定されている．

2.2 数学と科学

2.2.1 科学の「よさ」

まずはじめに，社会学にとって数学の使用が（社会学者にとって意識されていようといなかろうと）必要欠くべからざる条件（必要条件）であることを述べようと思う．それは社会学に限らず近代科学一般に当てはまる条件であるから，社会学が近代科学の一端を構成するならば，当然そうなるゆえである．

科学の目的は，対象の持っている性質をなるべく普遍的な方法で掬い取ることである．ある明示的で，互いに了解可能な限られた手続きによって宇宙のすべてのなぞを解き明かすことに至るのが科学の最終的な目的である（そうすることの副産物として，一部の科学的な認識が「技術」という形でわれわれに利益を与えてくれる）．

この目的を達成するために，科学はいくつもの「仕掛け」を用意してきた．たとえば，素粒子物理とか遺伝学とかのように科学的認識の対象を分割して科学の間の分業を行ったり，学会や大学のカリキュラムを整備して共通の認識が成り立つ基盤を作り上げたりしている．

そうした仕掛けの一つに，科学の「よさ」（むろんそれは「認識する」という科学の目的だけを目指したものであるが）を判定する基準も用意してきた．そうした基準に照らすと，科学は数学的にならざるをえないのである．

2.2.2 記述と一般化

「科学一般」の典型的な営みについて順に考えてみよう．そうすれば，たとえ社会科学であろうとも，いかに「数学的な」営みであるかが理解できるであろう．

科学の目的は情報を縮約することである．われわれをとりまく膨大な「事実」や「可能性」について，それに適当な見通しをつけることであるといってもよい．

それは次のようにして行われる．はじめに記述し，次に説明し，実証を通じてその有効性を確認し，最後によりよい説明を目指すのである．

まず第1に，われわれ科学者は「客観性」というものを尊重する．それは，

「与えられた手続きによって，誰もがそのように認識し考えざるを得ない」という性質である．科学が取り扱う事象は，見る人によって，また見方によって異なるものになってしまっては困る．それは，われわれ科学者が「社会の代表として」世界を解明する役割を与えられているからである．科学の世界では「個性的な」見方よりも，誰にとってもそう見えるという「没個性的な」見方が尊重される[5]．

客観性の要素の一つに命名・観察・記述の一義性が挙げられる．同じ対象を見ている研究者間では，それが同一の名称で呼ばれること，異なる対象を同一の名称で呼ばないこと，がそれである．それを極限まで推し進めれば，対象となる事象は一種の記号となるであろう．同じものは同じ言葉で，異なるものは異なる言葉で互いに情報を共有するという原則に忠実なのが，論理学でいう自同律（A＝A）である．科学的な記述はこれを満たさなければならない．数学の使用は，この原則の助けとなる．

数学を用いることのメリットは，まず第一に記述上の「一義性」「明証性」が容易に得られる，という点にある．社会科学にせよなんにせよ，研究者が「定義」にこだわるのは，そのためである．たしかに数学（や数学的記号や式）を用いずとも，一義的で厳密な議論は可能である．事実過去の偉大な科学的業績は必ずしも数学（や数学的記号）に頼ることなく得られたものである．しかしながら，数学や数学的記号や数式の使用は，そうした一義的で厳密な言語使用を比較的容易に，かつ間違いなく，そして多くの人々に可能にする．

ある種の客観性が保証されて，そこには研究者に共通の言葉で呼ばれる対象が出現する．たとえばある社会を観察するときにそこに「民主制」と呼ばれる政治体制が存在することになる．

第2に，個々の「事実」「可能性」に一般的な上位概念を与える．たとえば，民主制，王制などの上位概念に「政体」という名称を与える．このとき「政体」を「変数（variable；変化しうるもの，いろいろな値をとりうるもの）[6]」とし，民主制や王制をその値とする．こうすることで，たとえば，「貴族制」というものは「政体」の値の一つであることも理解できる．こうした作業を「一般化」ともいう．

---

5 このことが，観察・記述においての測定器具への信仰や数値主義への信仰につながっている．
6 「変数」という用語の言語は variable であって，その値が数値や数学的な指標である必要はないことに注意したい．あとで述べる「関数」もまた同様である．

2.2.3 分類と概念図式

　現実に起こる，あるいは起こるであろう「事実」はそうした変数の一つであって，一つだけの値である．いかなる値もとらない，あるいは同時に二つの値をとる，ということは概念構成の誤りである（たとえば，貴族制でもあり民主制でもあるような政体は，その両者の混合形態という独立した値に分類されるか，両者を異なる変数とみなして，変数「貴族制」の値がかくかくで，変数「民主制」の値がしかじかである状態，と記述される）．

　「記述」「一般化」という作業には，数学的には「集合を確定する」という作業が暗黙のうちに行われている．この場合「上位概念」は集合あるいは変数であり，個々の値が要素となる．申し分のない記述は，数学（的）なのである．

　たくさんの概念が用意されれば，それだけでも科学的な進歩となる．元素の周期律表が，新しい元素や未知の元素の発見につながるように，表にして整理する，あるいはある概念のもとにある（ありうる）可能性を尽くすことは，研究の第一歩である（しかし，究極の目的ではない）．

　多くの概念が用意されれば，現実にたいする記述能力が高まる．たとえば，さきの「政体」以外に，「経済的基盤」という概念を用意すれば（それは，おそらく牧畜とか農耕とか通商などという値を持つであろう），ある観察された社会は，それによって変数「政体」において貴族制，変数「経済的基盤」において通商である，つまり（貴族制，通商），というふうに「多次元的に」記述され，他の社会たとえば（民主制，牧畜）と異なるものと区別される．

　すなわち，いま政体という変数（集合）と経済基盤という変数（集合）とがあり，

$$政　　体 = \{貴族制, 民主制, 王制\}$$
$$経済基盤 = \{牧畜, 農耕, 通商\}$$

この組合せとして，「政体×経済基盤」という可能性を考えることができる．

　こうして，それぞれ三個の値を持つ二つの変数から九つの可能性をもった表が与えられる．

　このように，科学においては「現実」のもっている（もつであろう）「個性」は，一般化された変数の値の組へと解消される．集合論の用語を用いれば，個性は，複数の集合の要素に順番をつけて組合せた直積集合の要素となる（上の

表2-1 政体と経済基盤が構成する直積集合

経済基盤 政体	貴族制	民主制	王　制
牧畜			
農耕			
通商			

表2-1では，9個の要素を持つ集合となる）．これがデカルトによって与えられた直交座標系（Cartesian coordinate）の一般化であり，彼の求めた「分析的理性」の現われであることは理解しやすいことである．

「ヒトラーならこうしたろう」という言明をするとき，「ヒトラー」は固有名詞であって，けっして上位概念はない，と考える人もいるであろう．しかしながら，その場合も，ヒトラーは必要な限り彼の思想，性格，知能，反応類型などに分解してとらえられるのであり，少なくとも科学的材料としてのアドルフ・ヒトラーは，そうした有限個の値の組である．

したがって「出来事」「事実」は，科学においてはそれを記述するのに必要で十分な概念の組（数学的には直積集合ないしは空間）を用意しておけば捉えることができる．

このように，科学的記述のなかには（たとえ直接数学を用いていなくとも）「数学的センス」が潜んでいることが理解できるであろう[7]．

---

[7] 後のために二つ注意しておきたいことがある．第一に数学的であろうとなかろうと「記述」には「対象のありのままの姿」「丸ごとの対象の再現」「いきいきとした対象の再現」という性能はないということである．他の類似のあるいは異なった対象と眼前にある対象とは，可能性として同一の記述枠組みで記述されるしかない．それは程度の差こそあれ「抽象化」の産物であり，裏を返せば多様な側面の「捨象」を経たものである．では，「よい」記述というものがあり得るのであろうか？　これに答えるのも難しい．それは認識の目的によっているからである．同じ「人間」でも社会経済的地位が問題になることもあれば，どのような疎外感を抱いているかが問題となることもある（もちろん両者ともに問題となることもある）．しかしながら，記述されなかった側面は必ず残る．どのような記述をしたところで，対象の全体性は獲得できないのである．それが科学の名によるある種の「断念」であっても，悲しいことではある．第二にこれに関連して，そうした記述枠組みによって捨象された側面（あえて切り捨てた場合もあるし，研究者も含めて誰も気づいていない側面もあるであろう）は，理論的な営みの中であたかも存在しなかったように取り扱われる，ということである．科学においてすべての側面を記述し尽くし，かつ考え尽くすということは不可能である．ということは，必ず捨象されて気づかれていない，未知の側面やら要因というものが存在す

第2章　数理社会学の可能性と限界　　　　　　　　　　　　　　35

　ただこれでは，現実の情報を少しも「縮約」できていないことに気がつくであろう（人によっては「ヒトラーがソビエトに攻め込んだ」というより，たくさんの言葉が使用されているように感じるに違いない）．それはたった一つの「事実」を記述するのに，膨大な「概念枠組み」を用意したことになっているからである[8]．

　つぎに，目指されるのは，その（巨大な）概念枠組みの中のただ一点が「なぜ」「どのようにして」出現したのか，という問いに答えることである．たとえば，**表2-1**の左上から右下にかけての対角線上に多くの観察事実が集中している，とか，あるいは通商が経済基盤であるならば，それに「ふさわしい」政体はなんであるか，という問に答えようとか，である．これを科学では「説明」と呼んでいる．

2.2.4　説明と法則

　ヒトラーがソビエトに攻め入った，と科学的に記述することは，ヒトラーに類似のあるいは異なる政治指導者が，ほぼ同様の行動（あるいは異なる行動）をとったりとらなかったりという可能性を前提として記述されていた．しかし，スターリンはドイツに攻め入らなかったし（攻め入るつもりだったかもしれないが），東条は南進策をとったのであるから，様々な可能性のうちのたった一つの現象しか起こらなかった（ここでは簡単のために「決定論」的な説明をするが，確率的な記

　　る，ということを知りつつ科学の営みは行われている，ということを知っていなければならない．これについては，第4節で詳しく言及する．

8　大部分の「理論」社会学が実のところは「概念図式」にすぎない，という現状は多くの社会学者が認めるところであろう．それは何よりも社会学者の持つ「リアリティ」が社会現象のある種確実な記述を行いたい，という欲望の現われでもある．また，それは「状況の定義」という社会科学に特有の役割を（それは多分に心理的なものかもしれないが）担ってもいるのである．たとえば「カリスマ」という概念を対象に与えれば，それがどのように出現してくるか，あるいはこの後どう行動するか，という問題とは別に，われわれはなにがしかのことを「理解する」．しかしながら，社会科学における概念の多くは，たんに対象を記述するだけではなく，しばしば，その中に十分に明確ではない形での「理論」「モデル」「仮説」を含んでいる．「カリスマ」であれば，その存在が集団の人々に与える影響や集団の構造を規定するなにがしかの判断とともにその概念が使用されていることは明らかである．読者は，「目的」や「規範」という社会科学上の概念が，たんに概念であることにとどまらず，「目的は達成されるべきである」「規範は遵守されるべきである」という特定の仮説を潜ませたものであることを容易に確かめることができるであろう．それゆえに，理論が記述の性能を果たせば十分である，という考え方には筆者は与することはできない．むしろその概念化の背後にある隠された仮説をなるべく多く明らかにすることが数理社会学の概念化には求められるのである．

述をしても同様である）．他の可能性は否定され，観察された事実のみが生じた理由を明らかにしなければならない．また将来のことに関しては，様々な可能性のうち実際にどれが生じるのかを述べなくてはならない．

　観察された事実についてそれが必然であったことを示す手続きを「説明」といい，未だ観察されていないが，どんな事実が存在するかを示す手続きを「予測」という．後で述べるように，予測は説明と全く同じ手続きによっている．

　説明も予測も，「法則」によって与えられる．法則とは変数の間に働く相互規定関係である．複数の変数がそれぞれ何の脈絡もなくいろいろな値をとるのではなく，その間に相互に他の変数を規定しあうような関係が想定されているとき，それを法則と呼ぶ．いま，x_1, x_2, x_3 という変数について法則 L_1 が成立しているとすれば，模式的に以下のように書ける：

$$L_1(x_1, x_2, x_3) = 0$$

　たとえば，「全体主義的な傾向の強い政治指導者ほど，国際関係を武力で解決しがちである」という法則は，政治指導者の性格という変数と国際関係に用いる手段という変数の間に，全体主義的な傾向の持ち主が平和的手段を用いることはあまりなく，反対にそうした傾向の弱い指導者はそれほど武力行使を行わないことを予想させる．理論は，このような法則の束であり，それらを組合わせることによって社会にかんする認識を行おうとするのである．法則によって説明するとはどんなことであろうか．

　まず第一に，観察され記述された（あるいは予測された）事実は，与件の次元と説明されるべき次元とに分離される．たとえば「ヒトラーがソビエトに攻め込んだ」という事実は，ヒトラーを構成する性格は，説明されることを要求されず，そうした人間が存在したという事実のみを確認すればよい．反対に，その状況でヒトラーが「ソビエトに攻め込んだ」ことは，「なぜ」という疑問に答えること，「説明されること」が要求される．これを被説明項という．与件と被説明項とは観察記述される事実の次元に属する事柄ではあるが，このように非対称的な取り扱いを受ける．その差異は，研究者（集団）の認識目的による．たとえば，人間の病理的な行動を解明することが目的であるならば，ヒトラーがなぜそのような人格を持つに至ったかは説明されることを要求する．しかし，国際関係を解明するためにはヒトラーの人格を所与の与件として差し支えないであろう．

一度分離された両者を接続するのが説明（予測）という作業であり，そのために用意されるのが法則である．法則は「もし，与件がかくかくであるならば，被説明項はしかじかである」という形式をとる．また法則は一定の幅で変動するさまざまな与件の値について有効でなければならない．つまり一般性をもたなければならない．また「例外」の存在を許さない．論理学でいう全称命題であることを要求される．つまり「すべてのヒトラーはソビエトに攻め込む」必要がある．

　与件（それ自体は説明される必要はない，という意味での）が与えられれば，それを法則という「関数」に代入する．この２つをあわせて「説明項」という．説明項の出力が「被説明項」である．これは論理的な演繹作業であり，説明と呼ばれるが，数学的に見れば関数の値を得る作業そのものである．

　申し分のない記述が数学的であるのと同様に，申し分のない説明も数学的である．

　科学が知識の縮約であるといったが，それは，なるべく少数の「基本的命題」のみを知っていればよい形で達成される．それは数学でいう「関数 function」[9]という考え方による．

　関数は，変数と変数との関係を記述するものであるから，個々の変数やその値に対してある種の一般性を持っている．すなわち，変数の値がどんなときでも成り立つ性質をもっている．この性質は，個々の現象（それは用意された概念枠組みである直積空間の一点として表される）を超えて働く「法則性」とよく似ていないであろうか．

- 事実 s は与件 c と被説明項 x とに分離される：$s=(c, x)$
- 法則（関数）L（複数の法則があれば，$L=(L_1, L_2, L_3, \cdots)$ とする）に与件を代入すると被説明項が出力される：$x=L(c)$　あるいは　$L(c, x)=0$
- 一定の範囲で変動する c の値すべてに，適切な x の値を対応させることができれば，それは法則の性能のすばらしさを示している．

すなわち，

---

[9] 変数同様に関数も「数」ではない．それは，最広義にはさきの直積空間（集合）の部分集合を意味する．変数が「数」でない以上，関数も数量間の関係を意味するものに限定されない．

$$\frac{c \quad L}{x}$$

という形式をとる．ヘンペル（Hempel 1965＝1973）はこのような説明の形式を，D-N 説明（Deductive-Nomological 説明あるいは被覆法則による説明）と呼んだ．このとき法則 L は，1941年のヒトラーという与件に対し，ソビエトに攻め込む，という被説明項を割り当てるし，同年のスターリンや東条には，ことなる政策を割り当てるという性能が期待されている．それが理論の持つ一般性であり，情報の縮約機能なのである．

ここで重要なことは，こうした法則の束である理論は「無矛盾」でなければならない，ということである．内的一貫性をもたない理論は，都合のよい結論をどのようにでも演繹することができるからである．

関数との比較で言えば，さまざまな不完全な説明を挙げることができる．それは関数の概念からよく理解できる．

(1) 想定されている与件の可能性の一部分にしか被説明項を当てられない場合：すなわち，説明関数の定義域が限定されている場合．
(2) 与件にたいして，被説明項が一義的には与えられない場合：すなわち，一つの与件にたいして複数の被説明項を出力する場合（過少決定ともいう）．
(3) 与件にたいして，被説明項が「過剰決定」になっていて，被説明項が空である場合．

これらは，みな不完全な説明であり，理論としては完成していない．

理論として完全な演繹力をもつ法則の束であっても，なお他の理論に比べて，

(1) より一般的で適用範囲が広いこと．
(2) 競合する理論よりも単純であること．
(3) 冗長な部分をもたないこと（「オッカムの剃刀」として知られている）．

が求められる．

2.2.5 公理主義

現代数学の発達が，このような作業に数学を全面的に使用することを可能にしている．ヒルベルトによる「公理主義」「形式主義」は数学が固有の実在との対応関係をもたなければならないという必然性を否定した．数学は数学の中の形式性によって閉じることを許す，というわけである．それは互いに無矛盾な独立の公理を措定することによって（のみ）数学的実在が出現するのであるとのべる．これを公理主義という[10]．

この宣言は一見，数学がいかなる応用からも手を引いて純粋数学のみを可能とするようにも見える．しかし，これは同時に「互いに無矛盾で独立の公理を措定する」形式はすべて数学でありうることをも宣言している．つまり，固有の数学的実在を対象とはしない，という現代数学の考え方が，およそすべての科学的説明を数学的形式で表現することを可能にしたのである．

公理が，理論でいう一般法則や一般命題に対応するものであれば，このヒルベルトの立場は，論理的な破綻なく組み立てられた理論はそれ自体が数学であるという宣言に等しい．

われわれの社会に起こることが，三角不等式や微分可能性を備えていないものであれば，それにふさわしい公理を措定して，それが社会現象を再現できるかどうかたしかめればいいのである．つまり，既存の数学に寄りかかる必要もそれをなぞる必要もなく，可能な限り数学的であろうとすれば，それはそのまま数理社会学になることを意味する．

2.2.6 定式化と解釈

様々な与件の変動に応じていついかなるときでも，一義的な演繹ができる，という論理的な性能だけでは科学は満足できない．そうして演繹された事態が観察記述された（あるいは観察されるであろう）事態と一致してはじめて「実証的な」科学となるのである．その意味で，科学は数学的にエレガントなだけでは不十分なものである．

現実と理論との一致／不一致の問題は次の節に譲ることにするが，ここまで

---

[10] 公理主義 axiomatism という言葉は日本製のものらしい．

```
社会科学  →  定式化  →   数学
        ←   解釈   ←
```

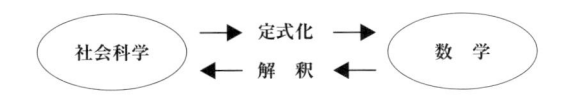

図2-1 数理社会学の基本構造

の話をまとめると以下のようにいうことができる．

　数理社会学においては，最初に対象とする現象の「数学的定式化」という作業があり，その次に数学的な演繹作業があり，最後にそれによって得られた結論の「社会科学的含意」をさぐる「社会科学的解釈」を行うというステップによっている（**図2-1**）．

　いってみれば，「数学」の使用は，高速道路網のようなものである．問題がいったん数学という言語で記述されると，そのあとの論証は数学の助けを借りてスムーズに比較的間違いなく行われる（そのためには多少とも数学的な訓練が必要ではあるが）．自分のたてた仮説がどこに行くかは，数学の流れに任せればいいのであって，途中をバイパスすることができる．出てきた結論をもう一度社会科学の言葉に翻訳し直せばいい．

　数学的な論証を数学を使わずに同じ程度の厳密さで展開することは可能かもしれない．しかしおそらくそれは，何倍もの記述のスペースをとるうえに，数学を使用するよりも何倍も難解なものになるであろう．数学の使用は，その意味で「経済的」であり「実際的」でもある．

　とはいえ，多くの読者にとって「数学」は依然として厄介のたねであり，大学の「文科系」に進む学生は数学と縁を切るためにそうすることも多いのである．数理社会学のようなその論理の重要な部分が数学的形式を備える分野を学ぶためには最低限の数学の素養が求められ，その対策も必要である．原因と対策について記しておこう．この節の残りの部分はかつて書いたことの繰り返しである（Sen 1970＝2000：訳者解説 252-253）．

　この原因はいくつかある．第1に，日本の大学生は高校までの数学の経験から，「数学は計算であり，面倒くさくてつまらない」と考えると同時に「人間や社会のことは数学などではわからない」という偏見を持っている．第2に，

社会科学で用いられるタイプの数学の多くは高校までに適当な形で教えられていないし，また（おそらく数学の専門家の興味をそそるほど高度ではないうえに，一冊のテキストになるほどの分量もないために）それにかんする適当なテキストが存在しない．たいていの場合，それはもっと違う分野の（文科系にはおそろしいタイトルがついているうえに高価で分厚い）テキストの前の部分に愛想なくまとめられているか，あちらこちらに散らばって解説されていることが多い．

読者はこう考えてほしい．第1には，「高校までの数学は理工系の分野のものであって，数理社会学で用いる数学とは無関係である．全員一から習うのであって，しかもそれほど難しくない」と考えることであり，「だまされたと思ってこの数学をならうと，人間や社会のことについていろいろなことがはっきりする」と信じることである．むろんそれでも数学ではわからない部分は存在しよう．しかし，わかりえるところが実際にわかるようになるという意味で，人間や社会に興味を持つ者の期待にこたえるものでもあろう．

第2にはむろん，必要最小限の数学を要領よく覚えることである．第1の動機づけに成功しても，数学そのものを学ぶのに挫折してしまうのでは結果は同じである．上で述べたように，たいていの数学のテキストは理工系かあるいは理工系の数学に基礎をおく分野を学ぶ学生を対象にして書かれており，そこでのトピックの多くは数理社会学を学ぶ際には不必要である．したがって，必要な数学は，その部分だけを取り出して数理社会学に関連させて学ぶほうがずっと能率的である[11]．

2.3　実証性と理論の進歩

2.3.1　反証主義

「理論」あるいは「法則」のもつ特権的な位置づけは十分理解できたと思う．法則を用いて事実を演繹する過程はまさしく数学と論理の世界である．そして，様々な事実を個別に覚えておかなくとも，法則を覚えておけば，可能なすべての事実はここから演繹可能である．これこそ情報の縮約の見本のようなもので

---

[11] 数学と論理に関するごく初等的な内容はSen（1970＝2000）の「数学的準備」，あるいはFararo（1973＝1980），Lave & March（1975＝1991）などを参照されたい．

ある．しかしそれが本当に可能なのは芥川のいう「地獄の法則」が手に入った場合である．通常の法則は，残念ながらそうはいかない．すなわち，われわれの持っている法則は不完全なものであり，様々な不完全さを持った複数の法則の間には，何らかの優劣の基準で評価が可能である．

実証との関連で「よい科学」の基準は何であろうか？

一つの常識的な発想は，ある法則が様々な状況下で（いろいろ与件を変えてみて），説明に成功する場合が多ければ多いほど，その法則の「確からしさ」「確実性」が上昇する，というものである．カルナップは，この発想を生かして，彼の立場を「実証主義 verificationism」と呼んだ（カルナップ 1977）．つまり，法則は様々なテストに耐えれば耐えるほどその価値が上昇するのである（その背後にはヒュームに代表される帰納法の発想がある）．

しかし，ポパーはこの見解に反論した．テストされて得られる命題は特称命題である．一方で法則は全称命題である．論理学の規則によって特称命題を多数揃えることによって全称命題がもたらされるということはない[12]．つまり，繰り返しテストに耐えたこと，非常に多数のテストに耐えたことは，少しも法則の正しさを保証しないのである（Popper 1959＝1971-1972）．

反対に，彼は全称命題は唯一つの例外があれば，「偽」となることを指摘し，法則はその正しさを証明することができないが，それが誤りであることは「反例を挙げること」によって可能であるとした．つまり法則は実証は不可能で反証だけが可能という，非対称的な性質をもつのである．ポパーは，法則は確実なものではなく，どんなに繰り返しテストに耐えた法則であっても，反証が挙がるまでの「仮説」に過ぎないことを指摘したのである．

反証された法則はもはや説明能力を失ったわけであるから，新しいまだ反証の挙がっていない別の仮説によって置き換えられる．この過程が科学の進歩

---

[12] 有限の対象しか持たない説明ならすべての場合を尽くすことによって，テストによって全称命題を獲得することができそうな気がする．たとえば，世界中に存在するカラスの数は有限であろう．であるから「すべてのカラスは黒い」という法則（全称命題）は，すべてのカラスを調査し尽くすことによって証明する可能性がありそうである．ヘンペルはこれにこう反論した．論理学の規則に従えば，ある命題の対偶は元の命題と真理値が等しい（すなわち，元の命題が真であれば対偶も真であり，元の命題が偽であるとき対偶も偽である）．問題の命題の対偶をとれば，「黒くないものはすべてカラスではない」となり，この対偶命題の真偽と元の命題の真偽は一致する．したがって，すべてのカラスについて黒いことが証明されても，黒くないものは無限にあるから，命題の真理性は証明されないのである．

となる．これを「反証主義 falsificationism」という．

現在では，このポパーの考え方（あるいはラカトシュによって修正された）「反証主義」が科学の進歩に関する標準的な規範となっている（現実の科学がこのように進歩していくということを必ずしも意味するわけではない）．反証主義の与えてくれる教訓はきわめて苦いものである．

第1に，科学理論はそういうわけで，「反証可能」なものでなければならない．すべての実証のテストにかけられる形式を備えている必要がある．

第2に，われわれの科学の営みにはおそらく完成というものはないであろう，ということを予想させる．ミロのビーナスや，レンブラントの絵画はおそらく「美しさ」ということについて永遠不滅のものでありえるであろう（その他にピカソやポロックの芸術に「美」が発見されたとしても，レンブラントの美が減少するわけではない）．それにたいして科学的な真理は，遠からずそれが「偽」であることが証明されてしまう仮説ということできわめてはかないものである．ウェーバー（Weber 1922=1980）がいうように科学を志したものはこの「空しさ」に耐えなくてはならない（記録は破られるためにある，というスポーツ選手の運命に似ている）．

それゆえに，既存のいかなる権威（それは，標準理論，多数説，支配的学説，教科書，教師のような形をとるが）も科学の進歩の前には早晩「空しい」ものになる運命を持っていることになる．そして，新しい仮説は古い仮説の中にその萌芽がある場合もあれば，それとは全く無縁の場合もある．一言でいえば，新旧の仮説の間にはなんら必然的な継承関係がない，ということである．

2.3.2 パラダイム論

ここまでの話では，古い理論が新しい理論に置き換わる，という言い方がされたと思う．しかし，ある種の社会学的直観は，古い理論が新しい理論に「置き換えられた」というほうが適当だとするであろう．それは「人間の営み」によってである．

まず，「観察」「記述」ということを考えてみよう．前節でみたように，観察したり記述したりするためには，研究者の間で共通の変数の存在が必要であった．事実の虚心坦懐な観察や，完璧な記述などは望むべくもない．一番身も蓋もない表現をすれば，観察して記述することは，ある種の先入観や予断・偏見の行使でもある．観察のために必要な概念枠組みはそのまま理論にも使用されるものであり，いわば観察は理論の一部でもある．物理学者デュエムの名をと

っていわれるデュエムのテーゼ「われわれは理論を背負ってものを見る」(Duem 1914=1991) というのは，真実なのである．ハンソンはこの点を強調し，「観察の理論負荷性」と呼んだ (Hanson 1958=1986)．

ところが，ある理論を採用しているのも，またその理論を背負ってものを見ているのも，科学者集団という生身の人間たちである．

この科学者集団という生身の人間集団の行っていることを一言で言い表すと，科学史家クーンのいう「パラダイム」という概念になる (Kuhn 1962=1971)．

パラダイムの定義の仕方は幾通りかあるが，ここでは，科学者集団が行っているすべて営みを意味するものとしておこう．すなわち，上で挙げた標準理論，多数説，支配的学説のようなものばかりではなく，教科書，教師，大学のカリキュラム，科学者の採用人事や大学での昇進のシステム，学会の中での人間関係のようなものにまで及ぶ．研究者は，そうした中で生活の糧をえ，よい評判を得たり職を失ったりもする．つまり，われわれ科学者はデュエムの指摘するように，理論を背負ってものを見るだけではなく，学会や昇給のシステムすら背負って科学の営みを行っているのである．

社会学のもっとも基本的な主張は，人間はその所属している集団の利害構造から自由ではない，というものである．既存の権威を利用しそれを尊重することは，おおむね既得権者からの抵抗も少なく社会的な安定した成功を勝ち得やすいであろう．反対に既存のパラダイムの枠組みすべてをひっくり返すような試みに成功すれば（クーンはこれを「科学革命」と呼んだ），その成功者は革命の果実を受けとることになるであろう．

つまり，科学の進歩にとっては，仮説が反証される，という以外にもそれを促進したりあるいは阻害したりするパラダイムの構成要素という複雑な（全く社会学的な）要因が介在しているのである．

数学の使用が，科学としての社会学を構成するための，必要条件であることを述べた．すなわち，完成された理論体系としての社会学は，自動的に数理社会学なのであった．

しかし，数学を使用した社会学であれば，自動的に科学になりうるか，というと，それは保証できない．逆は必ずしも真ならず，とはこのことである．それだけではなく，数学の使用というきらびやかさに目を奪われていては，とんでもない事態に立ち至ってしまうかもしれないということを，以下では警告しておきたい．

第2章 数理社会学の可能性と限界

おわかりになると思うが，数学の使用は，数理社会学者にとってのパラダイムの一つである．数理社会学がそう望まなくとも，数学は数理社会学者にとっては一つの既得権を構成する．幸いにして，数理社会学者にとっての数学の使用が，社会にとってなにかの災いをもたらしたという記録はない．しかし，以下の2つの例は，数学さえ使っていればよい理論社会学になる，という態度に冷や水を浴びせるものであろう．

2.4 開かれた態度

2.4.1 森鷗外の「脚気」と野口英世の「黄熱病」

森鷗外（本名：森林太郎 1862-1922）は明治大正期の日本の近代文学の巨星である．また彼がドイツに留学し陸軍の軍医総監をも務めた医学者であることを知る読者も多いであろう．しかしながら，軍医としての森鷗外は医学者としては決定的な誤りを犯した．

明治になって近代的軍隊を整備した日本はその兵制同様に軍陣医学もドイツから丸ごと輸入した．若き日にドイツに留学して衛生学を学んだ森鷗外はドイツ医学の権威でもあった．その明治陸軍における衛生上の最大の問題は，「脚気（かっけ）」であった．脚気は東アジア，東南アジアの風土病である．軽症の時は倦怠感，「膝蓋反射の喪失」，歩行の困難などであるが，重症になると，食欲不振，全身の倦怠感，さらには心臓障害（脚気衝心と呼ばれる心臓肥大）などを起こししばしば死に至る．多くの兵士を兵舎に居住させたり，戦地に送り出したりすると，そこにはしばしば脚気の蔓延という事態を生んだ[13]．

脚気は夏に多く，またその発生場所が集中し，かつ流行の波があることから，まず疑われたのが「伝染病」である．多くの軍医や医学者が「脚気菌」の存在を血眼になって探し求めた．脚気患者の組織の一部をとり（脚気が病原菌によるものであれば，患者の組織の一部に脚気菌が潜んでいるはずである），それを培養し，単離する（純粋培養）．その菌を健康な実験動物に与えて脚気の症状が出れば，それこそが脚気菌であることの証明となる（その「脚気菌」は顕微鏡で見ることもでき

---

[13] たとえば，森鷗外も軍医として出征した日清戦争（1894-1895）においては，日本軍の戦死者997名に対して脚気による死亡者は10,000人を超え，部隊によっては罹患率が100%を超える（同じ兵隊が何度も脚気にかかるため）という惨状を呈した．坂内（2001），白崎（1998）参照．

るので，細菌学者は「顕微鏡の狩人」とも呼ばれる）．これこそ，ドイツの医学を世界の最先端とした「細菌学」のパラダイムである．しかし，その手法によってはついに脚気菌は発見できなかった．

脚気菌こそ発見できなかったが，実際に脚気の撲滅に成功したのは海軍であり，その立役者は高木兼寛(1849-1920)であった（吉村(1991)参照）．彼は江戸時代以来の脚気治療法[14]をもとに，脚気は病原菌によるものではなく米食に含まれる「未知の毒素」が脚気を引き起こすと考え，米食集団と，パン食集団の二つの統制集団を作って，米食が脚気の原因であることを突き止めた（1885年）．それゆえ，米食以外にパンや麦飯を配給した海軍では1886年以来脚気が消滅したのである．これは病理学的手法ではないが，疫学的手法による勝利である．

鷗外，高木の晩年1910年に鈴木梅太郎によって米の「ぬか」からビタミンB_1が発見され，脚気はビタミンB_1の欠乏症であることがわかった．陸軍の兵士に与えられていたのは白米で，玄米から「ぬか」の部分を除去したものである．白米にはビタミンB_1はほとんど含まれない．ビタミンB_1は，激しい運動や発汗によって急速に消費される．このことが夏季や作戦行動中の兵士に脚気が蔓延する理由であった[15]．鷗外をはじめとする陸軍軍医団は，細菌学の手法に拘泥する余り「兵食試験」においても，食品の栄養素をすべてカロリーに換算するという誤りを犯した[16]．その背後には日本の医学の主流派（ドイツ医学）と傍流（高木などのイギリス医学）の確執があったといわれる（坂内(2001)，白崎(1998)参照）．

鷗外と高木のどちらが細菌学のパラダイムによる「先入観」や「固定観念」から自由であったかはいうまでもなかろう．その背後には医学政策における主導権争いやそれに伴う利権や体面の争いが横たわっていることに注意が必要で

---

[14] 江戸時代には，脚気は「江戸病」の別名で呼ばれることがあるほど，大都会で蔓延していた．経験的な治療法では，転地療養（江戸の町のような食生活はできなくなる）や患者に小豆や大豆を多食させる，などというものが知られていた．

[15] 陸軍の兵食の給与規定は，一日に白米6合と副食物とであった．陸軍の名誉のために付け加えれば，この給与基準は，「科学」と「福祉」とを結合させたものである．陸軍ではまず，農家の青年が農繁期に一日5.5合の「玄米」を消費することを調査の結果明らかにし，これを上回る分量と品質とを兵食に保証したのである．軍隊では白い飯が腹いっぱい食べられる，というのが徴兵されてきた兵士にとって魅力の一つであった．坂内(2001)，白崎(1998)を参照．

[16] 鷗外や高木の活躍していた時期には「ビタミン」という概念はなかったのであるから，その意味では高木が「正しい科学的認識」に達していたということはできない．

ある.

　同様の細菌学パラダイムの犠牲者は野口英世 (1876-1928) である．野口は惨憺たる苦労の末，アメリカのロックフェラー研究所の花形研究員の地位を獲得した[17]．彼は梅毒スピロヘータやトラコーマの病原菌を発見するなど，国際的な細菌学者として知られていた．

　野口は黄熱病（蚊が媒介する熱帯性の熱病）の「病原菌」を発見し，ワクチンの開発にも成功した．しかしながら，外国の研究者による追試は野口の発見に対し懐疑的であった．そこで黄熱病の流行地であったアフリカで，自らの発見の正しさを証明しようと試みているうちに黄熱病に倒れた．彼は自分の「ワクチン」の効力を信じていたがために蚊の扱いが不注意であったという．彼の研究手続きは細菌学のパラダイムからは模範的なものであった．黄熱病菌を単離し，実験動物に与え，その病原菌を顕微鏡で撮影するというものである．現在では黄熱病の原因は野口の使用していた光学式の顕微鏡では捉えられない（電子顕微鏡が必要である）「ウイルス」によるものであることが知られている．野口のレポートを信じるならば，彼の「黄熱病菌」とともにウイルスが分離されていたということになる[18]．

　善意にせよ悪意にせよ，パラダイムを構成する要素は先入観や固定観念の一部を構成する．さらにいえば，たちの悪いことにそうした固定観念は研究者（集団）に気づかれないことが多い．彼らにとって，「ビタミン」や「ウイルス」という未知の要因は，はじめの定式化の部分でその存在を排除される．そうでなければ「細菌学」のパラダイムは進行しない．ビタミンやウイルスなどは存在しないものとして細菌学の実験手続きは進行するのである．数理社会学におけるある種の数学の使用がそうではないという，という保証はない．

2.4.2 仮説的な態度

　経済学者マーシャルが経済学者に必要な資質として「温かい心とさめた知恵

---

[17] 彼が幼少時に囲炉裏に落ちて左手を火傷した話は有名であるが，正規の医学教育を受けずに「医術開業試験」に合格して医師になったことも注目に値する．徒手空拳の彼の地位を維持するための唯一の手段が「研究業績」であり，それをもたらしてくれるものが細菌学のパラダイムなのであった．中山 (1995) 参照．

[18] 野口のワクチンがロックフェラー研究所の大きな財産であったため，彼は自分のためだけではなく，研究所のためにも彼の発見を擁護する必要があった（中山 1995）．しかし，実際なぜ彼のワクチンが一定の効果を持ったのかは謎のままである．

warm heart and cool head」と述べたことは有名である．社会改良という目的は経済現象の法則性を解明する際の目的ではあるが手段とはなりえない．それとは異なる意味で，数学的な手段の完璧性は，その前提となる仮説を正当化することにはならないのである．

　私はここにもう一つの資質を付け加えておきたい．もっとも重要なのは，「ある主張を仮説と考える」という「開かれた態度 open mind」であり，それはとくに数学の使用とは関係がない，ということである．仮説的な態度（自分のあるいは他人の主張が根本において誤っている可能性を認めること）と数学的論証とは互いに中立的である．数学の使用は，主張の仮説性を増大も減少もさせない．同様に仮説的な態度は当然のごとく数学的な論証に人を導いたりはしない．科学にとって重要なことは，しかしながら「自らが誤りうることを知っている」という仮説的な態度のほうである，ということなのである．

　数学的な論証を扱っている過程では，その命題が神の与えた真理であるのか，あるいはたんなる仮説であるのかは認識しないで済む（その意味で数学は神の道具でも悪魔の道具でもありえる）．心理学的な蓋然性から言えば，自らの扱っている命題が神の啓示であると考える論者のほうが正しい数学的な操作に失敗するということはあるとしても，それは結局数学的な能力によるものであって，科学的な態度によるものではない．

　数学の使用は，ともすればその「数学的真理性」を「仮説の真理性」と錯覚しがちなきらいのあることを，数理社会学者は認識しておくべきであり，そうした認識が数学的明証性と共振する時にのみ，数理社会学の果実が手に入るのである．

【文献】

芥川龍之介，[1923] 1968,『侏儒の言葉・西方の人』新潮社．
カルナップ，ルドルフ，1977, 永井成男ほか編訳『カルナップ哲学論集』紀伊國屋書店．
Duhem, Pierre, 1914, *La Theorie Physique, son objet et sa structure*, 2nd edotion, Paris: Marcel Riviere.（＝1991, 小林道夫ほか訳『物理理論の目的と構造』勁草書房.）
Fararo, Thomas J., 1973, *Mathematical Sociology*, New York: Wiley.（＝1980, 西田春彦・安田三郎監訳『数理社会学（Ⅰ）(Ⅱ)』紀伊国屋書店．）
Hanson, Norwood R., 1958, *Patterns of Discovery*, Cambridge: Cambridge University Press.（＝1986, 村上陽一郎訳『科学的発見のパターン』講談社．）

Hempel, Carl G., 1965, *Aspects of Scientific Explanation*, New York: The Free Press.（＝1973，長坂源一郎訳『科学的説明の諸問題』岩波書店．）

今田高俊，1980,「数理社会学の方法」季刊労働法別冊6『現代社会学』: 117-129．

Kuhn, Thomas, 1962, *The Structure of Scientific Revolution*, Chicago: The University of Chicago Press.（＝1971, 中山茂訳『科学革命の構造』みすず書房．）

Lave, Charles A. and James G. March, 1975, *An Introduction to Models in the Social Sciences*, New York: Harper & Row.（＝1991，佐藤嘉倫ほか訳『社会科学のためのモデル入門』ハーベスト社．）

中山茂，1995,『野口英世』岩波書店．

野崎昭弘，1980,『離散系の数学』近代科学社．

小野寛晰，1974,『関係の代数：集合・順序・グラフ』教育出版．

Popper, Karl R., 1959, *The Logic of Scientific Discovery*, New York: Basic Books.（＝1971-72，森博ほか訳『科学的発見の論理』恒星社厚生閣．）

坂内正，2001,『鷗外最大の悲劇』新潮社．

Samuelson, Paul A., [1947] 1975, *Foundations of Economic Analysis: Enlarged Edition*, Cambridge, Mass.: Harvard University Press.（＝1986，佐藤隆三訳『経済分析の基礎』勁草書房．）

Sen, Amartya K., 1970, *Collective Choice and Social Welfare*, San Francisco: Holden-Day.（＝2000，志田基与師監訳『集合的選択と社会的厚生』勁草書房．）

白崎昭一郎，1998,『森鷗外　もう一つの実像』吉川弘文館．

Weber, Max, 1922, *Wissenschaft als Beruf*．（＝1980，尾高邦雄訳『職業としての学問』岩波書店．）

安田三郎（編），1973,『数理社会学』東京大学出版会．

吉村昭，1991,『白い航跡（上）（下）』講談社．

第3章　社会分析の道具としてのゲーム理論

佐藤嘉倫

3.1　エスカレーターとゲーム理論

　駅でエスカレーターに乗る時のことを考えてみよう．仙台の地下鉄駅では，立ったままの人は右側に乗り，急ぐ人は左側をのぼることになっている．しかしJR東京駅では，その逆で，急ぐ人は右側をのぼることになっている．私の知る限り，どちらの駅にも何の掲示もない．しかし人々は暗黙のうちにこのような「調整」を行っている．

　それでは，人々はどのようにしてこのような調整を行っているのだろうか．確かに調整が行われないと，混乱が生じる．私も仙台から東京へ行ったとき，ときどき東京駅のエスカレーターの右側に立ち他の人に迷惑をかけてしまう．皆が調整ルールに従うならば，混乱は生じない．しかしどうして人々は調整ルールに従うようになるのだろうか．本章ではこの問題に対する解答を探りながら，ゲーム理論の考え方と社会学との関わりを解説する．

　エスカレーターの例は瑣末に思えるかもしれない．しかし社会には，このような調整をめぐる問題が多くある．自動車が道路のどちら側を走るかという問題も重要な調整問題である[1]．右側通行か左側通行かが決まっていないと，事故が続出する．またある国でどの通貨を使うかという問題もやはり調整問題である．ある人が買い物をして代金を日本円で支払おうとしても，受け取る方が米ドルによる支払いを期待していたら，売買が成り立たない．今のところ日本ではこのような事態は生じていないが，自国通貨に対する信頼が失われた国では，このようなことが生じうる．

---

[1] この自動車の例と後述の通貨の例はYoung (1998: ch. 1) に詳しく書かれている．

このような調整問題を解決する手段の1つに，調整機関を設立してそれに調整をゆだねるというやり方がある．自動車が道路のどちら側を走るかという問題に対しては，道路交通法を作り警察に違反者に対する取締りをまかせればよい．また通貨問題に対しては，中央政府が自国通貨以外による売買を規制すればよい[2]．

しかしエスカレーターの例では，そのような調整機関が存在しないのに，調整問題が解決されている．それはなぜなのか．1つの可能な解答として，調整の機能に着目したものがある．すなわち，調整がうまくいかないと社会的に非効率なので，調整問題は解決される，という解答である．これは社会学では方法論的全体主義（ないしは方法論的社会主義）と呼ばれる説明形式にしたがった説明である．この説明形式の特徴は，社会には個人（行為者）を超えた特性があると仮定することである．上の解答では，個人ではなく社会が調整問題を解決するということになる．

しかし行為者に焦点を当てた説明形式も考えることができる．それは方法論的個人主義と呼ばれるものである．この説明形式では，社会は個人の集積したものでそれ以上ではない，と仮定する．そして個人の行為から社会現象を説明する．調整問題に対しては，個人の行為が集積した結果として調整問題が解決される，という説明形式になる．ゲーム理論もその一種である．ただしゲーム理論は方法論的個人主義の中でも個人の行為選択に関してたいへん明確な仮定をおく．すなわち合理性の仮定である．この仮定の詳しい内容は後述するが，ここでは行為者が自分の目的にもっとも適した行為を選択するという仮定だと考えておけば十分である．次節ではこのことも含めて，ゲーム理論の考え方を詳しく解説しよう．

3.2 ゲーム理論の考え方

3.2.1 ゲーム理論の基本枠組

ゲーム理論の基本的な考え方は，行為者の合理性を仮定した上で，行為者の

---

[2] ただし自国通貨に対する信頼があまりに損なわれていると，外国通貨のヤミ市場が発達する．この場合，政府による規制は効果がなくなる．この問題は興味深いテーマだが，本章では扱わない．

相互作用から社会現象を説明することである．まずゲーム理論で用いられる基本的な用語から解説しよう．ゲーム理論では行為者のことを「プレイヤー」と呼ぶ．プレイヤーは個人の場合もあれば，国家や企業のような組織の場合もある．プレイヤーが選択する行為を「戦略」と呼ぶ．取りうる戦略の集合を「戦略集合」と呼ぶ．ゲームに参加するプレイヤーの選択した戦略の組み合わせによって，「社会的結果」が決まる．そして，その社会的結果に応じて，各プレイヤーは「利得」を得る．

　第1節で取り上げた自動車の通行問題を例にとって，これらの用語の具体的意味を説明しよう．この問題は調整ゲームと呼ばれるゲームの一種である．ある道ですれ違おうとしている2人のドライバー A と B が右側を走るか左側を走るか考えているとしよう．2人とも右側通行をするか左側通行をすれば，衝突は起こらず2人は問題なく自動車を運転できる．しかし一方が右側通行をし他方が左側通行をすると，衝突事故が起こる．なお2人とも左ハンドルの自動車を運転しているので，右側通行の方が左側通行よりも望ましいと思っているとしよう．

　このゲームでは2人のドライバー A と B がプレイヤーである．そして「右側通行」と「左側通行」が2人の取りうる戦略であり，それぞれのプレイヤーの戦略集合は｛右側通行, 左側通行｝である[3]．A と B の選択した戦略の組み合わせによって社会的結果が決まる．戦略の組み合わせが（右側通行, 右側通行）または（左側通行, 左側通行）ならば，社会的結果は「安全にすれ違う」である．しかし（右側通行, 左側通行）または（左側通行, 右側通行）ならば，社会的結果は「衝突」である．この社会的結果に応じて，2人は利得をえる．ここでは，衝突すると何のメリットもないので，衝突した場合の2人の利得をそれぞれ0としよう．安全にすれ違えるならば，2人の利得は0よりも大きい．ただし上で述べたように，左側通行ですれ違うよりも，右側通行ですれ違う方が2人とも運転しやすい．そこで，左側通行で安全にすれ違うならば，2人の利得はそれぞれ1，右側通行で安全にすれ違うならば，2人の利得はそれぞれ2としよう[4]．

　以上の設定を「利得行列」という形式で簡単に表現することができる．この

---

[3] この場合，2人の戦略集合は同じであるが，すべてのゲームでそうであるわけではない．
[4] この場合，それぞれの社会的結果に対する2人の利得は同じであるが，すべてのゲームでそうであるわけではない．

		B	
		右側通行	左側通行
A	右側通行	2, 2	0, 0
	左側通行	0, 0	1, 1

図3-1　自動車通行ゲームの利得行列

　自動車通行ゲームの利得行列は 図3-1 のようになる。この図の読み方は次のようになる。たとえば，ドライバー A が右側通行を選び，ドライバー B が左側通行を選んだとしよう。この状態を 図3-1 の利得行列で表現すると，A が第1行を選び，B が第2列を選んだことになる。そして第1行第2列の数字（0，0）は，社会的結果として衝突が起こり，A の利得が0，B の利得も0となることを表している。他の行と列の組み合わせも同様に解釈できる。

　さて，このような状況に直面したとき2人のドライバーはどのような選択をし，いかなる社会的結果が実現するのだろうか。この社会的結果の説明に用いられる概念が「ナッシュ均衡」である。ナッシュ均衡の基本的な考え方は次のようになる。「他のプレイヤーが選択している戦略を変更しないとして，自分だけが戦略を変更すると，利得が減少するかまたは変わらない」ということがすべてのプレイヤーに当てはまるとき，その戦略の組み合わせをナッシュ均衡と呼ぶ。言い換えれば，各プレイヤーに自分だけ戦略を変える誘因がないならば，その戦略の組み合わせはナッシュ均衡である。そしてゲーム理論では，すべての起こりうる社会的結果のうち，ナッシュ均衡が実現すると考える。これが，ゲーム理論による社会現象の説明形式である。つまりある社会現象がなぜ起こるのかという問いに対して，ゲーム理論はそれがナッシュ均衡だからであると説明する。

3.2.2　ナッシュ均衡の求め方

　それでは実際に上の利得行列でナッシュ均衡を求めてみよう。まず第1行第1列の戦略の組（右側通行，右側通行）とそれに対応する利得の組（2，2）に着目しよう。A だけが単独で右側通行から左側通行に変更すると，彼／彼女の利得は0になる。これは元の利得2より低くなるので，彼／彼女は単独で戦略を変更する誘因を持たない。また B だけが単独で右側通行から左側通行に変更すると，彼／彼女の利得は0になり，やはり単独で戦略を変更する誘因

がない．したがって（右側通行，右側通行）はナッシュ均衡である．なおここで注意すべきことは，ナッシュ均衡は戦略の組で定義されるのであって，利得の組で定義されるのではない，ということである．したがって（2，2）ではなく（右側通行，右側通行）がナッシュ均衡である．

次に第1行第2列の戦略の組（右側通行，左側通行）とそれに対応する利得の組（0，0）に着目しよう．Aだけが単独で右側通行から左側通行に変更すると，彼／彼女の利得は1になる．これは元の利得0より高くなるので，彼／彼女は単独で戦略を変更する誘因を持つ．したがって（右側通行，左側通行）はナッシュ均衡ではない．少なくとも1人のプレイヤーが単独で戦略を変更する誘因を持てば，その戦略の組はナッシュ均衡ではないので，Bについて調べる必要はない．ある戦略の組がナッシュ均衡であることを証明するためには，すべてのプレイヤーが戦略を変更する誘因を持たないことを示さなければならない．しかしある戦略の組がナッシュ均衡ではないことを証明するためには，戦略を変更する誘因をもつプレイヤーが1人いることを示せばよい．同様の論理により，第2行第1列の戦略の組（左側通行，右側通行）も，ナッシュ均衡ではない．

第2行第2列の戦略の組（左側通行，左側通行）はナッシュ均衡である．Aだけが単独で左側通行から右側通行に変更すると，彼／彼女の利得は0になる．これは元の利得1より低くなるので，彼／彼女は単独で戦略を変更する誘因を持たない．同様に，Bも，単独で左側通行から右側通行に変更すると，利得が1から0に減るので，単独で戦略を変更する誘因を持たない．以上の議論から，このゲームのナッシュ均衡は（右側通行，右側通行）と（左側通行，左側通行）である．

ただしここでは，プレイヤーが右側通行か左側通行のどちらか一方を選択するという仮定に基づいて議論している．これはプレイヤーが「純粋戦略」を選択するという仮定であり，この仮定に基づいて得られた均衡を純粋戦略ナッシュ均衡と呼ぶ．

この仮定をより一般化して，プレイヤーが右側通行と左側通行に確率を割り当てるという仮定を用いることもできる．たとえばプレイヤーが確率0.7で右側通行を選び，確率0.3で左側通行を選ぶ，という選択の仕方である．このような選択は「混合戦略」と呼ばれる[5]．このように考えると，純粋戦略は混合戦略の1つとして考えられる．すなわち純粋戦略とは，その戦略に確率1を割

り当て，他の戦略に確率0を割り当てる混合戦略である．たとえば右側通行という純粋戦略は，右側通行を確率1で選ぶ（そして左側通行を確率0で選ぶ）混合戦略である．

　混合戦略のナッシュ均衡は次のようにして求められる．プレイヤーAが右側通行を選択する確率をα，左側通行を選択する確率を$1-\alpha$としよう．またプレイヤーBが右側通行を選択する確率をβ，左側通行を選択する確率を$1-\beta$としよう．このとき，プレイヤーAが右側通行した場合と左側通行した場合の期待利得はそれぞれ次のようになる．

$$E(右側通行)=2\times\beta+0\times(1-\beta)=2\beta$$
$$E(左側通行)=0\times\beta+1\times(1-\beta)=1-\beta$$

そしてプレイヤーBにとってのナッシュ均衡となる混合戦略は，これら2つの期待利得が等しくなるようなβの値で右側通行を選ぶ（そして$1-\beta$で左側通行を選ぶ）混合戦略である．実際にその値を求めると，$\beta=\frac{1}{3}$である．同様に，プレイヤーBが右側通行した場合と左側通行した場合の期待利得が等しくなるようなαの値は$\frac{1}{3}$である．したがって混合戦略ナッシュ均衡は，（Aは確率$\frac{1}{3}$で右側通行する，Bは確率$\frac{1}{3}$で右側通行する）となる．

　なぜこの戦略の組み合わせが混合戦略ナッシュ均衡となるのだろうか．このことを理解するためには，「最適反応関数」という考え方を用いるのが便利である．最適反応関数とは，相手の戦略選択に対して自分の利得を最大化するような戦略（これが最適反応である）を決める関数である．まずプレイヤーAの最適反応関数について考えよう．プレイヤーBが確率0で右側通行を選ぶ混合戦略（$\beta=0$）を用いるならば（すなわち左側通行という純粋戦略を選ぶならば），プレイヤーAの最適反応は左側通行という純粋戦略を選ぶことである．いいかえれば，プレイヤーAは確率0で右側通行を選ぶ混合戦略（$\alpha=0$）を用いている．次にプレイヤーBが右側通行を選ぶ確率βの値を大きくしていったとしよう．

5　混合戦略の実質的な解釈はいくつかある．これらについてはGibbons（1992）を参照されたい．

第3章 社会分析の道具としてのゲーム理論　　　　57

```
     α  1 ┤───────────────┬───────────────Z
    (A    │               ┊               ┊
     が   │               ┊               ┊
     右   │               ┊               ┊
     側   │               ┊               ┊
     通   │               ┊               ┊
     行   │               ┊               ┊
     を  1/3┄┄┄┄┄┄┄┄┄┄┄┄┄Y┄┄┄┄┄┄┄┄┄┄┄┄┄┄┄┄
     選   │               │
     ぶ   │               │
     確   │               │
     率)  │               │
         │ X             │
       0 └───────────────┴───────────────1
                        1/3
              β(Bが右側通行を選ぶ確率)
```

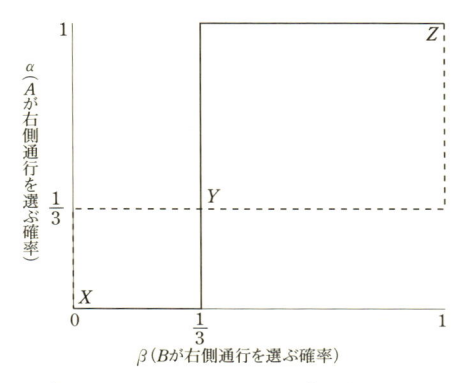

図3-2　プレーヤー A と B の最適反応関数とナッシュ均衡
（実線が A の最適反応関数，破線が B の最適反応関数）

β が $\frac{1}{3}$ になるまでは，プレイヤー A にとって左側通行の期待利得の方が右側通行のそれよりも大きいので（上の2つの期待利得を比較されたい），プレイヤー A の最適反応はやはり確率0で右側通行を選ぶ混合戦略である．しかしプレイヤー B が β の値を $\frac{1}{3}$ にすると，プレイヤー A の最適反応はどのような混合戦略でもよくなる．いいかえれば，いかなる α の値でも最適反応になる．そしてプレイヤー B が β の値を $\frac{1}{3}$ よりも大きくすると，プレイヤー A にとって右側通行の期待利得の方が左側通行のそれよりも大きいので，プレイヤー A の最適反応は確率1で右側通行を選ぶ混合戦略（$\alpha=1$）である．

このプレイヤー A の最適反応関数を図で表そう．β を横軸にし α を縦軸にすると，この関数は**図3-2**の実線で表される．上と同様に考えて，プレイヤー B の最適反応関数を求めて，**図3-2**に書き加えると，破線で表される関数になる．

この2つの最適反応関数の交差する点がナッシュ均衡である．なぜならその点では，2人のプレイヤーがそれぞれ相手の最適な選択を前提にして自分の最適な選択を行っているからである．したがって自分だけその点から外れても，自分の利得は高くはならない．このことは，先に述べたナッシュ均衡の定義と

一致する．図3-2でわかるように，交差点は X，Y，Z の3つある．点 X は両方のドライバーが左側通行を選ぶナッシュ均衡であり，点 Z は両方のドライバーが右側通行を選ぶナッシュ均衡である．そして点 Y は両方のドライバーがそれぞれ確率 $\frac{1}{3}$ で右側通行を選ぶナッシュ均衡である．

さて先に「ある社会現象がなぜ起こるのかという問いに対して，ゲーム理論はそれがナッシュ均衡だからであると説明する」と述べた．この考え方にとって，自動車通行ゲームのように3つの均衡があるのは不都合である[6]．実際に起こる社会現象は1つしかないのに，均衡が3つ存在し，どれが実際に生じるかは説明できないからである．

先の利得行列を見ると，ナッシュ均衡が（右側通行，右側通行）の場合，各プレイヤーの利得は2，ナッシュ均衡が（左側通行，左側通行）の場合，各プレイヤーの利得は1である．そして混合戦略ナッシュ均衡の場合は次のように期待利得を求められる．まずそれぞれの社会的結果が生じる確率は，各プレイヤーがその結果を構成する戦略を選ぶ確率の積である．したがって（右側通行，右側通行）が生じる確率は $\frac{1}{3} \times \frac{1}{3} = \frac{1}{9}$ である．同様に，（右側通行，左側通行）と（左側通行，右側通行）が生じる確率は $\frac{1}{3} \times \frac{2}{3} = \frac{2}{9}$ であり，（左側通行，左側通行）が生じる確率は $\frac{2}{3} \times \frac{2}{3} = \frac{4}{9}$ である．そしてそれぞれの結果に対するプレイヤー A の利得は2，0，0，1なので，プレイヤー A の期待利得は $2 \times \frac{1}{9} + 0 \times \frac{2}{9} + 0 \times \frac{2}{9} + 1 \times \frac{4}{9} = \frac{2}{3}$ となる．同様に，プレイヤー B の期待利得も $\frac{2}{3}$ となる．

これらの利得を比較すると，直感的には，2人の利得がもっとも高い（右側通行，右側通行）という純粋戦略ナッシュ均衡が実現するように思える．しかし今まで解説してきたゲーム理論の論理では，（右側通行，右側通行）が実現

---

[6] ただしあるゲームが現実の不確定性を表現していると考えられる場合は，複数の均衡が存在しても問題はないと考えることもできる．この点については佐藤（1998）を参照されたい．

することを説明できない．この問題は複数均衡問題と呼ばれ，ゲーム理論の問題点の一つである．

この問題に対して，新しい条件を追加して，その条件を満たす均衡が（右側通行，右側通行）であることを示す研究がなされている[7]．しかし新しい条件を追加しなくても，別のやり方で（右側通行，右側通行）が選択されることを説明できる．それが進化ゲーム理論である．進化ゲーム理論の利点はそれだけではない．後で述べるように，時間の進行にともなう社会の変化を分析するのにも有効な道具である．次節では，この進化ゲーム理論の基本的論理を解説しよう．

3.3 進化ゲーム理論の考え方

3.3.1 進化の過程

進化ゲーム理論の基本的発想はたいへん単純である．ある時点で，社会の中にさまざまな戦略を持った個体が存在すると仮定する．個体は個人でもよいし組織でもよい．生物の社会を考える場合には，個体は生物である．各個体は他の個体とペアになり，ゲームを行い，ゲームの結果に応じて利得を得る．その利得に基づいてそれぞれの戦略を持った個体の割合が変化する．そして次の時点に入る（図3-3参照）．

```
さまざまな戦略を持った個体の割合の初期値
          ↓
   個体間でペアが形成される
          ↓
  ペアになった個体同士でゲームを行う
          ↓
  ゲームの結果で各個体の利得が決まる
          ↓
 利得に応じて個体（戦略）の割合が変化する
```

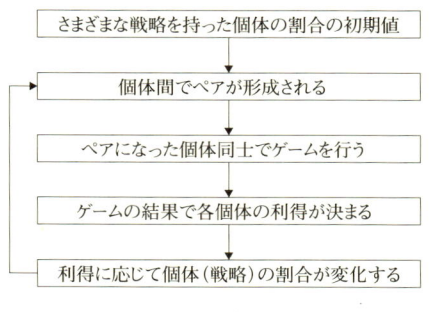

図3-3　進化ゲームの過程

---

[7]　たとえば Harsanyi and Selten (1988)．また石原・金井 (2002) はこの複数均衡問題に対する解決策について詳しく紹介している．

この過程について重要な点を解説しよう．第1に，先に解説した従来のゲーム理論ではプレイヤーが主役だったが，進化ゲーム理論では戦略が前面にでる (Skyrms 1996: 10)．つまり進化ゲーム理論では，プレイヤーの戦略選択ではなく，社会における各戦略の割合の変化に関心がある．第2に，本章では個体のペアの仕方（ペアリング）はランダムに行われるとする．現実の社会を考えると，この仮定は非現実的である．人は赤の他人よりも家族や親類，友人とより頻繁に付き合う．このような非ランダムなペアリングのほうがより現実的である．しかしここでは論理的に単純なランダムなペアリングを仮定する[8]．第3に，進化ゲーム理論では，個体はゲームで戦略を選択しないと仮定することが多い．従来のゲーム理論で想定されたプレイヤーは，ゲームにおいて相手の戦略選択を考慮しながら，自分の利得を最適化するように自分の戦略を選択する．しかし個体は自己に備わった戦略を実行するだけである．しかし第4に，利得に基づいて個体は戦略を変化させうる．この変化には大きく2つのやり方がある．1つは遺伝による変化である．利得の低い戦略を備えた個体は子孫を残せず，利得の高い戦略を備えた個体は多くの子孫を残せる．すると次の時点（世代）では，利得の高い戦略を備えた個体の割合が増加する．これはまさに生物進化過程をモデル化した考え方である．これに対して，学習による変化という考え方もある．利得の低い戦略を備えた個体はその戦略からより利得の高い戦略に切り替え，利得の高い戦略を備えた個体はその戦略をまた用いようとする．この考え方にしたがえば，次の時点では，子孫の数ではなく個体の戦略変更に応じてそれぞれの戦略を備えた個体の割合が決まる．遺伝と学習では細かいところで異なる点があるが，ある時点である戦略を備えた個体の得る利得に基づいて次の時点におけるその戦略の割合が決まる，という点では共通している．

　以上が進化ゲーム理論の考え方である．この考え方を前節で紹介した自動車通行ゲームに適用しよう．進化ゲーム理論の考え方にしたがえば，社会に無数のドライバーがいて，それぞれのドライバーは右側通行か左側通行の戦略を備えている．次に，それぞれのドライバーは他のドライバーとランダムにペアになり図3-1の自動車通行ゲームを行う．そしてゲームの結果から得られる利得に応じて，戦略を変更したりしなかったりする．

　このことをより具体的に解説しよう．ある時点で右側通行ドライバーと左側

---

[8] 非ランダム・ペアリングについては Skyrms (1996: ch. 3) が分かりやすい解説をしている．

通行ドライバーがそれぞれ50％いたとしよう．このとき右側通行ドライバーの期待利得はどのくらいになるだろうか．ここでいう期待利得とは，このドライバーが右側通行ドライバーとペアになったときの利得と左側通行ドライバーとペアになったときの利得の加重平均である．図3-1の利得行列によれば，このドライバーが右側通行ドライバーとペアになると2の利得を得る．ただしいつも右側通行ドライバーとペアになるわけではない．右側通行ドライバーは全体の50％しかいないので，右側通行ドライバーとペアになる確率は0.5である．同じように考えて，このドライバーが左側通行ドライバーとペアになったときの利得は0であり，左側通行ドライバーとペアになる確率は0.5である．したがって右側通行ドライバーの期待利得は，

$$E(右側通行) = 2 \times 0.5 + 0 \times 0.5 = 1$$

となる．同様に，左側通行ドライバーは，確率0.5で右側通行ドライバーとペアになり0の利得を得て，確率0.5で左側通行ドライバーとペアになり1の利得を得る．したがって左側通行ドライバーの期待利得は，

$$E(左側通行) = 0 \times 0.5 + 1 \times 0.5 = 0.5$$

となる．

また社会全体での期待利得は，右側通行ドライバーの期待利得と左側通行ドライバーのそれとの加重平均である．それは，

$$1 \times 0.5 + 0.5 \times 0.5 = 0.75$$

となる．

右側通行の期待利得と社会全体のそれを比較すると，前者のほうが大きい．一方，左側通行の期待利得と社会全体のそれを比較すると，後者のほうが大きい．このことから，次の時点で右側通行ドライバーの割合は増え，左側通行ドライバーの割合は減る，と考えられる．

3.3.2 レプリケーター・ダイナミクス

この割合の変化をより厳密に数学的に考えよう．そのための道具としてレプリケーター・ダイナミクスという考え方を用いる[9]．このダイナミクスは次の微分方程式で表現される．

$$\frac{dp_i}{dt} = p_i(\pi_i(\boldsymbol{p}) - \pi(\boldsymbol{p})) \tag{3.1}$$

この方程式の左辺 $\frac{dp_i}{dt}$ はある時点における戦略 i の割合の瞬間変化率を表している．右辺の p_i はその時点における戦略 i の割合を表している．そして右辺の $(\pi_i(\boldsymbol{p}) - \pi(\boldsymbol{p}))$ は戦略 i の期待利得 $\pi_i(\boldsymbol{p})$ と社会全体の期待利得 $\pi(\boldsymbol{p})$ の差を表している．ただし $\boldsymbol{p}$ はすべての戦略の割合を表している．戦略 i の期待利得が全体の期待利得よりも大きければ，この差は正になる．したがってこの差が大きいほど，そして戦略 i を取っている個体の割合が大きいほど，戦略 i の割合の瞬間増加率は大きくなる．逆に戦略 i の期待利得と全体の期待利得の差が負でその差が大きいほど，そしてそして戦略 i を取っている個体の割合が大きいほど，戦略 i の割合の瞬間減少率は大きくなる．

先にあげた数値例でこの方程式の具体例を見てみよう．右側通行の期待利得と社会全体のそれとの差は $1 - 0.75 = 0.25$ である．また右側通行ドライバーの割合は 0.5 である．したがって，右側通行ドライバーの割合の瞬間変化率は $0.5 \times 0.25 = 0.125$ である．これに対して，左側通行の期待利得と社会全体のそれとの差は $0.5 - 0.75 = -0.25$ であり，左側通行ドライバーの割合は 0.5 である．したがって左側通行ドライバーの割合の瞬間変化率は $0.5 \times (-0.25) = -0.125$ である．したがって瞬間変化率を次の時点までの変化量だと近似的に考えれば，次の時点で，右側通行ドライバーの割合は $0.5 + 0.125 = 0.625$ となり，左側通行ドライバーの割合は $0.5 - 0.125 = 0.375$ となる．

この過程がさらに進んでいくと，右側通行ドライバーの割合は 1 に近づき，左側通行ドライバーの割合は 0 に近づく．右側通行ドライバーの割合が 1 になる状態が，右側通行ドライバーの割合50％という初期値から始まった社会システムの均衡であり，進化的均衡と呼ばれる．

一般的に言って，進化的均衡を求めるためには，まずレプリケーター・ダイナミクスの微分方程式 (3.1) で左辺を 0 にして，その方程式を満たす p_i を求める必要がある．左辺が 0 ということは，瞬間変化率が 0，すなわち戦略の割合に瞬間的変化がないことを意味する．このような p_i の値は「不動点」と呼

---

[9] 戦略の割合の時間的変化については，レプリケーター・ダイナミクスのほかに，さまざまなモデルがある．本章ではもっとも単純で数学的に扱いやすいレプリケーター・ダイナミクスを用いる．他のモデルについては，Young (1998: 27-30) を参照されたい．

第3章 社会分析の道具としてのゲーム理論

ばれる．進化的均衡を求めるための第一歩は微分方程式（3.1）の不動点を求めることである．

実際に，自動車通行ゲームにおける不動点を求めてみよう．右側通行ドライバーの割合を p_1 とする．すると左側通行ドライバーの割合は $1-p_1$ である．このとき，右側通行ドライバーの期待利得は $2 \times p_1 + 0 \times (1-p_1) = 2p_1$ となり，左側通行ドライバーの期待利得は $0 \times p_1 + 1 \times (1-p_1) = 1-p_1$ となる．そして社会全体の期待利得は $2p_1 \times p_1 + (1-p_1) \times (1-p_1) = 3p_1^2 - 2p_1 + 1$ となる．したがって p_1 に関して式（3.1）は，

$$\frac{dp_1}{dt} = p_1(2p_1 - (3p_1^2 - 2p_1 + 1)) \tag{3.2}$$

となり，式（3.1）の左辺を0にした方程式は，

$$p_1(2p_1 - (3p_1^2 - 2p_1 + 1)) = 0$$

となる．これを p_1 について解くと，0, $\frac{1}{3}$, 1 という3つの解が得られる．これらが微分方程式（3.2）の不動点である．

p_1 が0ということは，右側通行するドライバーが誰もいない，いいかえれば左側通行をするドライバーばかりということになる．これは図3-1の利得行列における（左側通行，左側通行）のナッシュ均衡に対応する．p_1 が $\frac{1}{3}$ の場合，右側通行ドライバーが $\frac{1}{3}$, 左側通行ドライバーが $\frac{2}{3}$ いることを意味する．これは図3-1の利得行列における混合戦略ナッシュ均衡に対応する．そして p_1 が1の場合，ドライバー全員が右側通行をする状態を意味する．これは図3-1の利得行列における（右側通行，右側通行）のナッシュ均衡に対応する．

以上で，不動点とナッシュ均衡の対応関係が分かった．しかしこのままでは，進化ゲーム理論を用いても，3つのナッシュ均衡のうち（右側通行，右側通行）のみが実現することを説明できない．そこで次に不動点の安定性を求めよう．不動点の安定性とは，いったんその不動点が実現した後に，何かの原因（攪乱要因）でその状態が揺らいだときに，また元の不動点に戻ることを意味する．攪乱要因として遺伝の場合は突然変異，学習の場合は学習ミスがあげられる．そしてこの攪乱要因によってわずかな個体が戦略を変更することが，ここ

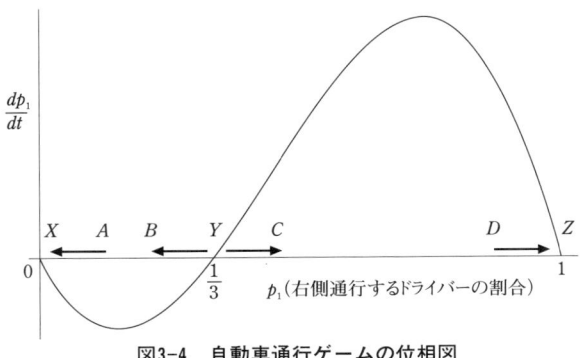

図3-4 自動車通行ゲームの位相図

でいう揺らぎに相当する．

　自動車通行ゲームの不動点でこのような揺らぎが生じたときのことを分析しよう．このためには位相図を用いると便利である．位相図とは，微分方程式で表されるシステムの時間的変化の様子を表現したものである．式（3.2）を縦軸にとり，p_1 を横軸にとると自動車通行ゲームの位相図ができる．それは**図3-4**のようになる．

　この図で，不動点は $\frac{dp_1}{dt}$ が0の点，すなわち式（3.2）の3次曲線が横軸と交わる点である．これら不動点の近くの領域を見てみよう．不動点 X では，$p_1=0$ であり，ドライバー全員が左側通行をしている．ここで揺らぎが起こって，何人かのドライバーが右側通行になったとしよう．するとシステムは点 A に動く．しかしこの点に対応する縦軸の値は負である．これは $\frac{dp_1}{dt}$ が負であり，p_1 が減少することを意味する．したがって一旦はシステムが点 A に動いても，システムは不動点 X に戻る．このような不動点を漸近的に安定であるという．そして漸近的に安定な不動点が「進化的均衡」である．つまり不動点 X は進化的均衡である．

　次に不動点 Z を見てみよう．この点では，すべてのドライバーが右側通行をしている．もし揺らぎにより何人かのドライバーが左側通行になったとしよう．するとシステムは点 D に動く．この点に対応する縦軸 $\frac{dp_1}{dt}$ の値は正なの

で，p_1 は増加する．したがってシステムは不動点 Z に戻る．すなわち不動点 Z も進化的均衡である．

　最後に不動点 Y を検討しよう．もし揺らぎにより何人かの右側通行ドライバーが左側通行になったとしよう．すると p_1 の値が少し小さくなり，システムは点 B に動く．この点に対応する縦軸 $\dfrac{dp_1}{dt}$ の値は負なので，p_1 は減少する．したがってシステムが点 B に動くと，元に戻らず，そのまま横軸を左側に移動し，不動点 X に収束してしまう．同様に，もし揺らぎにより何人かの左側通行ドライバーが右側通行にかわったならば，システムは点 C に動き，対応する縦軸 $\dfrac{dp_1}{dt}$ の値が正なので，そのまま不動点 Z に収束する．したがって不動点 Y は進化的均衡ではない．

　以上から，3つの不動点のうち X と Z のみが進化的均衡であることが分かった．しかしこれではまだ左側通行ではなく右側通行が実現することを説明できない．このために不動点の「吸引域」という考えを取り入れよう．ある不動点の吸引域とは，その集合の点をシステムが通過すると，必ずシステムがその不動点に収束するような集合のことである．図3-4の位相図で解説しよう．上で説明したように，p_1 が 0 以上 $\dfrac{1}{3}$ 未満の領域の点を通過するシステムは不動点 X に収束する．したがって不動点 X の吸引域は $0 \leq p_1 < \dfrac{1}{3}$ である．同様に，不動点 Z の吸引域は $\dfrac{1}{3} < p_1 \leq 1$ である．これら2つの吸引域を比較してみると，図3-4からも分かるように，不動点 Z の吸引域の方が幅が広い．したがってもし初期値がランダムに決まるならば，システムが不動点 Z に収束する可能性のほうが不動点 X に収束する可能性よりも高い．より正確にいえば，初期値が一様分布するならば，不動点 Z に収束する確率は $\dfrac{2}{3}$ であり，不動点 X に収束する確率は $\dfrac{1}{3}$ である．以上の議論から，すべてのドライバーが左側通行する状態よりもすべてのドライバーが右側通行する状態の方がより起こりやすいことが分かる．これが，先にで解説した複数均衡問題に対する解答であ

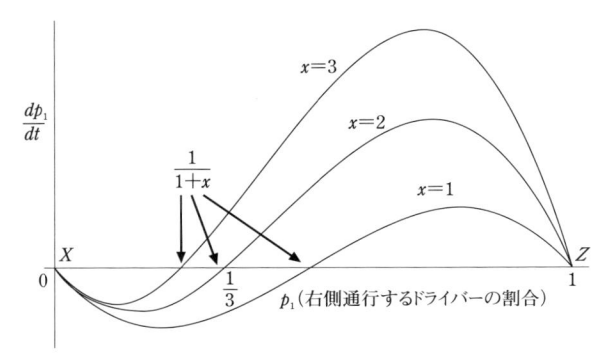

図3-5　自動車通行ゲームの位相図（右側通行の利得 x が1, 2, 3の場合）

る．

　ここでさらに次のような問題を考えてみよう．「確かにすべてのドライバーが右側通行する方が左側通行するよりも，各ドライバーにとって利得が高いので，右側通行が実現しやすいのは分かる．それでは右側通行の利得が高くなれば，右側通行はもっと実現しやすくなるのではないか．それを証明できるだろうか．」

　この問題に対する解答を考えるために，図3-1の利得行列で（右側通行，右側通行）の利得を2ではなく x と一般化しよう．ただし x は1より大きいものとする．すると右側通行の期待利得は xp_1，左側通行の期待利得は（前と同じく）$1-p_1$ となる．そして社会全体の期待利得は $(1+x)p_1^2-2p_1+1$ となる．したがってレプリケーター・ダイナミクスの微分方程式は，

$$\frac{dp_1}{dt}=p_1(xp_1-((1+x)p_1^2-2p_1+1))$$

となる．この式の左辺を0として，p_1 について解くと，その解は0，$\frac{1}{(1+x)}$，1となる．0と1は前と同じである．そしてこの間に $\frac{1}{(1+x)}$ が存在する（x が2のとき，この値は前と同じ $\frac{1}{3}$ になることに注意）．x が1のとき，この値は $\frac{1}{2}$ である．そして x が大きくなるほど，この値は0に近づいていく．この様子を表したのが 図3-5 である．この図からも分かるように，x が大きくなるほど，

不動点 Z の吸引域は大きくなる．したがって初期値がランダムに決まるならば，x が大きくなるほど，システムが不動点 Z に収束する可能性は大きくなる．このことは，先に述べた「右側通行の利得が高くなれば，右側通行はもっと実現しやすくなるのではないか」という疑問に対する解答となっている．

このように，レプリケーター・ダイナミクスという単純な動的過程を用いることで，複数均衡問題を解決でき，利得の変化と社会的結果の起こりやすさとの関係を分析することができた．しかしこの議論は1つの重要な仮定の上に成り立っている．それは，初期値がランダムに決まるという仮定である．この仮定が成り立たない場合を考えよう．たとえば図3-1の利得行列に基づいたレプリケーター・ダイナミクスにおいて，右側通行ドライバーの割合の初期値が0から $\frac{1}{3}$ の間にしか分布しないとしよう．するとシステムは必ず全員が左側通行する進化的均衡に収束する．このように，全員が右側通行する進化的均衡にシステムが収束するか否かは，初期値に関する仮定に依存する．初期値がランダムに生じるという仮定は必ずしも不自然というわけではないが，「いかなる初期値の分布でも必ず全員が右側運転をするようになる」とは言い切れないところが弱い．

この問題を解決する方法は，揺らぎ（突然変異や学習ミス）を取り入れた確率進化モデルを用いることである[10]．式（3.1）で表されるレプリケーター・ダイナミクスでは，揺らぎは生じないことになっている．そして不動点の安定性を確認するときに，揺らぎの可能性を考慮する．これに対して，確率進化モデルではモデルそのものに揺らぎの可能性が含まれている．つまり常に小さな確率で個体が最適反応ではない戦略を選ぶと仮定して，システムの進化過程を分析する．そしてこの考え方を自動車通行ゲームに適用すると，「いかなる初期値からシステムが出発しても，揺らぎが生じる確率が小さくなればなるほど，システムはほとんどの時間，全員が右側通行する状態に留まる」ということが証明される．

確率進化モデルで用いられる数学は高度なので，本章の範囲を越える．しかし初期値に依存しないでシステムの状態分布を分析できる点で優れた手法であり，進化ゲーム理論における最先端の話題の1つである．

---

10 確率進化モデルについては，Kandori, Mailath, and Rob（1993）と Young（1993; 1998）参照．

3.3.3 レプリケーター・ダイナミクスと進化的に安定な戦略

さて進化ゲーム理論について語る場合,「進化的に安定な戦略」(evolutionary stable strategy, ESS) という概念がよく用いられる.しかし本章ではこの概念について触れてこなかった.それは後で明らかになるように,第1に,上で解説した進化的均衡とESSは密接な関係にあり,進化的均衡が分かればあえてESSに言及する必要はないと考えるからであり,第2に,より重要なことだが,ESSは静的な概念であり進化ゲーム理論の動的側面を捉えていないからである.

ESSの基本的発想は,すべての個体が同じ戦略sを持っている社会に他の戦略を持った個体が侵入することができるかどうか,ということである.もし他の戦略を持った個体が侵入できないならば,戦略sは進化的に安定であるといわれる.「侵入」には文字通り外部から他の戦略を持った個体がその社会に入ってくる場合もあるし,突然変異などでsを持っていた個体が別の戦略を取るようになる場合もある.進化的に安定な戦略は,いかなる他の戦略の侵入も許さない戦略である.

ESSには数学的に同値な定義が2つあるが,ここでは上の基本的発想をより明確に表現している定義を紹介しよう[11].すべての個体が戦略sを持っている社会でεの割合で他の戦略tを採用する個体が生じたとしよう.すると社会には,戦略sを持った個体が$1-\varepsilon$の割合で存在し,戦略tを持った個体がεの割合で存在する.この状況における戦略sを持った個体の期待利得が戦略tを持った個体の期待利得よりも大きいならば,そしてこのことがs以外のいかなる戦略tについても成り立つならば,その戦略sはESSである.この定義は,突然変異などで社会の状況が変わったとしても,既存の戦略sの方が突然変異戦略tよりも期待利得が高いため,突然変異戦略tは駆逐されることを意味している.

このESSと進化的均衡の関係については「戦略sがESSならば,その戦略はレプリケーター・ダイナミクスの進化的均衡である」(Gintis 2000: 202) という定理が証明されている[12].この定理の含意は,ESSの生成過程をレプリケータ

---

[11] ESSに関するより詳しい解説については,石原・金井(2002:7章)参照.
[12] ただし逆は真ではないので(「戦略sがレプリケーター・ダイナミクスの進化的均衡ならば,その戦略はESSである」とは必ずしもいえない),ESSと進化的均衡は同値ではない.

ー・ダイナミクスで明らかにできる，ということである．上の ESS の定義には時間が入っていない．この定義は「ESS が存在するとすれば，それはいかなる特性を持つのか」について述べているが，「ESS はどのように生じるのか」という問いに対する解答にはなっていない．この点で，ESS は静的な概念である．これに対して，進化的均衡はどのように均衡に至るかという動的過程を備えた概念であり，上の定理により「ESS はどのように生じるのか」という問いに対する1つの解答になっている．

進化ゲーム理論を社会学に適用する場合，この違いは重要である．ある社会ですべての人が同じ行為パターンを採用しているとき，ある種の社会秩序（たとえば規範）が成立していると考えられる[13]．ESS は，このような社会秩序が揺らぎに対して頑強であることを表す概念である．いいかえれば，ESS は「社会秩序が既に存在しているとして，その社会秩序が逸脱行為に対して維持されうるか」という問いに対する解答を与える．これに対して，進化的均衡は「社会秩序がいかにして生成されるか」という問いに対する解答を与える．

どちらの問いも社会学的に重要である．しかし上の定理から ESS は必ず進化的均衡なので，進化的均衡は ESS の存在を動学的に裏付けていると解釈できる．したがって社会学の視点から見て，ESS よりも進化的均衡のほうが重要な概念である．

3.4 従来のゲーム理論と進化ゲーム理論の関係

前節まで，社会学への適用を念頭に置きながら，従来のゲーム理論と進化ゲーム理論の考え方を解説してきた．社会学の方法論的個人主義では，行為者の相互作用に着目して社会現象を説明する．この発想は，やはりプレイヤーや個体の相互作用に焦点を当てる従来のゲーム理論や進化ゲーム理論の考え方と親近性がある．

ただし従来のゲーム理論と進化ゲーム理論ではいくつか大きな相違点がある．第1は，合理性に関する仮定の違いである．従来のゲーム理論ではいわば「前

---

[13] これは社会秩序を行為レベルで捉えた考え方である．社会秩序には他にもさまざまな捉え方がある．これらについてはたとえば盛山 (1995) や Hechter and Opp (2001) を参照されたい．また Sato (2003) は，行為と期待の相互強化関係を社会秩序と概念化し，そのような社会秩序の生成を進化ゲーム理論で分析するための方向性を示している．

向き合理性」を想定している．すなわちプレイヤーは将来の自分の利得を最適化すると考えられる戦略を選ぶ．これに対して，進化ゲーム理論では「後ろ向き合理性」を想定する．つまり個体は利得を得てから遺伝なり学習なりによって戦略を変化させる．

　しかしこの違いは程度の問題である．後ろ向き合理性といってもさまざまなバリエーションがあり，前向き合理性に近いものもある．本章で取り上げたレプリケーター・ダイナミクスでは，ゲームをする際に個体が戦略を選択するとは仮定しない．個体は戦略と強く結びついていると仮定される．しかしこれは1つの仮定に過ぎない．たとえば仮想プレイ (fictitious play) という仮定も進化ゲーム理論で用いられる．この仮定によれば，個体は，他の個体が前期に採用していた戦略を当期も採用すると想定して，それに対する最適な戦略を選択する．個体が最適選択をするという点では，個体は前向き合理性を持っている．しかしこの最適選択をするための情報は前期における他の個体の戦略から得ており，いわば後ろ向きに情報を集めている．

　第2に，先にで指摘したように，従来のゲーム理論ではプレイヤーの戦略選択が重視されるのに対し，進化ゲーム理論では個体ではなく戦略の割合の変化に焦点が当てられる．「誰が選択するか」というプレイヤーのアイデンティティは背後に隠れ，戦略が前面に出てくる (Skyrms 1996: 10)．現実の社会現象を分析するとき，この違いは第1の相違点よりも重要である．たとえばかつての冷戦構造を考えてみよう．従来のゲーム理論では，誰がアメリカ合衆国大統領で誰がソ連共産党書記長かが重要になる．なぜなら，大統領や書記長になる個人の利得構造によって，冷戦状況下におけるさまざまな交渉の結果が異なるからだ．これに対して，進化ゲーム理論では，無数の大統領候補者と書記長候補者がいて，候補者はさまざまな行動パターン（戦略）を持っていると想定する．そして何回も候補者が選ばれて大統領と書記長として交渉を行い，その結果として行動パターンの割合が変化する，ということになる．

　これは明らかに奇妙な仮定である．外交交渉のような，当事者の行為選択が重大な結果をもたらす社会現象の分析には，従来のゲーム理論のほうが適している．これに対して，ある社会における価値や規範の変化のような，無数の人々が少しずつ関わり，かつ時間的変化をともなう社会現象の分析には進化ゲーム理論が有効である．従来のゲーム理論も進化ゲーム理論も社会現象を分析するための道具であり，無条件でどちらが優れているといえるものではない．

対象に適した道具を選べばよい．

【文献】

Gibbons, Robert, 1992, *Game Theory for Applied Economists*, Princeton: Princeton University Press.（＝1995，福岡正夫・須田伸一訳『経済学のためのゲーム理論』創文社．)
Gintis, Herbert, 2000, *Game Theory Evolving: A Problem-Centered Introduction to Modeling Strategic Interaction*, Princeton: Princeton University Press.
Harsanyi, John C. and Reinhard Selten, 1988, *A General Theory of Equilibrium Selection in Games*, Cambridge: MIT Press.
Hechter, Michael and Karl-Dieter Opp (eds.), 2001, *Social Norms*, New York: Russell Sage Foundation.
石原英樹・金井雅之，2002，『進化的意思決定』朝倉書店．
Kandori, Michihiro, George J. Mailath, and Rafael Rob, 1993, "Learning, Mutation, and Long Run Equilibria in Games," *Econometrica* 61: 29-56.
佐藤嘉倫，1998，『意図的社会変動の理論：合理的選択理論による分析』東京大学出版会．
Sato, Yoshimichi, 2003, "Can Evolutionary Game Theory Evolve in Sociology?: Beyond Solving the Prisoner's Dilemma,"『理論と方法』18(2): 185-196.
盛山和夫，1995，『制度論の構図』創文社．
Skyrms, Brian, 1996, *Evolution of Social Contract*, Cambridge: Cambridge University Press.
Young, H. Peyton, 1993, "The Evolution of Convention," *Econometrica* 61: 57-84.
───, 1998, *Individual Strategy and Social Structure: An Evolutionary Theory of Institutions*, Princeton: Princeton University Press.

第 4 章　実践としてのシミュレーション
——＜社会＞の理解／記述／創出

遠藤薫

4.1　シミュレーションという社会学的行為

　近年，社会学においても，シミュレーションという方法論が関心を集めるようになってきた．とはいえ現状では，まず目新しい技法という側面に力点が置かれ，その意義や可能性については十分な議論がなされていない．本章では，「シミュレーション」という行為の背景を探り，それを踏まえて，社会学における「シミュレーション」の意義と可能性（あるいは不可能性）について考察する．

　では，＜シミュレーション＞とはそもそも何か．しかし，現代の＜シミュレーション＞は多種多様にわたっている．数理科学の分野に限定しても，数値解析的シミュレーション，しらみつぶし型シミュレーション，フライトシミュレーションなどの模擬実験系シミュレーションなどがある．さらに，近年注目されている分野に限っても，ローマクラブの『人類の限界』レポートで注目されたシステム・ダイナミクス，70年代にコンピュータマニアを熱狂させたライフ・ゲーム（セルラ・オートマトン），近年脚光を浴びているマルチエージェントシミュレーション，生命科学と密接に結びついた人工生命，社会科学の領域でシミュレーションが注目されるきっかけともなったロバート・アクセルロッドのシミュレーション，など枚挙に暇がない．

　これらを包括的に語ることは難しい．しかし，現代社会科学におけるシミュレーションという技法の目指すところは，今日しばしば混乱を指摘される多様な社会認識パラダイムに対し，共通の了解基盤を与えるメタ認識枠組みを提供することにある，といってよいだろう．具体的には，相対的に自律的な個体間

の単純な相互作用から，多様な社会動態を生成する理論とそれをコンピュータ上に実現するモデルを構築しようとする試みである．

この試みは，相互に深くかかわり合う3つの目的を追求するものである．

第1の目的は，それ自体で，長い論争の歴史をもつ還元主義と集合主義の対立を解消する一般社会理論を構成しようとするものである．

第2の目的は，こうした一般理論がしばしば客観的表現をもたず，その現実的有効性に疑義が生じるのに答えて，コンピュータというメディアにより操作可能な表現を与えようとするものである．これはさらに実践的には，相互に対立する理論の客観的比較の基盤を提供する，社会科学の教育用ツールとして利用することができる，新たな社会理論構築のための支援ツールとすることができる，などの貢献を行うことができる．

第3の目的は，上記のような客観的表現により，従来必ずしも充分な相互交通性が確保されていなかった社会科学と自然科学の並列協調的な発展を図ろうとするものである．

4.2　現代のシミュレーション・モデルの特徴

一般に，解析モデルとシミュレーションモデルを比べた場合，シミュレーションがことに得意とするのは，確率変数を含むモデル，時間を含む動的モデル，複雑な相互作用を含んだモデルである（Aburdene 1988: 6）．とくに現代社会学においては，3番目に挙げた複雑な相互作用—複雑系の問題が重要である．バウマンは，現代社会学では，人間の行為を広範な成形作用の要素，すなわち，相互依存の網の目に組み込まれた一定の行為者の集まりの要素として捉えることから，社会学の主要な関心事は，行為の成形作用，相互依存の網の目，相互調整，そして行為者の自由の拡大ないし制限の問題である，としている（Bauman 1990＝1993）．またエリアスは，「社会学で問題となるのは特殊なネットワーク形成の秩序とそれに特有の連関形式である．ネットワーク形成のモデルは，人間が相互に関係しているという基本的な状況を捨象しないためにどのような概念が必要か，すでに示唆していた」（Elias 1970＝1994: 135）と述べている[1]．

こうしたことから，ギルバートとドランは，社会現象を対象とするシミュレ

1　ただし，エリアスは，とくに「シミュレーション」という技法について述べているわけではない．

第4章 実践としてのシミュレーション　　　　75

ーションにおいて考慮されるべき人間社会の特性を次のように挙げている (Gilbert and Doran 1994)：

(1) 環境：人間社会がその中に埋め込まれており，それと相互作用を行い，かつ，それによって規定されるところの外部自然環境．
(2) 複雑性：人間社会は複雑系であり，その結果，モデルも複雑系となる．
(3) 分散状態：人間社会は空間的に分散しており，また，内部的なグルーピングや機能分化といったかたちでも分散している．
(4) 状況認知：社会の構成員は，他人や，彼を取り巻く社会に関する認知能力を持つ．したがって，モデルは人間の認知モデルを取り込む必要がある．
(5) コミュニケーション：人間の社会的行為の中心をなすのはコミュニケーションである．コミュニケーションによって情報共有や行為の調整が可能となる．

　いいかえれば，このような特性を様々なアプローチで組み込んだ統合的なモデルを構築できるところに，コンピュータ・シミュレーションの最大の特長があるということである．それは同時に，現代シミュレーションが，これまで社会学のアポリアとされてきた諸問題――ミクロ-マクロ連関や社会の自己言及性に関わる諸問題に新たな光を与える可能性を示唆するものでもある．

4.3　シミュレーションと現代科学

　しかし，社会科学領域で近年シミュレーションが注目される背景には，広く現代科学全般を覆うパラダイム・シフトがある．それは，生命をその発生にさかのぼって捉えようとする大きな潮流であり，その観点から，近代科学で正統とされてきた思考法全体を反省しようとする動きでもある．「シミュレーション」という方法論を理解するために，以下では，現代科学において領域をまたぐパラダイムとして登場してきた重要なコンセプトと「シミュレーション」の関係を概観しよう．

4.3.1 フォン・ノイマンの「コンピュータ」と二つの「ゲーム」

　現代シミュレーションを考える上で，きわめて初期に，最も重要な貢献を行ったのは，ジョン・フォン・ノイマンであろう．

　周知のように，フォン・ノイマンはコンピュータの開発に画期的な貢献を行った．現代のシミュレーションがコンピュータの使用を前提としていることを考えれば，彼の貢献はそれだけで計り知れないものといえる．

　同時に彼は，コンピュータ開発の過程で，「自己再製する機械Automaton」の可能性に興味をもった．「自己再製する機械」とは，生命体を他から区別する特徴を「自己再製」の機能ととらえた上で，これを人工的に実現することを指す．この興味は，古くは18世紀にラ・メトリによって文章化され，あるいはヴォーカンソンによって一部実現されたといわれる生命機械の夢を継ぐものである．しかし，デカルトが，教え子の王女クリスティーナから訪ねられたように，「自己再製する機械」としての「生命」の不思議は今日まで続いている．この重大な問に対して，フォン・ノイマンは一応の答えを出した（von Neuman 1966=1978）．彼によれば，自己再製する機械は，次のような条件を満たせばよい：

(1) 生命をもつ系は自分自身の完全な記述を自分のなかに埋め込んでいること．
(2) 前項に含むパラドックスを避けるために，記述の中にその記述自体を埋め込むような仕掛になっていないこと．
(3) 記述には二重の役割をもたせておくこと．ひとつは，系の残りの部分の記述をコード化したものであること．同時にもう一つは，コード化に含まないような，自分自身の作業モデルになっていること．
(4) 系の一部である感得機能はこの記述の二重性を知っており，再製の段階でその両方の意味で解釈するように監督すること．
(5) 系の他の部分である万能建設機は，正しい命令を与えてやれば，生命系自身を含めた大部分の物体をつくることができること．
(6) 監督機能が万能建設機に系の新しい複製を，その記述と共に作成するように命令すると，自己再製ができること．

第4章 実践としてのシミュレーション

フォン・ノイマンは，自己再製機械が可能であることの証明を行うだけでなく，その実現にも野心をもやした．彼は，同僚の数学者スタニスラフ・M・レムからヒントを得て，無限個のセルからなる二次元平面上に，自己複製するパターン生成の「ゲーム（セルオートマトン）」をつくった．この「ゲーム」では，ある時点におけるあるセルの状態は，そのセルと辺を接する4個のセル（フォン・ノイマン近傍）の状態によってのみ決まる．これを発展させたのが，1970年に数学者ジョン・H・コンウェイが創案したライフゲームである．コンウェイのライフゲームでは，パターンが自己再製するばかりでなく，「知的進化」を遂げると見なす人もいる．セルオートマトンは様々に拡張されているが，核は以下のような特徴である．

(1) 仮想空間（シミュレーション空間）は，無限／有限個のセルによって構成される．
(2) 各セルの状態は，（周囲の環境に応じて），一定のルールのもとに変化する．
(3) 各セルの変化によって，全体の状況が決定される．

その一方でフォン・ノイマンは，経済学者オスカー・モルゲンシュテルンとの共同研究によって，「20世紀前半の生んだ主要な科学的業績の一つ」とされる「ゲーム理論」を生んだ（von Neuman and Morgenstern 1953）．

ゲーム理論は，「利害の対立する社会における人間の行動を，トランプやマージャンなどのゲームにおけるプレイヤーの行動によって類似的にとらえて，明確な数学的基礎の上に理論化しようとするものである．その理論は，新しい行動原理としてのミニ・マックス原理，人間行動の確率的法則による決定，多人数の場合の結託形成の定式化，という3つの基本的事項から成り立っている」．

現在ではさらに，メタゲーム理論，ハイパーゲーム理論など，よりさまざまな要請に答えられるよう，理論的拡張が図られている．

社会学においても，ゲームの理論は多方面で応用が図られている．例えば，ジョージ・ホマンズは，ゲームの理論を用いて社会過程の体系的定式化を試みた先駆者である．

4.3.2 進化ゲームとシミュレーション

　フォン・ノイマンの「ゲーム」たちは，さまざまな方向に「進化」し，自然科学，社会科学の多様な領域に大きな発展をもたらした．なかでも，生態系モデルでは，環境与件と遺伝子与件によって多くが決定されると考えられているため，大きな成果をあげているとされる．

　ゲームの理論の進化生物学への最初の導入は，ルウォンティンによる．彼は，「種を自然とゲームしているプレイヤーと見なして，絶滅確率を最小にする戦略を追求」した．今日代表的な生態進化モデルとしては，ジョン・メイナード＝スミスのタカ・ハト・モデルがよくしられている．タカ・ハト・モデルでは，「合理的行動の基準を個体群動態と安定性の基準でもって，また自分の利益の基準をダーウィンの適応度でもって置き換え」，この仮定のもとでの，「進化的に安定な戦略（ESS）」を導こうとするものである．彼らの議論は反復囚人ジレンマゲームをベースにした「進化ゲーム」を発展させる．進化ゲームの単純なものは解析的にも解けるが，少し複雑になれば，シミュレーションによらざるを得ない．

　この進化ゲームを社会科学に接続したものとして，ロバート・アクセルロッドのシミュレーションはつとに知られている．アクセルロッドは，反復囚人ジレンマゲームにおいて，協調関係が進化する過程について研究を行った．この過程を促進する最善の戦略を検討するために，彼は，コンピュータによるトーナメントを開催し，その結果，アナトール・ラパポートが提出したしっぺ返し（TIT FOR TAT）プログラム，すなわち，第1手は協力戦略を選ぶが，それ以後は前回に相手が選んだと同じ手を使うという戦略が優勝をおさめた．彼はこの結果から，それぞれの対戦者に対して一連のゲームを充分長く反復する場合に，しっぺ返しが他のいかなる戦略の侵入に対しても安定であることを証明した．彼によれば，相互利益的な効果によって協調が進化するための条件は，次のようである：

(1) 同じ個体同士で繰り返しゲームが行われること．
(2) 対戦者同士は，相手の裏切りに対して仕返しできること．
(3) 個体識別が可能であるか，あるいは対戦者がきわめて限定されていること．

アクセルロッドはエージェント間の相互作用のモデルとして，囚人ジレンマゲームだけでなく，セルオートマトンも応用している．

4.3.3 遺伝子と進化論

フォン・ノイマンは数学（情報科学）的観点から自己再製機械（生命）の問題に取り組んだ．これに対して，生命を決定付ける遺伝子が一種のプログラムであることを明らかにして世界に衝撃を与えたのが，ワトソンとクリック（Watson and Crick 1953a; 1953b）であった．遺伝子の本体であるDNAは，アデニン，グアニン，シトシン，チミンから構成される二重らせん構造をとっている．DNAの複製には二つの大きな特徴がある．一つは，こうしてできた二つの2重らせんDNAはいずれも元の二重らせんDNAと同じ構造を持つことであり，もう一つは，どちらの2重らせんも共に1本の親DNAの鎖と1本の新しく合成されたDNA鎖からできていることである．このような複製の仕方を半保存的複製という．

このような遺伝子の複製のメカニズムをプログラムとしたものが遺伝的アルゴリズムで，ドーキンスはこのアルゴリズムの反復適用によって単純なものから複雑なものが生成されるバイオグラフモデルを紹介している（Dawkins [1976] 1989＝1991）．

4.3.4 人工生命

生命科学における展開と並行的に，情報科学の領域でもさまざまな新たなアイディアが生まれてくる．

そのひとつが，人工生命 Artificial Intelligence である．人工生命とは，端的に言えば，遺伝子が一種のプログラムであるならば，これをコンピュータ・プログラムとして表現し，コンピュータ上でさまざまな生命現象をシミュレートすることが可能であろう，という考え方である．

人工生命の提唱者であるラングトンは，人工生命システムの特徴として以下をあげている（Langton 1992）：

(1) 簡単なプログラムや仕様をもった個体（または部分）の集合である．
(2) 全体を制御するプログラムがない．
(3) 各々のプログラムは，他の個体との遭遇も含めた，局所的な状況に対

(4) 全体の挙動を決定する規則はない．
(5) ゆえに，各プログラムのレベルを超えた，より高次の挙動は，創発するもの (emergent property) である．

　ラングトンはこれに基づいて，"ant" や "boid" など，単純な相互作用ルールから複雑な振る舞いを生み出す興味深いプログラムを作り出した．ただし，人工生命の考え方には，「強い人工生命」と「弱い人工生命」があり，前者はまさにコンピュータ上に擬似生命を現出させることを目的とするが，後者は生命科学のモデルをシステムの最適化に利用しようとするものである．

　またトム・レイは，ディジタル生態系 "Tierra (スペイン語で大地の意)" (Ray 1991) というシステムを作った．これは，自然界の生物は最終的には太陽をエネルギ源とし地球上の環境を空間的・物質的資源として生態系を形成して進化することから，そのアナロジとして，コンピュータの中で計算時間をエネルギ源，メモリ空間を物質・空間資源とするディジタル生物の世界をつくり，この電子生物の進化プロセスを観察しようというものである．祖先種生物は，自分自身の複製機能だけを実現する一種のプログラムで，自らの体の長さを計る自己検査部，その長さに応じた空き空間を探す再生部，そして再生部から起動され1ステップずつ頭からコピーしていくコピー部から成る．祖先種生物は娘をつくり娘は孫娘をつくりおのおのが独立かつ並列にそのような自己複製を繰り返す．1個体に割り当てられるエネルギ源 (すなわち，プログラムを実行する計算時間) は有限で，メモリ空間の空き領域を見つけるのに失敗したり，エネルギがなくなった個体は死んでゆく．レイはこの人工生態系によって，プログラム進化を機能や相互作用が自律的に生成され多様化する発展的・発散的過程ととらえる一方，そのような系のもつ進化 (自発的変化) を利用して，ある特定の機能を実現する種 (プログラムあるいはアルゴリズム) をうまく効率化・最適化する可能性も示した．

4.3.5 人工社会：マルチエージェントとオブジェクト指向

　こうした流れのなかで，社会 (あるいはそのサブシステム) をそのままシミュレーション・モデル化しようと考えるのは当然ともいえよう．このような人工社会モデル構築の試みとしては，遠藤 (1991) や Epstein and Axtell (1996) などが

ある．

　人工社会モデルで重要な概念となるのが「マルチエージェント」と「オブジェクト指向」の概念である．

　マルチエージェントとは，対象とするシステムのエージェント（行為者）にたいして個別に異なる特性を与えて，モデル化するものである．従来の数理モデルにおいては，モデル内のエージェントはほぼ画一的な特性を割り当てられていた．しかし，現実の世界（とくに社会のようなシステム）では，エージェント間の差異こそが全体の挙動に大きな影響を及ぼす．したがって，マルチエージェント・モデルの実現は，シミュレーションに大きな展開をもたらしたといえよう．

　一方，オブジェクト指向のモデリングにおいては，まず，対象をそれぞれが自立した実体（オブジェクト）として捉え，これらが他者や状況に固有の反応を行うことによって，全体の動作が決定されると考える．一般に，オブジェクト指向によるモデリングは，次の特徴をもつ：

(1) モデリングの対象となる状況を構成する個体（Object）は，それ自身に固有の属性とルールを内在した自立的存在である．
(2) 個体間でのメッセージのやりとりによって，個体は自らを変化させ，同時に全体状況も変化する．この意味で，システムはオープンである．
(3) あるグループ（クラス）に属する Object は，そのグループに共有される属性とルールを「継承」する．ただし，「継承」が完全である必要はない．
(4) 各個体のもつ属性やルールは，外部からは伺うことができず（「情報隠ぺい」），ただ，一定の要件が形式的に満たされたときにのみ，客体は「活性化」する．

　オブジェクト指向プログラミング言語の源流としてあげられるのは，1960年代後半にニガード，ダールらによって開発された離散事象シミュレーション用の Simula である．この言語には，「オブジェクト」，「クラス」，「クラス階層」などの概念が含まれている．同じく1960年代末期に，ケイが目指したマルチメディアパーソナルコンピュータ Dynabook のユーザ言語 Smalltalk は，オブジェクトにメッセージを送ることによってオブジェクトの動作を起動するという

一貫した方式によってプログラミングを行う，オブジェクト指向インターフェースの道を拓いた（Kay 1977）．さらに，Prolog の前身である人工知能用言語 Planner を設計したヒューウィット（Hewitt 1977）は，（論理式の）「手続き的解釈」をデータ構造のような本来データ的なものにまで適用し，手続きとデータをすべてメッセージを受理することにより活性化されるエージェント（active agent）として考えることによって統一できることを示し，この統一概念をアクター（actor）と名づけた．アクターの集まりを考えたとき，各アクターは互いに独立しており，互いのコミュニケーションはメッセージのやりとりとして表現されるため，この Actor 形式は並列オブジェクトに基づいた並列計算・並列処理の先駆的な計算モデルとして位置づけられている．

4.3.6 サイバネティクス：オートポイエーシス，社会システム論

　フォン・ノイマンと同時期に活躍したノーバート・ウィナーは，ノイマンとは異なるアプローチによって生命のシステムに挑戦した．彼の提示したサイバティクス cybernetics モデルは，フィードバックを含む開放型システムであり，今日に至るまで，システム論の原型として影響力を持っている（Wiener 1948）．

　他方，一般システム理論の名において，開放システムのモデル化を図ったのは，フォン・ベルタランフィである（Bertalanffy 1945=1973）．彼は，交互作用しあう要素の複合体としての一般化されたシステムあるいはその部分クラスのシステムに，それらシステムの特殊な種類や成分要素の性質や，要素間の関係や「力」の如何にかかわらず適用できるモデルと原理と法則が存在すると考え，このシステム一般に対して使える原理を定式化し，導き出す」ことを一般システム理論の目的とした．この考えを支えているのは，異なる領域，異なるレベルにおいて観察されるシステムの「同型性」である．無論，このような思考は，直観的には昔からなされてきた．それを単なる「類推」から守るのが一般システム理論の目的であると彼はいうのである．

　これに対して，生命の特徴を，それが自己創出的（autopoietic）なシステム（マシン）であることだとしたのが，マトゥラーナとヴァレラ（Maturana and Vareila 1980=1991）である．彼らによれば，「オートポイエティックなシステムとは，構成素が構成素を産出するという産出（変形および破壊）過程のネットワークとして，有機的に構成（単位体として規定）された機械である．このとき構成素は，次のような特徴を持つ．（ⅰ）変換と相互作用を通じて，自己を産出

するプロセス（関係）のネットワークを，たえず再生産し実現する，（ii）ネットワーク（機械）を空間に具体的な単位体として構成し，またその空間内において構成素は，ネットワークが実現する位相的領域を特定することによってみずからが存在する」(Maturana and Vareila 1980: 70-71) ようなシステムをいう．

彼らはこのようなシステム・モデルを社会にも適用し，「社会（という）現象」とは「いくつかの個体が，自らがその内部に含まれるような作動的境界を確定する再現的相互作用を通じてサード・オーダーの単体を構成することに参与するとき，この参与にかかわる現象のこと」(Maturana and Vareila 1980: 137) をいうのだとしている．さらに，「観察者としてのぼくらは，社会的カップリングにおいて生ずる行動をコミュニケーション的と呼び，その結果としてぼくらが観察する行動の調整のことをコミュニケーションと呼ぶ」(Maturana and Vareila 1980: 137) のである．

ルーマンは，社会学者の立場から，オートポイエーシス・モデルを社会に適用しようとした．彼は次のように言う．

> オートポイエーシス的システムは，その閉鎖性によって，もっぱら自分自身に関係している．そのかぎりにおいて，オートポイエーシス的システムは自己関係的ないし自己準拠的 (selbstreferentiell) に作動する．生命システムのこの自己関係性をもっと具体的に言おうとすれば，回帰性 (Rekursmtat) という概念を用いることができる．……しかし，それと同時に，オートポイエーシス的システムは開放的なシステムでもある．……オートポイエーシス的な生命システムの閉鎖性（継続的な過程をなしている自己制作と自己保存）と開放性（そのときどきの環境とのエネルギーや物質の交換）とは制約関係にある．システムと環境との交換の形態は，環境によってではなく，オートポイエーシス的システムの閉鎖的な組織のあり方によって決定される．オートポイエーシス的組織の閉鎖性は，その開放性のための前提なのである．したがって，閉鎖性と開放性とは必然的に補完的な関係にある．最後にあげたこの考えは，自律 (Autonomie) と自足 (Autarkie) という概念を用いて定式化することもできる．オートポイエーシス的システムは，自律的であるが，自足的ではない．オートポイエーシス的システムは，ある一定の環境ないし境遇のなかに生き，そこから供給される物質やエネルギーに依存しているかぎり，自足的ではない．しかし，エネルギーや物質

の摂取と放出がもっぱらシステムのはたらきによって固有法則的に規定されているかぎりにおいて，自律的である（Luhmann 1984: 58-60）．

ルーマンはオートポイエーシスを一般化しており，マトゥラーナとヴァレラが閉鎖システムと考えたところを，閉鎖＝開放ととらえ直している．また，前者が心的システムはオートポイエーシスではないととらえた心的システムを，オートポイエーシス的システムとみなし，「その究極的な，それ以上には分解できない統一をなしているものが，思考内容ないし表象である．意識の諸要素は出来事という性格をもっている．すなわち，それらは，束の間の，瞬間的な持続性しかもたない」と述べている．結局，ルーマンの考えに従うならば，人間社会は，それを構成する諸個人の心理や思考のレベルから，社会全体にいたるまでを重層的にネスティングされたオートポイエーシスとして一貫して捉えることができるのである．

そして，このようなシステムを記述することのできる方法があるとすれば，それはシミュレーションによる以外ないであろう．

4.4　シミュレーションの正当性について：シミュレーションという実践

4.4.1　シミュレーション・モデルの諸問題

このように展開してきたシミュレーションであるが，その科学的方法論としての正当性に疑念を抱いている研究者も少なくない．

シミュレーションという方法論を採用しようと思い立った研究者が，最初に躓くのが，パラメータ問題，すなわち過剰な可塑性の問題である．シミュレーション・モデルは，人工的なものであるがゆえに，ロジックさえ整合していれば，いかなる「世界」も創出可能である．しかも，解析的モデルが一般化されたロジックのみを追うのに対して，シミュレーション・モデルはしばしばある特定の世界を現出させるものである（それがメリットでもある）．その結果，シミュレーション世界は，多数のパラメータの相互作用の結果として現出する．いいかえれば，パラメータの調整によって，研究者はどのような結論でも導き出しうるともいえる．

誠実な研究者であれば，自らの創出したシミュレーション世界が，ある種の

第4章 実践としてのシミュレーション

おとぎ話，現実を規定するものとは異なったルールに準拠するファンタジーでしかないのではないか，という疑念に苦しまざるを得ない．むろん，シミュレーション・モデルは，さまざまな他の方法論，たとえば現実界での調査や実験によって，そのリアリティを実証しようと試みる．しかし，自然科学の対象領域においてであれば，シミュレーション・モデルとその対象との間を「確かに」架橋することができるとしても，社会科学の領域においては，そのような対応関係が望める場合は少ない．この結果，同じように「シミュレーション」という技法を使っている自然科学者たちからさえ，社会科学のシミュレーションに対しては，"Toy Model!（たんなるオモチャ！）"という冷ややかな視線が投げかけられることとなる．

だが，たとえシミュレーション・モデルがある種の虚構であるとしても，その虚構世界について研究者が細部に渡って熟知しているならば，問題は少ないかもしれない．しかし，実際にはそうではない．シミュレーション・モデルが大きな効力を生むのは，複雑な相互作用の総体としてのシステムを記述する場合である．とくに，複雑な相互作用のなかで，局所的なパラメータのわずかな変化が全体に大きな影響を及ぼすことを示すところにおおきな魅力がある．ということは，反面，ほんのわずかなパラメータ設定の＜非現実性＞が，まったく非現実的な結論を生じさせかねないということである．

このような問題に対しては，いくつかの留意事項がある．モデルは可能な限り（シミュレーションという技法の有用性を損なわない範囲において）単純化する，パラメータは最小限に抑える，モデルのロバスト性に注意を払う，パラメータの感度分析を行う，などである．これらは当然なされるべき注意である．しかし，すべてが解決されるわけではない．

もし救いがあるとすれば，コンピュータ・シミュレーションにおいてはそのプロセスのすべてが「プログラム」という形式で記述されるため，すべての実験は再現可能性に開かれている，ということがあげられる．だが，残念ながら，一般にプログラムは長く，読みづらい．それ以前に，プログラムを読むことのできない研究者も多い．そのことは，コンピュータ・リテラシーのない研究者の怠慢であると嘆くことはできるが，嘆いたところで，多くの研究者の目に触れないところでシミュレーションを行わざるを得ないという悲劇は変わらない（反対に，シミュレーションをする意味がないようなモデルであっても，リテラシーのない研究者たちにも「わかりやすい」モデルの場合，それが過剰に評価されてしまうという喜劇

もある).

　さらに問題を厄介にするのは,「バグ」すなわち,プログラムミスの存在である．先にも述べたように,最低限,研究者が完全にモデルをコントロールできているならば,ある程度問題は容易である．しかし,プログラムにおけるバグは,決して壊滅が保証されない．そして,リテラシーのある研究者が稀少であるとすれば,バグは発見されないまま,全体に影響を及ぼす．

　こうして,シミュレーションを用いようとする研究者は,えたいのしれない＜現実＞と,得体の知れない＜シミュレーション・モデル＞の狭間で,「自分はいったい何をやっているんだろう？」と途方にくれるのである．

4.4.2　科学とは何か

　しかし,シミュレーションに内在するこれらの諸問題は,「科学」あるいは「世界の探求」についてのより根源的な問題に関わっているのではないか．

　たとえば長尾真によれば（長尾 2001）,「科学」には,記述的科学と推論的科学があり,近代において正統とされてきたのは推論的科学であった．推論的科学で用いられるのは演繹的モデルと帰納的モデルであり,前者は決定論的法則に依拠し,後者は経験則に依拠する．しかし,後者については,信頼の根拠が常に問題となり,接近的継起性（ヒューム）や反証可能性（ポパー）が求められる．つまり,これまでもっとも正統と考えられてきたのは,単純で美しい形式によって世界を表現できる演繹的モデルが「科学的認識」の代名詞であったといえる．

　しかし,第3節で述べたような現代科学の思潮の中で,この信念が揺らぎはじめている．たとえば,モランは次のように述べている：

　　科学的認識は,これまでも長いあいだ,さまざまな現象がしたがっている単純な秩序を明らかにするために,それらの諸現象から,見かけ上の複雑性を一掃することが使命であると理解されてきたし,いまなおそのように理解されることが多い．

　　けれども,もし,単純化に専念する認識の諸形式が,自らの説明しようとする現実や現象を明確に表現する以上に,それらをばらばらに切り刻んでしまうことが明らかになり,解明よりも蒙昧を生み出すことが明らかになるとすれば,そのとき,次のような問題が浮かび上がる．つまり,どの

第4章　実践としてのシミュレーション

ように複雑性を非-単純化の方法で考察したらいいのか，という問題である（Morin 1990）．

　生命現象に特徴的な複雑性を扱おうとすれば，演繹的モデルはその限界を露にせざるを得ない．
　現代科学がわれわれに突き付ける問題はそれだけにとどまらない．従来，自然科学においては，観察者は観察対象の外部にいることが自明とされてきた．しかし，さまざまな領域において，観察者が必ずしも観察される系の外部にでることはできないのではないか，という問題が提起されてきた（社会科学においては，従来から，観察者が系の内部にいることは了解されており，そのことが社会科学の自然科学に対するコンプレックスのもとであった）．こうして，演繹的モデルは，根底からその存在を揺るがされる．郡司らは次のようにいう．

　　記述に外部記述者の原理を採用すると，語る以前に語るべき対象を特定し得るとの確信が前提となる．記述対象が特定され，確かに存在するとの確定存在論を引き受けざるをえない．その結果が構成されるべき経験の否定である．可能なのは高々，個別経験をひとつの統一体へと統制するだけである．そうであるならば，内部観測者による経験生成，構成の記述がもし可能であるとしても，それは外部記述者の原理から離反した記述にならざるを得ない（郡司ほか 1997：80）．

いま，われわれは「科学」に対する新たな理解を求められているのである．

4.4.3　＜理解＞の技法としてのシミュレーション

　長尾真は，「科学」を「世界を理解する」営為と捉え，「わかる（理解する）」ことには，(a)通常の論理規則にもとづいて了解する，(b)実際の経験に基づいて体得・感得するの二つの戦略があるという（長尾 2001）．そして，近代において重視されてきたのは，前者であり，推論的科学，とくに演繹的モデルがこれに対応する．一方，後者に対応するのが記述的科学であるが，これは，これまで，普遍性に欠け，非合理／非論理であるとの批判を受けてきた．
　ここで，翻って，シミュレーションについて考えてみれば，＜シミュレーション＞とは，特定の条件における仮想的環境の形式言語（プログラム）による

記述（表現）であり，個別状況の＜疑似体験＞の積み上げによる「理解」を促そうとするものではないか．とするならば，それは演繹的というよりは記述的科学であり，むしろ，文学，映像，音楽などと近接するものといえるかもしれない．であるならば，これを演繹的科学の範疇によって理解しようとすることはそもそも不可能であり，ことなる枠組みを要するのではないだろうか．

そもそもシミュレーション，すなわち模擬／模倣は，人間にとって，基本的な世界／環境を理解（学習）する行為である．

そして，人間は，自己のうちに内部化された体験，認識枠組みによってしか，外部の事象を「リアル」に感じ取ることができない．リアルでない（リアリティのない）「知」は，社会的現実に対して実効性をもたない．

しかし，新しい体験も，すでに内部化された枠組みの拡張として消化することができる．これがモデリングということである．ただし，認識は表現によって制限される．新しい「知」とは，「それまで表現されなかった「知」」に表現を与えることであり，その新しい表現がすでに内在化された「知」と共振するとき，リアリティをもったあらたな「知」が生ずる．

コンピュータ・シミュレーションは，まさにこの「表現されなかった知」に形式をあたえるものであり，その意味において初めて，その際だった有用性を発揮するもので はないかとも考えられるのである．

4.5　社会の創出とシミュレーション

4.5.1　社会生成の契機としてのシミュレーション（模擬）

さてここで改めて，「シミュレーション」という行為の意味を考えてみたい．シミュレーション＝模擬とは人間にとっていかなる行為なのだろうか．

カイヨワは，人間の本質に関わる「遊び」の原初形態として，「模擬」，「眩暈」，「偶然」，「競争」をあげる．中でも「模擬」について，「脊椎動物においては，真似の傾向は，ほとんど抵抗し難い肉体的感染としてまず現れる」(Caillois 1967: 56) として，その根拠を動物的本能にまで遡る．

さらにドーキンスは，人間の「意識」の発生をシミュレーションと関係づける．「意識ということでどんな哲学的問題が生じるにせよ，われわれの議論の目的からして，意識は，生存機械が決定権保持者となることによって最高支配

者である遺伝子から解放されていく，という進化傾向の極致と考えられるのである」(Dawkins [1976] 1989=1991: 99)．「未来をシミュレートすることのできる生存機械は，実際の試行錯誤に基づいてしか学習することのできない生存機械よりも，一歩先を行っている．実際の試行の難点は，それにかかる時間とエネルギーである．実際の錯誤の難点は，しばしば生存機械の生命を奪うということである．シミュレーションの方は，より安全にしてより敏速なのである」(Dawkins [1976] 1989=1991: 98)．

しかし，ここではもっと「社会」に即して考察することとしよう．

未開社会においては，模擬は，呪術的行為として模擬的儀礼の中に見いだされる．フレーザーによれば (Frazer 1890=1952)，呪術は「類似の法則」と「感染の法則」という二つの原理によって構成される．前者は「類似は類似を生む，あるいは結果はその原因に似る」というものであり，後者は「かつて互いに接触していたものは，物理的な接触のやんだ後までも，なお空間を隔てて相互作用を継続する」というものである．これらは相補して「共感呪術」を構成する．呪術者は，この原理によって，非人格的自然を統御できると考える．この意味において呪術は自然法則の擬体系であり，擬科学であるとフレーザーは考察する．それは観念連合による誤謬に基づいているが，既存の社会体制とは独立した体系であることによって，社会の固定的鋳型を鋳直す契機として機能していたとフレーザーは見る．

これに対してデュルケームは，未開部族が模擬しようとする表象が必ずしも現実に存在するものではないことから，「類似による同一化」は不可能であると断じ，むしろ模擬的儀礼は社会関係の紐帯となるべき聖なる存在の創造・再創造の過程であると見なす．すなわち，模擬的儀礼における「模擬」とは，実在の模擬ではなく，集合が集合であるために必要とされる集合的理想の外化された表象に対する模擬であって，集合が集合である間にのみ信憑される存在なのだ．そしてデュルケームは，この創造の起点を「真理界の最初の直観」(Durkheim 1912=1942: 下358) におく．いずれの観点に立つにせよ，呪術的行為が社会的相互行為であり，その核心をなすのが，「模擬」という形で外化・共有される社会的信念であることは確かであろう．

このことを再び反転して理解するならば，次のようにいえる．すなわち，模擬＝シミュレーションとは，それ自体，社会的信念の表出と共有の試みであり，社会的相互行為の原型をなすものである．したがって，今日，世界に関するシ

ミュレーション・ゲームが注目を集めていることには，表層的に理解されていること（シミュレーションが世界認識の有用な技法であるという理解）以上に重要な意味があるということに，われわれは十分留意すべきである．デュークが，シミュレーション・ゲームの意義を「＜モデルのモデル＞としてのゲームをプレイすることにより，人々が＜ゲシュタルト＞を共有する可能性」に求めているのは，この間の事情を彼の立場から述べたものと考えられよう．

　しかしながら，人間は，単なるシミュレーション＝模倣の段階にいつまでもとどまるものではない．模倣は，そもそも，現実を他の空間（モデル空間）に再現，再構成することによって，現には存在しないものをあたかも存在するかのように見なす営為である．この模倣の連続反復がやがて，現実を離れて，現実にないものをモデル空間に移す操作として現れることは充分考えられる．すなわち，模倣は創造へと移行する．

　社会的行為としての模擬的儀礼が，「演劇」という創造行為へと移行していく過程は，古代ギリシア劇の成立に代表的に観察される．

　万物生成の神であるディオニュソスの祭は，民衆が山羊の生け贄のまわりに輪をつくり狂喜乱舞する，豊作祈願の土着祭祀だった．ギリシア都市国家の発展にともない，これが発展し，アテナイでは，春に国家主催の祭典が，秋には農民の祝祭が行われるようになった．前者からギリシア悲劇が，後者から喜劇が形成されたといわれる．

　このような演劇の成立に対して，プラトンはその国家論で，演劇を含む模倣芸術（テクネー）をイデアの形象（模倣）にすぎない現実界をさらに模倣し人々をイデアから遠ざけるものであると非難した．これに対してアリストテレスは，『詩学』において，人間には模倣本能があり，また模倣を見て喜ぶ性質があるので，模倣は本能的に不可欠であるとした．そして，演劇などの芸術を「模倣の様式」と定義し，ここにおける「模倣」は現実そのままの模倣ではなく「ありうべきこと」を模倣するという点から，すぐれた劇詩は高度な営みであると主張した．このアリストテレスの議論から，写実主義を基本とする西欧演劇の伝統が生まれたとされる．この両者の対立は，悲劇作家は「本当に立派で優れた人が何かを語らなければならない場合に，きっとそれに従って述べるような，ある一つの語り方と叙述の種類」によって書くべきであったとするプラトンを直観主義（現実観察主義）とするならば，アリストテレスはモデル主義であったというように現代的に読みかえることが可能である．そしてそのことは，当時，

第4章 実践としてのシミュレーション

文字の普及・浸透による表現媒体の変化が生じており，プラトンは文字表現を軽んじ口頭表現を重視したのに対して，アリストテレスは文字への移行を推進したとされる両者の資質の違いと併せて，きわめて今日的な問題を改めて喚起する．

いずれにせよ，演劇は演劇として確立されるのにともない，社会全体から仕切られた空間として成立することになる．しかし，それが世界の模擬であることを存立根拠とすることに変わりはなく，しかも同時に，創造される模擬であることによって社会を革新していく一つの範型として位置づけられることにもなる．

この「創造されるシミュレーション」としての「演劇」によって，個人の社会的役割（自我）の取得および再構成の過程を説明しようとしたのがG・H・ミードである．彼は次のようにいう：「記憶の中に現れた役者（actor）と，それにともなう合唱団（chorus）とが融合したものからなる自我は，いくぶん穏やかにしか組織化されていないが，きわめて明確に社会的なものとなっている．この内的舞台は，その後には，思考のフォーラムやワークショップに変わっていく．登場人物の容貌やイントネーションは次第に消え去っていき，内的会話の意味に力点がおかれるようになり，イメージは最低必要な手がかりにすぎないものとなる．しかし，そのメカニズムが社会的なものであることに変わりはなく，それでいて，しかも，その過程はいつでも個人的なものになり得るのである」「単なる習慣としての自我は，自己意識的なものではない．性格（character）と呼ばれているものが，この自我である．しかし，重要な問題が発生すると，この組織においても，何らかの不統合（disintegration）が生じてくる．そして，さまざまな声が互いに対立し合うように，さまざまな傾向が内省的思考において現れてくるようになる．ある意味では，古い自我が解体し，道徳的過程の中から新しい自我が現れてくるようになる」（Mead 1967: 10-11）．この記述において，いくつかの単語を取り替えれば，それは直ちにギリシア悲劇の描出となるだろう．ミード自身，「以前には，演劇（の方）が，自己意識のより効果的で，しかも同じく社会的なメカニズムであった」（Mead 1967: 10）と述べている．ミードは，この内的舞台において対立し合うさまざまな声の統合を「一般化された他者」と呼ぶが，これはギリシア悲劇における「神」の定位に対応する．また，主我を，上記の総体をオリジナルな「劇」として構成する劇作家の定位とすれば，議論は分かりやすい．

このような議論から導かれるのは，模擬＝シミュレーションは，実はそれのみでは人間行為（社会的行為）として成立するものではなく，"模擬→創造"の2段階プロセスによってはじめて，動態としての社会の推進力として重要な社会的意義を担うという結論である．

そしてこのことは，ひろく社会科学において探求されるべき世界のシミュレーション・モデル構築に関しても，重大な含意をもつ．すなわち，世界システムに関して求められるモデルは，単に世界をシミュレートするだけでなく，より良い世界を創造するために有用なものでなければならない．したがって，世界におけるルールを与えるだけでなく，これをいかに変更すべきかを指し示すものでなければならない．社会科学領域における（シミュレーション）モデルは，多くの人々がそこに参加し，モデルを作り替えていく可能性の中にこそあるのではないか，社会のモデリングとは世界を写すだけでなく世界を創る試みとして理解されるべきではないだろうか．

4.5.2 シミュレーションと役割演技：モレノとロールズ

この意味で，シミュレーションの一つの展開としてのロール・プレイング・ゲーム（RPG）は，社会科学における「モデル（ゲーム）」の意味を考える上で，大きな問題を提起している．

ロール・プレイング・ゲームの思想的背景のひとつとしてあげられるのは，集団心理療法で知られるモレノの議論である．モレノは，フロイト流の精神分析に疑問を感じ，集団による役割交換の中から，患者の心理的問題を浮かび上がらせ，これに対して適切な処置を患者自らが発見していく，という療法を主張した．彼はさらに，このような療法を社会全体についても適用することを主張し，市民参加による自由な演劇創造によって，すべての他者の視点を含んだ社会の創造を唱えた．「神は死んだ，という主張は意味を失い，神は存在していなくとも，われわれは今や神をわれわれのイメージの中から作り上げることができるようになった．……生と死はすべての終わりではなく……男女の性別さえ固定したものではなく変更可能なものとなった」（Moreno 1966）．すなわち，彼は，すべての社会構成メンバーがそれぞれに「神（他者）の目」をもつことによって，最も公正な社会構造をつくり得ると考えたのである．

モレノの議論は，ロールズのいう「無知のベール」と共鳴する．

ロールズによれば，社会における「正義」は，その社会を構成する諸個人が，

自らの社会的ポジション（地位，財産，収入など）を一旦忘却し，その「無知のベール」に覆われた視点から，社会における資源の分配を考えるときに達成されるところの状態，として定義した．このようなロールズの「正義論」は，

(1) 現実世界において個人が自らの既得権益について無知でありえようがない，
(2) 現実世界におけるすべての資源分布およびその相互作用関係について知ることはできない，

という2点から主として批判される．この批判は正当であろう．しかし，「現実世界」に関する完全な知識をわれわれは得ることができないとしても，モデル世界における疑似体験を行うことは可能であろう．そして，モデル世界が現実世界と異なることは当然とした上で，「無知のベール」を着る「態度」を，そのモデル世界での疑似体験から習得（獲得）することは可能であろう．この観点にたったところに，客観／主観を越えた，社会科学における「モデリング」の意義があるのではないだろうか．

4.6 ＜現実＞のシミュレーション化

本章では，社会科学におけるシミュレーションという方法論について考察してきた．しかし，現代社会を考える上で，シミュレーションに関わるもう一つの様相を忘れるわけにはいかない．そこで，最後に，＜社会をシミュレーションによって理解する＞という側面ではなく，＜シミュレーションは社会にどう作用するか＞という側面について簡単に付言しておきたい．

近年，デジタル通信技術の発達によって，インターネットをはじめとするコンピュータ・メディアが急速に社会のなかに浸透しつつある．これに伴い，従来正統とされてきたテキスト・コミュニケーションや対面的・コミュニケーションに変わって，ビジュアル・オーディオコミュニケーションが拡大し，また，メディアの多層化が進んで，「仮想現実」と「＜現実＞」との相互浸透が日常的なものとなりつつある（詳しくは遠藤 2000a；2002；2003など参照）．いわば，シミュレーションがわれわれの社会的現実を構成するプロセスそのものとなりつつあるのである．このような動向に関して，『シミュラークルとシミュレーシ

ョン』のなかで，ボードリヤールは，次のように批判する：

> 今，抽象作用とはもはや地図，複製，鏡あるいは概念による抽象作用ではない．シミュレーションとは，領土，照合すべき存在，ある実体のシミュレーションですらない．シミュレーションとは起源も現実性もない実在のモデルで形づくられたもの，つまりハイパーリアルだ．領土が地図に先行するのでも，従うのでもない．今後，地図こそ領土に先行する——シミュラークルの先行——地図そのものが領土を生み出すのであり，仮に，あえて先のおとぎ話の続きを語るなら，いま広大な地図の上でゆっくりと腐敗しつづける残骸，それが領土なのだ（Baudrillard 1981＝1984: 1-2）．

　この問題は，われわれが第4節で見てきたシミュレーショニストたちの嘆き（あるいはシミュレーショニストに対する批判）そのものに他ならない．シミュレーション・モデルは，現実とどのように対応するのか．その対応を保証するものは何なのか．
　ボードリヤールはさらに，まさに，コンピュータ・シミュレーションを意識して（ただし社会的次元と方法論／認識論としての次元のずれについては意識されているか不明であるが），次のように言う：

> 発生的ミニアチュール化こそシミュレーションの次元だ．そこで実在はミニアチュールの細胞やマトリックス，そしてデータの記憶や命令のモデルから造られる——それを基にして無限にくり返し実在は複製され得るのだ．その実在は合理的である必要がない，というのはどんな権威もそれが理想的なものか，否定すべきものなのか判断し得ないからだ．したがってそれはオペレーションでしかない．ひとかけらの空想もまとわない以上，それはもはや実在でもない．それはハイパーリアルだ．大気もないハイパーな空間で四方に拡がりつつある組み合わせ自在なモデルが合わさってできた産物だ（Baudrillard 1981＝1984: 2-3）．

　しかしながら，すでに本章で述べてきた議論からするならば，「ひとかけらの空想もまとわない」「オペレーション」の反復こそがわれわれの生の現実であり，むしろそれを体験すること，実践することのなかからわれわれの＜社

会＞がたち現れてきたのである．彼の望むような＜現実＞は，所詮ありえないもの（いかに歴史をさかのぼろうと）でしかないと考えられるのである．

これに対して，ボルツは次のようにいう：

> 今日，たいていの人間は――とくに批判的な知識人は――コンピュータ・シミュレーションのデジタル美学を可能性の領域として利用することはなく，幻影世界として忌み嫌っているが，このことは歴史的に言って仮象に対する強い不安の最後の姿である．「現実」に対するアッピールはその際，批判的意識の「まじない師たち」が予測された映像の世界に抗する対抗魔術を行うときの呪物のような機能を果たす．しかしこうした「啓蒙」の精算は，現実と仮象が世界知のなかでは明確な選言的判断にはならずせいぜいが特定のコンテキストで処理される差異に留まっていることを示すものなのだろう．現実はそのシミュレーションの積分なのである（Bolz 1991: 156-157）．

おそらく，現代を特徴付けるのは，多くの人々がわれわれの＜生＞や＜現実＞は必ずしもできのよくないシミュレーション・モデルのようなものであることを，すでに知ってしまっている，ということであるかもしれない．シミュレーションという方法論に対して，なお，社会科学者たちがともすれば躊躇いを感じるのは，この認識に対する躊躇いであるかもしれない．しかし，むしろわれわれがなすべきことは，＜良い＞シミュレーションを実践することに他ならないのである．

【文献】

Aburdene, M. F., 1988, *Computer Simulation of Dynamic System*, Dubuque: Wm. C. Brown.

Axelrod, R., 1984, *The Evolution of Cooperation*, New York: Basic Books. (＝1987，松田裕之訳『つきあい方の科学』HBJ出版局.)

Baudrillard, Jean, 1981, *Simulacres et simulation*, Paris: Editions Galimard. (＝1984，竹原あき子訳『シミュラークルとシミュレーション』法政大学出版局.)

Baumann, Zygmunt, 1990, *Thinking Sociologically*, Oxford: Basil Blackwell. (＝1993，奥井智之訳『社会学の考え方：日常生活の成り立ちを探る』HBJ出版局.)

Bertalanffy, Ludwig von, 1945, *General System Theory: Foundations, Development, Applica-*

tions, New York: George Braziller Inc.（＝1973，長野敬・太田邦昌訳『一般システム論：その基礎・発展・応用』みすず書房．）

Bolz, Norbert, 1991, *Eine Kurze Geschichte des Scheins*, München: Wilhelm Fink Verlag.（＝1999，山本尤訳『仮象小史：古代からコンピュータ時代まで』法政大学出版局．）

Caillois, Roger, 1967, *Les Juex et les Hommes*, Paris: Gallimard.（＝1990，多田道太郎ほか訳『遊びと人間』講談社．）

Dawkins, Richard, [1976] 1989, *The Selfish Gene*, Oxford: Oxford University Press.（＝1991，日高敏隆ほか訳『利己的な遺伝子』紀伊国屋書店．）

Durkheim, Émile, 1912, *Les forms élémentaires de la vie religieuse*, Presses Universitaires de France.（＝1975，古野清人訳『宗教生活の原初形態（上）（下）』岩波書店．）

Elias, Norbert, 1970, *Was ist Soziologie?*, München: Juventa Verlag.（＝1994，徳安彰訳『社会学とは何か：関係構造・ネットワーク形成・権力』法政大学出版局．）

遠藤薫，1991,「社会圏の生成」『理論と方法』6(1)：37-59．

─────，1993,「コンピュータ・シミュレーションによる社会過程モデルの構築」東京工業大学大学院社会理工学研究科博士論文．

─────，2000a,『電子社会論：電子的想像力のリアリティと社会変容』実教出版．

─────，2000b,「スクリーンのなかの社会：シミュレーション法」今田高俊（編）『社会学研究法：リアリティの捉え方』有斐閣：236-264．

─────，2001,「社会の探求：数理社会学の課題と展望」数理社会学会第31回大会パネル・ディスカッション報告．

Epstein, Joshua and Robert Axtell, 1996, *Growing Artificial Societies: Social Science from the bottom up*, Washington, D.C.: Brookings Institution Press.

Frazer, James G., 1890, *The Golden Bough*, London: Macmillan.（＝1952，永橋卓介訳『金枝篇1-5』岩波書店．）

Gilbert, Nigel and Jim Doran, 1994, *Simulating Societies: The Computer Simulation of Social Phenomena*, London: UCL Press.

郡司ペギオー幸夫・松野孝一郎・オットー・E・レスラー，1997,『内部観測』青土社．

Hewitt, C., 1977, "Viewing control structures as patterns of passing messages," *Artificial Intelligence* Vol.8: 323-364.

Kay, Alan, 1977, "Microelectronics and the Personal Computer," *Scientific American*, September 1977: 231-244.

Langton, C. G., et al (eds.), 1992, *Artificial Life II*, California: Addison-Wesley Publishing Company.

Luhmann, Niklas, 1984, *Soziale System: Grundriss einer allgemeinen Theorie*, Frankfurt am Main: Suhrkamp.

Maturana, H. R., and F. J. Valera, 1980, *Autopoiesis and Cognition: The Realization of the Living*, Dordrech: D. Reidle.（＝1991，河本英夫訳『オートポイエシス・システム』国文社．）

Mead, George Herbert, 1967, *Mind, Self and Society: From the Standing Point of a Social Behaviorist*, Chicago: University of Chicago Press.

Meadows, D.H., Meadows, D.L., Jorgen, R. & Behrens III, W.W., 1972, *The Limits to Growth: A Report for THE CLUB OF ROME'S Project on the predicament of Mankind*.（＝1972,

大来佐武郎監訳『ローマクラブ「人類の危機」レポート：成長の限界』ダイヤモンド社.)
Moreno, J. L., 1966, "Psychiatry of the Twentieth Century: Function of the Univetsalia," *Group Psychotherapy* Vol.XIX. (=1984, 磯田雄二郎訳「20世紀の精神医療＝普遍的概念の機能」『現代のエスプリ』198.)
Morin, Edger, 1990, *Introduction a la Pensee Complexe*, Paris: ESF editeurs. (=1993, 古田幸雄・中村典子訳『複雑性とはなにか』国文社.)
長尾真, 2001, 『「わかる」とは何か』岩波書店.
大成幹彦, 1993, 『シミュレーション工学』オーム社.
Poundstone, William, 1985, *The Recursive Universe: Cosmic Complexity and the Limits of Scientific Knowledge*, New York: John Wiley & Sons, Inc. (=1990, 有澤誠訳『ライフゲームの宇宙』日本評論社.)
Ray, Tom, 1991, "An approach to the synthesis of life," C.G. Langton et al. (eds.), *Artificial Life II. SFI Studies in the Sciences of Complexity* Vol. X, Addison-Wesley.
Rawls, John, 1971, *A Theory of Justice*, Cambridge: Harvard University Press. (=1979, 矢島鈞次監訳『正義論』紀伊國屋書店.)
Smith, John Maynard, 1982, *Evolution and the Theory of Games*, Cambridge: Cambridge University Press. (=1985, 寺本英・梯正之訳『進化とゲーム理論：闘争の論理』産業図書.)
Watson, J. D., and F. H. C. Crick, 1953a, "Molecular Structure of Nucleic acids," *Nature* 171: 737-738.
─────, 1953b, "A Structure for Deoxyribose Nucleic Acids," *Nature* 171: 738-740.
von. Neumann, J. and Morgenstern, Oskar, 1953, *Theory of Games and Economic Behavior*, New York: John Wiley & Sons, Inc.
von. Neumann, J. and Burks, A. W., 1966, *Theory of self-reproducing automata*. Urbana,: University of Illinois Press. (=1978, 品川嘉吉訳「人工頭脳と自己増殖」湯川秀樹・井上健責任編集『世界の名著　現代の科学』中央公論社.)
Wiener, Norbert, 1948, *Cybernetics or Control and Communication in the Animal and the Machine*, Hermann Editions in Paris; Cambridge: MIT Press, John Wiley & Sons in NY. (=1948・1962, 池原止戈夫ほか訳『サイバネティックス　第二版』岩波書店.)

第 5 章 検証のための計量分析

与謝野有紀

5.1 数理社会学と計量分析

　社会学における経験的分析は，質的分析と計量分析の二つに大きく分けられる．どちらも，理論，命題，仮説を検証するための強力な手段である．にもかかわらず，あえて，計量分析に特定して，数理社会学との関係をここで論じるのはなぜだろうか？

　なるほど，数学的知識を利用している点では，質的分析よりも計量分析の方が，数理社会学に近接しているように思える．それでも，少なからぬ読者は，「数理社会学」の本の中にこのような計量分析の章が用意されていることに，いくぶんかの違和感を覚えるのではないだろうか？　そして，そのような違和感は，もちろんあってしかるべきものだ．なぜなら，計量分析は「計量社会学」や「社会統計学」の分野の話しであって，「社会理論の数理モデル化と演繹的推論」をメインとする数理社会学とは間接的にしか関連しないという印象が一般に強いだろうし，そのような分野の区分が進んできていることも確かなことだからである．

　もっと直截に表現すれば，計量分析は経験科学であって，理論科学である数理社会学とは別であり[1]，両者はせいぜい周辺的にしか関連しないということになるだろう．だとすれば，「検証のための計量分析」に関する議論は，数理社会学的にモデル化されたものにかぎらず，自然言語で書かれた命題も含めた，

---

[1] 海野（1993a）は，計量社会学と数理社会学の差異を次のように簡潔に表現している．「計量社会学は経験科学である点で，社会事象を数学的に定式化しモデルから演繹される知見を検討する理論科学である数理社会学とも異なる．」この指摘はきわめて適切なものであるけれども，本章では，以下に述べるように両者の対応関係について着目していきたい．

理論と実証との相互作用の話しになる．つまり，理論から導き出された命題を，数理統計学的手法をもちいながら現実のデータに照らしてその正しさを検証するという話題が本章の中心になるはずだ．これは次のような前提をおくことを意味する．すなわち，数理社会学と計量分析はまったく別個の世界をつくっており，両者は，「理論と実証の相互作用」という通常科学の営みの一環においてのみ交差するという前提である．しかしながら，両者の関係に関して，はたしてそのような理解でじゅうぶんと言ってよいのだろうか？

　数理社会学と計量分析がそれぞれ独自の論理と技法を有していること，そして，理論と実証の相互作用という一点においてこの両者がもっとも密接に関係すること，これらはいずれも正しい．しかし，数理社会学と計量分析の関係を理解するためにはこれだけではおおよそ不十分と言わざるをえない．なぜなら，数理社会学は，他の社会学的アプローチとは異なる独特の緊密な関係を計量分析にたいして有しているからである．

　先にも述べたとおり，確かに，数理社会学と計量社会学，あるいは社会統計学には明確な性格の違いがある．社会現象に適用する統計技法の開発と展開に中心がある社会統計学は別にしても，同じく社会理論を中心として展開する計量社会学と数理社会学でさえ，海野道郎が**表5-1**の3点に適切に整理したように，はっきりとした違いがある（海野 1993b）．

　しかしながら，これは数理社会学，計量社会学の発展とともに明確化した分野的な差異であって，歴史的経緯をながめてみれば，計量分析が数理社会学の一部分としてみなされた時期もあった．たとえば，日本における数理社会学の先駆の一人である西田春彦は，「日本の数理社会学の若干の動向」という論考

表5-1　計量社会学と数理社会学の差異

	計量社会学	数理社会学
(1) 用いる数学の違い	統計理論，標本抽出理論など	統計理論以外にも，有限数学，抽象代数など広範な数学知識を適用
(2) モデルの性質の違い	インプット-アウトプット間の関係の有無・強さの追求とそれに基づく予測が目的	インプットからアウトプットへの変換メカニズムの追求が目的
(3) 戦略の違い	データ解析から予測・経験的一般化	公理論的に数学的モデルを組み立てることで理論的一般化

注：海野（1993b）より作成

で主に計量分析に言及し，かつ以下のように明言している（西田 1978）．

> 数理社会学は社会調査の計量的な側面の発展に由来すると考えている．したがって，数理社会学は社会調査法や社会統計学の解析的な部分を含むし，群論，圏論，グラフ理論，ゲーム理論なども含み，数学的モデルや解析にかんする方法的な一面と，それを適用して実質的に社会学的現象を扱う一面も持っていると考えている．

　数学的モデルを利用するという点で共通することが上記ではポイントになっているけれども，より子細に検討すると，そのような形式的共通性を越えて，数理モデルと計量モデルの間の対応関係が見えてくる．理論と実証の相互作用という点に関してならば，質的分析が数理社会学にとってもつ意義は，計量分析に決して劣るものではない[2]．しかし，質的分析と数理社会学の間にも想定されるような理論と実証の一般的相互作用とは別に，数理社会学と計量分析の間には特殊な分析枠組み上の緊密な関係が存在する．そして，たとえ暗黙でもこの特殊な関係を意識しておくことは，理論，実証の両者にとって，重要な社会学的意味がある．これが本章の議論の趣旨である．
　まず，数理モデルと計量モデルの間柄を検討することから始めよう．

5.2　計量分析と社会学理論

　社会学における計量分析は，社会統計学，あるいは，計量社会学の分野で議論される．この両者の間にも，明確な違いがある．安田三郎が述べるように，"social statistics" の訳語としての社会統計学は，「社会学のための統計学」という意味で用いられる（安田 1969）．であるから，形式科学としての色合いがつよく，「研究上の問題を解くための道具」に主眼が置かれるのは当然ともいえる（Bohrnstedt and Knoke 1988）．一方，計量社会学は，「人間の社会的態度，社会的行動，集団，地域社会，全体社会の構造と変動の数量的・経験的な研究をする社会学の領域であり，社会事象の数量的な記述，説明，作業仮説の検証

---

[2]　一例として，「中」意識の生成に関する数理モデル（FK モデル）が，デービスらの社会人類学的な知見を出発点としていることを挙げられる（Davis et.al. 1941）．詳しくは，髙坂・与謝野 (1998) を参照されたい．

をおこなうものである」(西田 1973).すなわち,計量社会学は社会統計学の技法を利用して,社会学理論の発展,展開を行おうとするものである.このように計量社会学と数理社会学は社会学理論を前提とする点で同じ構造をもつから,両者を対比的に検討することが計量分析と数理社会学の関係を考えるうえでまず有用だろう.

ただし,実際にはことはそう容易ではない.なぜなら,計量社会学自身に,いくぶん混乱しやすい,あるいは明示的に整理されにくい事情があったからである.計量社会学という用語には,当初別の意味が当てられていた.すなわち,計量社会学の語は,1930年代に,モレノやジェニングスによって提唱された小集団における対人関係の測定・記述を目的とする sociometry の訳語としてもちいられていた時期がある.現在では,sociometrics の意味での計量社会学が一般化し,sociometry はそのままソシオメトリーあるいは社会測定法と表記されるようになったため,この混乱は整理されている.しかしながら,原語での紛らわしさのゆえもあって,計量社会学の語は日本でもつかわれることが少なく,社会統計学が代替的な位置を占めてきたように思う.形式科学としての色彩の強い社会統計学とはことなる性質を持ち,経験的研究による社会学理論の展開を主とする計量社会学の語が一般に認識され,誤解なく積極的に利用されたのは近年の事ではないだろうか.事実,計量社会学を正面からテーマとして掲げた本は少なく,明示的に計量社会学の意味を整理することはまれである[3].

さらに,社会学においては,経済学や心理学などの他の社会・人文諸科学以上に質的分析が有効な手法として利用されてきた.それと呼応して,古くはズナニエッキ (Znaniecki 1934) に遡ってさえその指摘があるように,統計的アプローチに対する批判が社会学に内在し,それは今日まで続いている.ズナニエッキにみられるような「複雑な相互作用からなる社会現象を統計的手法では扱いきれない」などの批判は,現在では誤解だと断じられようが,見田宗介のような「たしかではあるが,おもしろくはない」といった統計分析に対する否定的な見解 (見田 1965) はいまも消えてはいない.結局,このような内在的批判も,前述の訳語上の混乱と相まって,日本における計量社会学への視線をいくぶんあいまいなものとしたように思う.そこで,まず他分野に類似の例をもと

---

[3] 計量社会学の名を冠したものとして,尾嶋 (2001) や栗田 (1993) は近年の数少ない例の一つである.同様に,sociometrics をタイトルにもつ外国語文献も現在ほとんど見あたらない.

め，その類比で数理社会学と計量社会学の関係を整理することにしたい．経済学は，数理解析，計量分析の導入と展開においては社会学に先行し，計量経済学（econometrics），数理経済学（mathematical economics）ともに独立した分野を構成し，かつ相互に刺激しあっているから，この両者の関係を参考にしよう．

さて，計量経済学とは何か？　ゴールドバーガーは，「計量経済学とは，経済理論，数学，統計的推論といった用具を経済現象の分析に対して適用する社会科学分野として定義される」としている（Goldberger 1964）．また，サミュエルソンらは「計量経済学は，数理経済学において構成されたモデルに対して経験的な支持を与えるために数理統計学を適用するもの」であるとする（Samuelson et. al 1954）．経済学において，理論経済学が数理経済学と同義とさえみなせる現状を考えるならば，両者ともに，計量経済学と数理経済学の対応関係を指摘しているということになろう．グジャラティは，ゴールドバーガーやサミュエルソンの指摘を前提に，理論，数理モデルと計量分析の関係を簡潔に，かつきわめて明快に解説している（Gjarati 1992）．彼の説明を図に直せば，以下のようになる．

計量分析が担うのは，3つ目の「統計モデルの定式化」以降ということになる．このような「理論，仮説的言明」から「予測」までの作業の流れは，社会学においても全く同様である．ただし，データ収集の部分については，別途社会調査法として分野が確立していることは周知の通りである．

図5-1が意味するところは，計量分析が理論的言明と別個に存在するのではではなく，理論的言明を直接に反映した現実の描写だということである．数理モデルと計量モデルの関係を考えることでこの点をさらに説明したい．

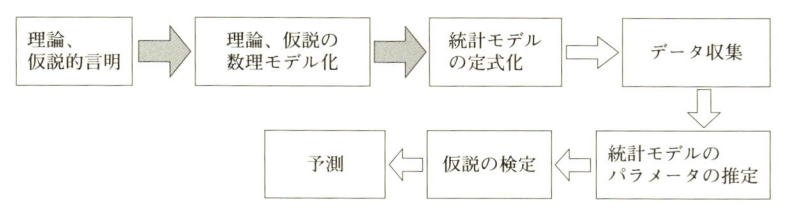

図5-1　理論，数理モデル，計量分析の関係

5.3 数理モデルから計量モデルへ

さて，図5-1で重要なのは，灰色に塗った二つの矢印であろう．一般に，理論仮説からすぐに統計モデルの定式化，あるいは統計モデルの選択へと移行して計量分析が行われるといったイメージ，あるいはそのような解説があるように思う．けれども，実際には「理論，仮説の数理モデル化」といった操作が挿入されていることに特に注意をひきたい．

今少しだけ経済学を例にとろう．グジャラティは，財の価格と需要の関係に関する理論を例にとって説明しており，わかりやすい．以下簡潔にかれの説明をまとめる．「他の条件が一定の時，商品の価格が上がれば人々はその財を購入しようとしなくなり，逆に，商品の価格が下がるとき，その商品の需要が増加する」という有名な法則（需要の法則）を考えてみよう．これは価格と需要が逆の関係になることを指摘している．価格を P，需要量を Q とするならば，P と Q の関係はより具体的にどのようだろうか？ P と Q の関係を図にあらわすとすれば，上の言明は「P が増加すると一貫して Q が低下するような曲線」になる．

いま，（イ），（ロ），（ハ）の3つの例を挙げたけれども，このいずれも前の需要の法則の言明を満たしている．また，そのような曲線はこの3つ以外にも無限に存在する．そして，多くの場合，経済学や社会学において，最初の理論的言明は，このいずれであるかまで踏みこんで特定化していないことが通例であろう．

いま一番単純だという理由で（あるいは逆に種々考察の結果），（イ）を選んだとしよう．これは，

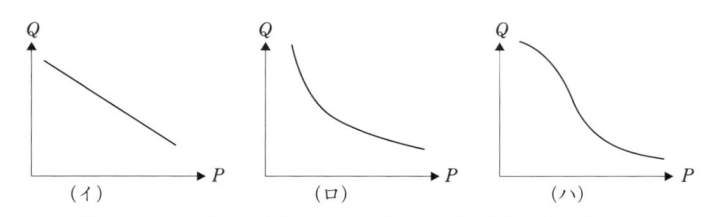

図5-2 需要則の言明に従った価格 P と需要量 Q の図示例

$$Q = a + b \times P \qquad (a>0, b<0) \tag{5.1}$$

という式で P と Q の関係が表されるとしていることになる．さらに，これを言語的に表現すれば，

(1) 価格が 0（すなわち $P=0$）のときに，a という一定の需要量（$Q=a$）がある．
(2) 価格の変化は，変化量の b 倍だけ商品の需要を減少させる（b の符号は負である）．

ということができる．つまり，(イ) を選ぶことは，この二つの仮定を導入した数理モデルを構成したということである．

いま，価格と需要の組み合わせに関するデータが手元にあるならば，(5.1) 式を以下の統計モデルに作り替えて，現実にもっともよく当てはまる a と b の値を，データに照らして推定することができる．

$$Q = a + b \times P + e \tag{5.2}$$

(5.1) 式との違いは e が足されていることだが，この e は誤差を表す．(5.1) 式はあくまで理念的な数理モデルであって，現実に測定した値は誤差を含んでおり，その分だけ (5.1) 式のモデルからずれているという定式化だ．この誤差項 e に，たとえば正規分布するといった仮定を付け加えることで，(5.2) は確率モデルとなる．そして，統計的検定といったテクニックが展開され，適用されることになる．

ところで，(5.2) のモデルは，需要量を被説明変数，価格を説明変数としたいわゆる単回帰分析モデルそのものである．ここで，単回帰分析にいたった手順を整理しよう．まず，需要の法則のような言明を，種々妥当と思われる仮定を加えて (5.1) 式の数理モデルにモデル化する．次に，そのモデルを仮定した上で，価格の変化がどの程度需要を減退させるのかを，(5.1) の数理モデルを前提とした計量分析によって，現実のデータに照らして明らかにするという手順である．

あるいは，別にいいかえれば，単回帰分析を行うことは，まず，(5.1) 式のような数理モデルを変数間に仮定し，そのパラメータ（a や b）を現実のデー

タに照らして推定するということである．

　社会学においては，法則といわれるほどその経験的妥当性が共有された命題は少ないから，ここでは計量経済学の初歩的な解説に依拠した．けれども，先の需要の法則の代わりに，「社会の統合が弱くなると，自殺率が上昇する」，「集団内部の分離が高いと集団外部との結合が促進され，逆に集団内部の結合が高いと集団外部と分離する」，「集団規模が大きいほど，公共財が供給されにくい」，「仕事の複雑性が高いほど，知的な柔軟性が高くなる」などなど社会学的な種々の言明をおいても，まったく同様である．適切に測定されたデータがあるならば，まず (5.1) 式の数理モデルを構成し，(5.2) 式のように統計モデル化することで，上記のような命題について，変数の関係の強さ等々を明らかにできる．

　あるいは，(5.1) 式のモデル自体が適切であるかどうかを検討することもできる．実際，二つの変数の関係を相関係数で測り，「1.0あるいは－1.0に値が近いほど，関連が強い」としているのは，まさしく (5.1) 式のモデルにどのくらいよく当てはまるかを測っているのと同じである．そして，相関係数が＋であることは推定された b の値が＋であることを，また，相関係数が－であることは推定された b の値が－であることに対応している．なにげなく，相関係数を利用しているときでも，実は命題や仮説を (5.1) 式のモデルに数理モデル化し，そのモデルを前提として関係の強さを測っていることになる．

　検証のための計量分析とは，理論科学としての数理社会学と同様に，数理モデルの構成作業を含むことをまずここで理解されたい．

　とはいえ，(5.1) 式のような単純な式から数学的展開で演繹的に引き出せる知見はほとんどなく，数理モデルとしては「素朴だ」との印象があると思う．たしかに，理論科学としての数理社会学ならば，モデル構成したあとでは，数学的な知識やテクニックを使ってモデルを理解しやすい形に展開したり，その展開にもとづいてモデルの挙動を考察したりすることが通常だろう．その意味では，(5.1) 式は数理的なフォーマライゼーションではあるが，数理社会学的ではないとの感想があるかもしれない．線型のモデルであることが，演繹の可能性が低いということではまったくないのだが，(5.1) 式のように変数が2つのモデルでは，たしかに数理的な展開の可能性はほとんどない[4]．

　4　(5.1) 式のように線型であっても，たとえば多元連立方程式の形で展開されたものなどは，線型

さらには，図5-2では（イ）以外にも2つの曲線を例として挙げた．なぜ，（ロ）や（ハ）ではなく（イ）の直線を選んだのか？ 計量分析は，数理モデルを仮定するといっても，つまるところ（イ）のような単純なモデルにかぎられ，さらには数理社会学で仮定するモデルとはやはり距離があるのだろうか？

あるいは，計量モデルの前提となるような数理モデルのうち，（イ），（ロ），（ハ）のような曲線のうち何を妥当なものとしてまず仮定すればよいのか，また，それはどのようにして選択されるのか？

これらの点について，次に非線形のモデルを例にとって説明したい．

5.4 理論の数理モデル化とその展開，および計量分析

先の需要の法則の例では，図5-2のうち，一番左側の直線のモデルを採用した．では，（ロ）や（ハ）のような曲線で表されるモデルを構成し，それを選ぶことは許されないのだろうか？ もちろんそのようなことはない[5]．以下では，社会学で広く用いられている分析が，図5-2の（ロ）や（ハ）に対応していることをしめし，そして，そのモデル構成の数学的意味を議論することで，数理モデルと計量モデルの関係を考えることにしよう．

いま，時間とともにある種のイベントが人々におこるような現象を考えよう．具体的に問いのかたちであらわすならば，たとえば次のような問いになる現象である．

> 「同じ時期に大学を卒業した人たちは，時間とともにどのくらいの人たちが結婚するのか」
> 「同じ時期に企業に就職した新入社員は，年月がたつに従ってどのくらいが退職するのか」
> 「企業が設立後，年月がたつにしたがって，どのくらいが倒産するのか」

代数の知識を利用して理論科学として重要な知見を生み出している．であるから，このような感想があったとして，それが正しいわけではまったくない．線型代数を利用した種々の社会学的モデルについては，たとえばBradley and Meek（1986）を参照されたい．さらには，計量経済学のモデルは，一般均衡論と対応しつつ，線型の方程式群からなるモデルをそのスタートとしているといって差し支えないだろう．

[5] 初等経済学の教科書にさらにつきあうつもりなら，「価格の弾力性が一定」といった仮定が（ロ）のような曲線に対応し，それに対応した計量分析が行われることがわかる．

「仮釈放された受刑者は，釈放後，日にちがたつに従ってどのくらいが再犯するのか」

対象が個人であったり企業であったりするが，これらはいずれも，時間とともに，結婚，退職，倒産，再犯といったイベントが生じる現象について言及しており，そのイベントが生じる量の時間的変化の仕方を知りたいという問いである．データが，複数の個人や企業などについてイベントが生じるまでの時間の長さとして収集されているとき，このデータをイベントヒストリー・データと呼ぶ．そして，これらに対する分析を「イベントヒストリー分析」と呼んでいる．この分析の目的は，ある要因 x によって，このようなイベント y の生じかたにどんな違いが生じるのかを検討することだが，このうちもっとも基本的なモデルの一つは以下の生存時間関数 S を基礎としている[6]．生存時間関数は，t という時点において，イベントがまだ生じていない個体（人々や企業など）の比率をあらわす関数である．

$$S(t)=\exp(-\lambda t) \tag{5.3}$$

このモデルを図示すれば**図5-3**のようになる．すなわち，時間とともに，イベントが起こっていない人数が減少していくというモデルである．データに則して λ の値を推定すれば，時間とともにどのくらいの人々にイベントが生じたのかを予測することができるし，ことなる集団で，イベントの起こる早さにどのような違いがあるのかを比較することができる．

図5-3は，前の**図5-2**（ロ）と同様であるが，なぜここでは**図5-2**（イ）のような直線の数理モデルを設定しないのだろうか？　たとえば，時間 t が大きいとき，「比率の値がマイナスになるという不都合が生じてしまう」（**図5-4**参照）といったことも一つの理由であろうし，そのように説明されることもある．確かに指数型の生存時間関数を仮定すれば，時間が無限大でも生存率は0％に近づいていくだけだから，比率がマイナスになるという不都合は避けられる．けれども，**図5-3**のようなモデルを選択するのは，そのようなただのつじつま合わせなのだろうか？　それとも，なにか別のメカニズムが仮定されてこのような

---

[6] survivor rate の頭文字として S が使われる慣例がある．このモデルが，生物学，医学でも用いられ，病気などで死亡していく現象を扱うことに端を発していることから，イベントの生じていない個体の比率を生存率とよぶことが多い．

第5章　検証のための計量分析

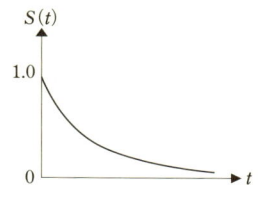

図5-3　指数型生存時間関数

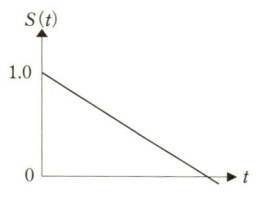

図5-4　線型の生存時間関数

モデルを仮定していると考えるべきなのだろうか？

　いまイベントが起こっていない人数をあらためて，$y(t)$ として表すことにしよう．イベントが起こっていない人たちを考えたとき，イベントが起こる割合 λ が時間にかかわらず常に一定という数理モデルを考えてみよう．別の言いかたをすれば，「イベントが起こっていない人数の変化量」はつねに「イベントがまだ起こっていない人の一定の割合（λ）」というモデルである．連続的にどの瞬間でもこのようなことが成立すると仮定することは，以下の微分方程式モデルを考えるということだ．

$$\frac{dy(t)}{dt} = -\lambda y(t) \tag{5.4}$$

　この微分方程式を解けば，

$$y(t) = C\exp(-\lambda t) \tag{5.5}$$

となる．この (5.4), (5.5) 式は，原子崩壊のモデルと同一である．また，もし $-\lambda$ の代わりに λ をおくならば，マルサスの人口増加モデルや利子計算の刹那複利モデルと同一である，つまり，もっとも基本的な微分方程式モデルとその解が上記 (5.4), (5.5) である．ここで C は初期（$t=0$）における人数にあたる．いまこのモデルについて，「t 時点でいまだイベントが起こってい

ない人の比率」$S(t)$ をもとめると，

$$S(t) = \frac{y(t)}{y(0)} = \frac{C\exp(-\lambda t)}{C} = \exp(-\lambda t) \tag{5.6}$$

すなわち，(5.3) 式と同じ式がもとまる．つまり，(5.3) 式を仮定したイベントヒストリーモデルは，(5.4) 式の微分方程式で表されるシステムを考えているということである．そして，イベントヒストリー分析では，たとえば，この λ が個人のさまざまな属性 $x_1, x_2, \cdots, x_n$ によってどのように変化するかといった問題を検討する[7]．

あるいは，指数モデルと同様によく用いられるモデルとして，ロジスティックモデルがある．これも良く知られたとおり，以下の微分方程式に対応している．

$$\frac{dz(t)}{dt} = v \cdot z(t) \cdot [z^* - z(t)] \tag{5.7}$$

ここで，$z(t)$ は t 時点でイベントをすでに経験している個体の数である．ロジスティックモデルに関する解説は多くの本で行われているからここは詳述しないけれども，(5.7) 式を解いた式は成長曲線とよばれ，図5-5のような S 字のカーブを描く．この曲線は 図5-2の（ハ）と増加，減少の向きが違うけども基本的には対応している．すなわち，図5-2の（イ）のような線型のモデルだけではなく，（ロ）や（ハ）のような非線形の（曲線の）モデルも，理論的

図5-5 指数型生存時間関数

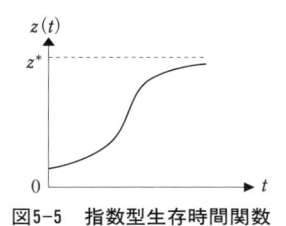

---

[7] イベントヒストリー分析は，主にハザードと呼ばれる瞬間の条件付きイベント発生率を問題にするが，ハザード，イベントが発生する確率密度，累積生存確率はどれか一つが決まれば他は一つにきまるので，ここでは累積生存確率を取り上げて議論した．本章では触れないが，センサード (censored) データといった，測定が始まるまでの非測定期間があったり，イベントの発生が確認される前に観測がうち切られたケースがあったりした場合でも，これらのデータを含めて分析できるなど，イベントヒストリー分析は強い分析力を有している．詳しくは，Tuma and Hannan (1984)，浜島 (1990)，Gross and Clark (1975) などを参照されたい．

な仮定とその数理モデル化に対応して利用される．

　さて，テューマとハナン (Tuma and Hannan 1984) はこのイベントヒストリー分析について，パラメータの推定法を含む広範かつ詳細な議論をしているけれども，その多くは種々の微分方程式モデルとその微分方程式モデルを仮定したときの計量分析にあてられている．すなわち，イベントヒストリー分析を以下のように整理していると言ってよいだろう．(1)社会動態の微分方程式による数理モデル化，(2)その数理的展開，(3)それらを前提とした現実のデータに関する計量分析の方法と実際である．そして，連立微分方程式モデルについても，線型のものから，捕食－被捕食関係に関する数理生物学の古典的モデルであるロトカ－ボルテラの微分方程式モデルまであつかっている．たとえば，ロトカ－ボルテラのモデルについては計量モデルとして利用し，教育拡大の要因分析への適用例も示している．微分方程式は，社会の動態を記述し，そのメカニズムを明らかにするための演繹モデルとして利用されてきたし，またその代表の一つでもあろう．前記は，微分方程式のような理論科学としての数理社会学的モデルが，そのまま計量モデルとして利用されている好例である．

　もちろん，複雑な微分方程式系をすべて計量モデルとして利用できるというわけではないし，理論的に可能であっても実際にどのようにパラメータの推定を行うかという問題がついてまわる．けれども，指数型やロジスティックを仮定したモデルなど，統計分析のパッケージなどでも容易に利用でき，また利用されているから，上記のような演繹的数理モデルと計量モデルの接合は，利用者に意識されているか否かにかかわらず，比較的ポピュラーなものといってよいだろう[8]．

　さて，誤解のないように強調しておきたいのだが，ここでイベントヒストリー分析を取り上げたからといって，この分析が社会学の中心的な計量手法というわけでは決してない．それは，微分方程式系が数理社会学の唯一のモデルではないのと同様である．さらにいえば，このような非線形のモデル以上に，線型の方程式群で表されるようなモデル（パスモデル，構造方程式モデル，共分散構造分析モデル）がより利用される現状がある．それにもかかわらず，このような

---

[8] SPSS や SAS などの統計パッケージでもイベントヒストリー分析が可能である．また，結婚，出産といったイベントの社会学的考察のためにこの手法が適していることから，家族社会学などの分野では多数の利用例がある．また，その場合も，ここで紹介したような，指数型生存関数を仮定した比例ハザードモデルではなく，より複雑なモデルの適用さえ一般的となりつつある．

非線形のモデルを例にとったのは、ここでの目的が、演繹的数理モデルと帰納的計量モデルの対応関係を示すことにあったからである[9]。

このように、数理社会学と計量分析（あるいは、計量社会学）の間には、自然言語を用いて記述された理論の場合とは異なる関係性がある。そして、今田高俊が数理社会学と計量社会学の関係について述べたように、「社会学が経験科学を目指す学問である以上、理論は経験的にテストにかけられることを理想とする。したがって、数理モデルがそのまま経験的テストのための計量モデルとなることが実はもっとも望ましい姿」ということになるだろうし（今田 1980）、いくつかはそれを実現しつつあるように思う。

しかし、その一方、理論科学として数理社会学が用いる数学の幅を拡張していく中で、かならずしも上記のような直接的な接合が可能でない場合が多くなりつつあることも確かだ。また、帰納的方法の側からも新たな動きがある。数理的技法をつかいながらも、既存の計量分析の枠におさまりきらない新手法が生まれつつある。その意味で、上の例は、検証としての計量分析の一つのあり方ではあるが、その全てではない。

5.5 計量分析と演繹的モデルの独立的進展

前節では、非線形モデルを例に、演繹モデルと計量モデルの対応について述べた。ところで、社会学があつかう事象はきわめて複雑なものが多く、また、測定上も越えるべき課題が大きい。たとえば、計量経済学では、次のような簡単なマクロ経済モデルから説き始めることがあるが[10]、社会学ではどうだろうか？

9　他にも、マルコフ連鎖モデルなどを、演繹的数理モデルと帰納的計量モデルの接続の例として挙げて良いだろう。集団における影響過程のモデルとして用いられる一方で、吸収状態によって社会移動表を表現したり、職歴移動の様態をマルコフモデルで評価するなどの計量的な試みがある（Kemeny and Snell 1962；富永 1978；盛山 1988）。

10　Johnston（1972）に依った。

$$C_t = \alpha_0 + \alpha_1(Y_t - T_t)$$
$$I_t = \beta_1 Y_{t-1} + \beta_2 R_t \qquad (5.8)$$
$$Y_t \equiv C_t + I_t + G_t$$

ただし，C：消費，I：投資，Y：国民所得，G：政府支出，T：所得税，R：政策変数

　上の2つの式が消費と投資を説明する行動関係式であり，3つ目が恒等式になっている．実際のデータはこのような厳密な関係を満たすことがありえないので，αやβを実際に推定するために，確率的な仮定を加えてモデルを改変し，行動関係式を具体的に特定化していく．これが，計量経済学の最もシンプルなケースの一つである．

　しかしながら，社会学においては，上のように線型の方程式群で現象を数理モデル化し，市場均衡の場合のように意味ある演繹的知見が獲得できる場面はきわめて限られているだろう．また，社会学において，意味ある恒等式や制約式が設定できる場面もかぎられているように思う．であるから，社会学では数理モデルの構成の基礎がおおよそは(5.8)式とは異なる．その一方で，計量分析では，線型モデルである構造方程式モデルなどが強力な分析手法として多く用いられている．いいかえれば，社会学の計量分析でもちいられるモデルは，演繹的数理モデルと一般に対応しているわけではない．以下，この点を整理しておきたい．

　前節では，計量分析と数理社会学の間の独特の対応関係を論じた．それは，理想的には，数理モデルが計量モデルとなるようなケースである．このようなケースは確かに存在している．しかしながら，そのような幸運な結びつきが困難，あるいは不可能な場合もやはり多々存在する．そして，数理社会学が，社会統計学で用いられる数学以外の数学的蓄積をするにしたがって，当然ながらこの例は増えるし，これからさらに増えていくだろう．

　いま，小林淳一と木村邦博が提案した「階層と友人選択」にかんする簡潔な数理モデルを例にとろう（小林・木村 1997）．このモデルは以下に示すように，きわめて基礎的な数学のみで構成されており，また，演繹的でかつ経験的な検討が可能なモデルであるけれども，このような場合でさえ数理モデルと計量分析は分離する．

　小林・木村はいくつかの単純な仮定をおき，ランダムに他者と出会う個人が，

n 時点目までで自分と同じ階層（i）に属する友人をもつ確率 $F_i(n)$ を，以下のような式で表した．

$$F_i(n) = \sum_{k=1}^{n} P_i (1-P_i)^{k-1} r_i^{k-1} \qquad (5.9)$$

ここで，P_i は i という階層の全体に占める比率をあらわし，r_i は i 以外の社会階層の人と友人になることを拒否する確率をあらわす．さて，P_i はすでに比率として述べられているから，(5.9) 式を計量モデルとして利用するならば，r_i のみが推定の対象となるパラメータということになろう．しかし，この推定のためには，もし観察が可能ならば，どのくらいの比率で友人となることが拒否されるかを直接測定すればよいから，(5.9) 式を計量モデルとしてことさらに用いようとすることには意味がない．

一方，このモデルのデリベーションに関しては計量的に検討することが可能であるし，そのことは数理モデルの妥当性をテストする上で必要なことでもある．もしもこのようなテストで，モデルのデリベーションが経験的に支持されないならば，モデルの妥当性は棄却される．

ところで，P_i は各階層の比率として定義されているけれども，階層を二分したならば経験的にいって上層の P_i の方が下層よりも小さいと仮定できるだろう．小林・木村は，この条件から以下の考察をモデルによって引き出した．すなわち，「下層の集団内関係率の方が一般には高くなる」というものである．1985年のSSMデータをもちいて，小林・木村はこのデリベーションの正しさを検討している．表をみれば，上層の人が同じ階層の人とつきあっている率は54％，下層の人の方が同じ階層の人とつきあっている率は79％であり，後者のほうがかなり高いことが分かる．

表5-2　本人の職業と友人の職業

		友　人		
		上層	下層	合計
本人	上層	79人 54%	67人 46%	146人 100%
	下層	73人 21%	283人 79%	356人 100%
	合計	152人	350人	502人

注：小林・木村 (1997：16)，表1.1より作成

この**表5-2**についてカイ二乗検定を行えば，自由度1で $\chi^2=54.38$ となり，母集団でも下層の方が集団内関係率が高いことが統計的に示される．これは，最も単純な独立性の検定例だけれども，あえてきどった表現をすれば，以下の2つの対数線型モデルを比較して考えていることになる．

$$\log(y_{ij}) = \lambda + \lambda_i + \lambda_j \quad \text{（独立モデル）} \tag{5.10}$$

$$\log(y_{ij}) = \lambda + \lambda_i + \lambda_j + \lambda_{ij} \quad \text{（飽和モデル）} \tag{5.11}$$

(5.11)式の飽和モデルは**表5-2**を完全に再現するモデルで，4つ目の項が交互作用を表している．(5.10)式はこの交互作用が欠けているモデルで，第1項の総平均，第2，3項の周辺度数の効果で**表5-2**を再現しようというものである．上の検定結果は，(5.10)式のモデルが**表5-2**に適合するかを考えていることと同じで，分析の結果は，(5.10)式のモデルが適合しない，あるいは(5.11)式の第4項の効果が有意であるということを意味している[11]．つまり，「(5.9)式の数理モデルの妥当性は，別の計量的な数理モデルを通して検討された」という言い方も許されるだろう．

もちろん，小林・木村も指摘しているように，**表5-2**が示されたからといって，(5.9)式の数理モデルの現実への適合がこれで保証されたわけではない．数理モデル自身を計量モデルとして展開し，その適合が論じられている場合とはこの点いくぶん事情が異なる．このような検証は，数理モデルの予測が，経験的テストの一つを通過するか否かのテストであり，モデルの適合の良さそのものが測られているわけではない[12]．この場合の数理社会学と計量分析の関係は，他の理論社会学と計量分析の関係と異ならない．

いずれにせよ，この例のように，全ての数理モデルが計量モデルに展開できる訳ではないし，ゲーム理論などの移入にともなってそのような例は社会学でも多くなってきている．こうして，演繹的モデルと計量モデルは必然的に独自な展開を余儀なくされる．ただし，演繹モデルを経験的テストにかける際に，

11　これは(5.10)式のモデルの適合度検定として考えている．独立性の検定に関してはこのように考える必要がかならずしもあるわけではない．計量分析で数理モデルが仮定されている点を明示するためにここではこのように示した．

12　科学論の立場からすれば，数理モデルを計量モデルに展開し，その適合が検討されている場合でも，やはりモデルが暫定的に支持されるにすぎない．しかしながら，微分方程式とイベントヒストリー分析の関係のように，データに対するモデルの適合の程度が分かる場合とは，やはり検証の方法は異なっている．

やはり別の数理モデルが計量分析の前提としてまず設計されていること，そして，その設計が適切なものといってよいかについて，常に意識しておく必要がある．

上記のように，計量分析と数理社会学が独自の道を構成しつつあり，それぞれが異なる分野として独立していく過程が進展しているが，この過程が加速する事情が他にもあるように思う．一つは，共分散構造分析をはじめとする線型モデルであっても，これを計量分析の目的で確率モデルとして扱う場合，演繹的モデルとは別個の数学的蓄積，高度な知識が必要となることである．モデルの高度化，コンピュータによるデータ処理・推定速度の上昇にともない，これらの開発，展開がまず社会統計学に課された大きな課題として存在している．演繹的数理モデルに即したあらたなモデル構成以前に，社会統計学はこれらの課題に対峙しなければならない．そして，この課題はかなり負荷の高い課題でもある．

また，多くの社会学理論は自然言語のみで表現されており，その演繹的数理モデル化が試みられることはいまだ比較的少ない．さらには，モデル化が試みられた場合でも，社会学理論に大きく寄与するような演繹的モデルの成功例も多数とはいえない．つまり，演繹的モデルの作成自体もいまだ試行錯誤の段階にある．そのため，社会学理論が考察された場合，たとえば「AであるほどBである」といった命題の検討は，演繹モデルとしては素朴といえるような線型モデルをAとBの間に仮定し，それにもとづいて結局は行われることになる．たとえば，コーンとスクーラーは，『仕事とパーソナリティ Work and Personality』の中で，図5-6のような共分散構造分析モデルを用いて，「仕事の複雑性」と労働者の「知的柔軟性」の相互作用過程に検討を加えているが，この分析は，多数の線型方程式群から構成されている (Kohn and Schooler 1983)[13]．いいかえれば，変数間の関係は，全て線型のモデルとして記述されている．この節の最初にも述べたように，このような線型の方程式群の考察から得られる演繹的知見は，かなりかぎられたものに終わるだろう．しかしながら，線型モ

---

[13] 外生変数間の相関関係が本来あるが，元の図からはこれらが省略されている．外生変数の出身国 (national background) や出身地 (region of origin) のコードや，図5-6の前提となる測定モデルの作成などについては紙幅の関係で省略してある．原著 (Kohn and Schooler, 1983) にあたられたい．また，コーンたちはこの他にもかなり複雑なモデル構成をおこない，アメリカ，ポーランドなどとの比較分析をその後行っている (Kohn and Schooler 1983)．

第5章 検証のための計量分析

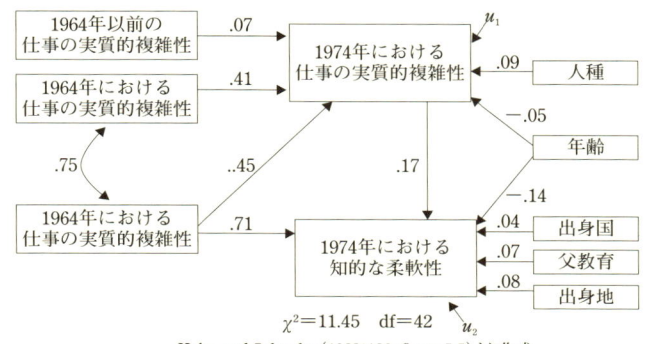

```
                                    u₁
┌──────────────┐ .07  ┌──────────────┐
│1964年以前の   │────→│1974年における │   .09  ┌────┐
│仕事の実質的複雑性│     │仕事の実質的複雑性│────────│人種│
└──────────────┘      └──────────────┘        └────┘
┌──────────────┐ .41 ↗                  −.05
│1964年における │───                           ┌────┐
│仕事の実質的複雑性│                              │年齢│
└──────────────┘                              └────┘
    .75      .45       .17          −.14
┌──────────────┐                              ┌────┐
│1964年における │      ┌──────────────┐  .04   │出身国│
│仕事の実質的複雑性│─────→│1974年における │────────└────┘
└──────────────┘ .71  │知的な柔軟性   │  .07   ┌────┐
                      └──────────────┘────────│父教育│
                                              └────┘
                                        .08   ┌────┐
                                              │出身地│
                                              └────┘
                 χ²=11.45  df=42   u₂
```

Kohn and Schooler(1983:120, figure5.5) より作成

図5-6　1974年アメリカサンプルの知的柔軟性と仕事の複雑性の関係

デルで表現した関係がどのような強さであるのかが推定できるとき，理論の要請にこたえるために，第一次近似として線型の方程式群を計量モデルとして仮定することは意味ある作業である．つまり，計量モデルで仮定される数理モデルは，自然言語で表明された理論——厳密な演繹的モデルに数理化しにくい理論——に広く第一次近似として役立つような単純さを持つことも，現段階では望ましい性質として積極的に評価できる．この点で，数理社会学的な数理モデルと，計量社会学，社会統計学的な数理モデルはモデル化の方向性の違いを必然的に含みこんだまま展開し続けることになろう．

5.6　社会学的計量分析の展開可能性

第4節では「数理社会学と計量分析の直接の対応」を，第5節では「数理社会学と計量分析の分離」を述べた．この両者は，「あれか，これか」というように2者択一的な関係にはもちろんない．手短にまとめてしまえば，次のようである．計量分析も数理社会学同様に社会理論に対応した数理モデル化のプロセスを含む．ただし，その数理モデルが，演繹的モデルとそのまま対応しうる場合と，そうではない場合があるということであろう．前者の場合，数理社会学と計量社会学，社会統計学は密接にむすびつきながら相互刺激的に進展するだろうし，後者の場合には，他の社会学理論と同様の「理論－実証」間の関係性をもつことになる．いずれにせよ，計量分析は，数理社会学との間で，他の

理論分野以上に近接的で重要な位置関係をかならず保持し続けることになる．

この重要な位置関係という点でも，また，質的分析と計量分析との関係という点でも，計量分析のあらたな展開の一つについて最後に簡潔に触れておくことがよいだろう．レーガンは副題に，*Moving Beyond Qualitative and Quantitative Strategies* とつけられた著書の中で，ブール代数アプローチ分析と呼ばれる手法を提案している（Ragin 1987）．彼は質的分析と計量的分析の分断状態を認識し，計量分析の「変数志向」と質的分析の「事例志向」のそれぞれを対照的にまず整理する．そして，両者の間にある溝をうめるものとして，このブール代数アプローチを考案した[14]．このアプローチに従えば，ある社会事象が生じるか否かに関して，その条件を論理和，論理積としてデータから導き出すことができる．この点で，数理統計学を基礎とする社会統計学の基本的な流れとはことなる．そして，事例に則して，社会事象の成立条件が記述される．また，この手法はケースの数がすくない場合にも，事例がもつ情報を有効に活用できる．この点で，質的分析の有効性をよく数理的分析手法のなかに実現している．

このように既存の計量分析の枠組みに収まりきらないけれども，このアプローチは統計的アプローチと密接な接点をもっていることも確かである．すなわち，一つには，分析の構造がログリニア分析などと相似な部分をもつこと，また，ブール代数分析を適用する前のデータ加工のためにロジットモデルなどの統計分析が必須となる場合があることなどである[15]．さらには，質的比較ばかりではなく連続変数に対してもブール代数アプローチの適用可能性があることはレーガン自身において言明されているし，また，そのような例も散見される[16]．数理的な客観的手続きを経てデータから有効な情報を引き出そうという点で，先に紹介した副題にあるとおり，計量分析もこの手法の一方の出発点と

---

[14] 邦題は『社会科学における比較研究：質的分析と計量的分析の統合にむけて』となっている．内容的にまさしく両者の「統合」がめざされているといってよい．

[15] 「原因条件のすべての組み合わせで事例間の矛盾」があるような場合に，この手法が有効となる（Raigan 1987＝1993: 167）．

[16] 織田（1998）は，ヴィネット式に調査されたデータから出生行動の分析をブール代数分析を用いて行っている．世帯所得など比率尺度の二値化をはじめ，出生行動の確率的側面をブール代数分析における「区切り値」に対応させて分析するなど，連続変数に関するアイデアが分析に持ち込まれている．理想の子供数という指標も分析に際して利用されているから，ブール代数分析で対象に対する量的な把握が分析から必然的に排除されるわけではない．さらには，平田（1998）はブール代数における2値化の問題を扱い，量的変数をブール代数に適用する際の問題に焦点を当てて論じている．

なっており，また，この分析を実際に行う際の重要な補助となっている[17]．

ところで西田は，第1節で紹介した論考においてラザーズフェルドの言葉を紹介し，それにコメントする形で最後を締めくくっている．

> おわりに故ラザーズフェルドが1975年に数理社会学を志向する日本の若い研究者たちに向けて述べた言葉を伝えておこう．「(中略) 第三に，質的なデータを扱う数学にとり組み工夫すること」．筆者なりの注釈をつければ，…(中略)… 第三の点について，社会学の扱う対象には質的変数，質的なデータが多いから，それを適切に扱う数学を考案することによって，数理社会学は社会学の研究に役立つものとなるだろう（西田 1978：27）．

この西田の論考において，数理社会学の語で，特に計量分析に言及されていたことはあきらかだから，当時において，質的な関係を扱う新たな計量分析が望まれていたといってよいだろう．おそらく，ブール代数アプローチはこのような要請に応えた一例である．さらにいえば，社会学に特徴的な質的分析との相互刺激の中で，このような手法が生まれたことは，既存の数理統計学的手法に狭義に限定されることのない，あらたな展開の可能性が計量分析にいま開かれはじめたことを意味する．本章のはじめに，「質的か計量的か」という対比をのべたけれども，この区別や相互排他性を越える契機が生じており，また，ラザーズフェルドはそれこそを計量分析の展開として期待していたのではないだろうか．

伝統的な数理統計学的な手法に限定せず，「数学モデルの利用による客観的手続きによって，測定された複数のデータの情報を縮約的に表現する手法」として社会学の計量分析法を広く位置づけるならば，これらの手法の今後の可能性は大きい．さらには，ブール代数分析に刺激された演繹的数理モデル作成の試みもなされているから，「演繹的数理モデルから計量モデルへ」という第4節にみたような流れとは逆向きの流れも現在生まれている[18]．そして，この流れにも，社会学理論の地平を広げる方法的可能性を期待できよう．このように，

---

[17] 大規模なデータに対して，既存の社会統計学的な手法を利用し，かつブール代数分析を適用した例として，長谷川・西田（1992）や髙坂・与謝野（2000）などがある．
[18] ブール代数分析を演繹モデルとして利用した例として，鹿又（2001），三隅（1998）などが挙げられる．

検証としての計量分析は，数理社会学と独立のそして相互刺激的な位置を明確に獲得しており，数理モデルを利用した社会学理論展開のための方法の一つとして，いまのびやかな展開の道を見いだそうとしている．

【文献】

Bohrnstedt, George W. and David Knoke, 1988, *Statistics for Social Data Analysis*, 2nd ed., F. E. Itasca: Peacock Publishers.

Bradley, Ian and Ronald L. Meek, 1986, *Matrices and Society: Matrix Algebra and Its Applications in the Social Science*, Princeton: Princeton University Press.（＝1992，小林淳一・三隅一人訳『社会の中の数理：行列とベクトル入門』九州大学出版会．）

Davis, A., B. B. Gardner and M. R. Gardner, 1941, *Deep South*, Chicago: University of Chicago Press.

Gjarati, Damodar, 1992, *Essentials of Econometrics*, New York: McGrow-Hill.

Goldberger, Arthur S., 1964, *Econometric Theory*, New York: Wiley.

Gross, Alan and Virginia A. Clark, 1975, *Survival Distributions: Reliability Applications in the Social Sciences*, New York: John Wiley & Sons.（＝1984，医学統計研究会訳『生存時間分布とその応用』MPC．）

浜島信之，1990，『多変量解析による臨床研究』名古屋大学出版会．

長谷川計二・西田春彦，1992，「奈良県農業集落カードの計量的研究（II）」『奈良大学紀要』20：263-274．

平田暢，1998，「ブール代数アプローチにおける発生事象・原因条件の2値化基準の検討」鹿又伸夫（編）『ブール代数アプローチによる質的比較』科研費報告書．

今田高俊，1980，「数理社会学の方法」季刊労働法別冊6『現代社会学』：117-129．

Johnston, John, 1972, *Econometric Methods*, 2nd ed., New York: McGrow-Hill.（＝1974，竹内啓ほか訳『計量経済学の方法（上）（下）』東洋経済新報社．）

鹿又伸夫，2001，「予言の自己成就モデル」鹿又伸夫ほか（編）『質的比較分析』ミネルヴァ書房：151-168．

Kemeny, John G. and J. Laurie Snell, 1962, *Mathematical Models in the Social Sciences*, Waltham: Blaisdell.（＝1968，甲田和衛ほか訳『社会科学における数学的モデル』培風館．）

小林淳一・木村邦博，1997，『数理の発想でみる社会』ナカニシヤ出版．

Kohn, Melvin and Carmi Schooler, 1983, *Work and Personality : An Inquiry into the Impact of Social Stratification*, Norwood: Ablex Publishing Corporation.

──── and Kazimierz M. Slomczynski, 1993, *Social Structure and Self-Direction: A Comparative Analysis of the United States and Poland*, New York: Blackwell Publishers.

髙坂健次，1988，「階層イメージの形成と階層意識」原純輔（編）『階層意識の動態』1985年SSM全国調査委員会：101-117．

────・与謝野有紀，1998，「社会学における方法」髙坂健次・厚東洋輔（編）『講座社会学1　理論と方法』東京大学出版会：199-238．

―――・―――, 2000, 「政策対象としての真の社会的弱者とは」高坂健次（編）『日本の階層システム6　階層社会から新しい市民社会へ』東京大学出版会：95-116．
栗田宣義, 1993, 『社会運動の計量社会学的分析：なぜ抗議するのか』日本評論社．
三隅一人, 1998, 「ブール代数アプローチによる役割概念再考」鹿又伸夫（編）『ブール代数アプローチによる質的比較』科研費報告書．
見田宗介, 1965, 『現代日本の精神構造』弘文堂．
西田春彦, 1973, 『計量社会学入門』森北出版．
―――, 1978, 「日本の数理社会学の若干の動向」『社会学評論』28(4)：11-29．
尾嶋史章, 2001, 『現代高校生の計量社会学：進路・生活・世代』ミネルヴァ書房．
織田輝哉, 1998, 「出産意向の決定要因：ヴィネット調査データのブール代数分析」鹿又伸夫（編）『ブール代数アプローチによる質的比較』科研費報告書．
Ragin, Charles C., 1987, *Comparative Method: Moving beyond Qualitative and Quantitative Strategies*, California: The University of California Press.（＝1993，鹿又伸夫監訳『社会科学における比較研究：質的分析と計量的分析の統合にむけて』ミネルヴァ書房．）
Samuelson, Paul A. et al., 1954, "Report of the Evaluative Committee for Ecnometrica," *Econometrica* 22(2): 141-146.
盛山和夫, 1988, 「職歴移動の分析」『社会階層の構造と過程』1985年 SSM 全国調査委員会：251-305．
富永健一, 1978, 「社会階層と社会移動の趨勢分析：1955-1975年」『社会階層と社会移動：1975年 SSM 全国調査報告』1975年 SSM 全国調査委員会：41-72．
Tuma, Nancy B., and Michael T. Hannan, 1984, *Social Dynamics: Models and Methods*, San Diego: Academic Press.
海野道郎, 1993a, 「計量社会学」森岡清美ほか（編）『社会学事典』有斐閣：371．
―――, 1993b, 「数理社会学」森岡清美ほか（編）『社会学事典』有斐閣：809-810．
安田三郎, 1969, 『社会統計学』丸善．
Znaniecki, Florian, 1934, *The Method of Sociology*, New York: Farrar & Rinehart.（＝1971, 下田直春訳『社会学的方法』新泉社．）

第 2 部
数理モデルから社会へ：事例編

第6章 投票者の勢力と提携形成の数理モデル
——投票ゲームによる分析

近藤博文

6.1 社会科学とゲーム理論

　ゲーム理論はおもに社会科学の諸領域において，さまざまな社会現象を解明するために使われている．ゲーム理論の適用範囲は広く，それらを簡潔に紹介することは困難である[1]．そこで，ゲーム理論のある部分に焦点をしぼり，それが社会科学の研究にどのように役立つのかを示すことにする．この章では，投票ゲームをとりあげ，投票者の勢力と提携形成について考えていこう[2]．

　国会の衆議院や参議院における各政党会派の勢力図を新聞などメディアをとおして我々は目にする．数表提示のときもあるが，円グラフを使うことが多い．各政党会派の勢力がどれほどなのか，与党陣営と野党陣営ではどの程度の勢力差があるのかなどが，円グラフを使えば視覚的にわかりやすいからであろう．勢力の円グラフ表示の背後には，各政党会派の勢力とは議会での議席保有率でとらえられるとの考えがある．たしかに議席保有率は勢力のある種の指標として必ずしも否定されるものではないが，表面的な議席保有率ではとらえられない勢力の側面がある．それの把握を可能にするのが投票ゲームの枠組みである．

　この章の構成は次のとおりである．6.2では投票ゲームとはなにかについて解説する．例を使いながら投票ゲームの数理的表現や概念説明をおこなう．6.3では投票ゲームに参加する投票者の勢力を表現するパワー指数をとりあげ

---

[1] ゲーム理論については多数の文献がある．入門書としては，中山・武藤・船木（2000）や武藤（2001）などが参考になるであろう．
[2] 社会学の主要概念に権力がある．英語では権力も勢力も power であるが，権力概念の社会学的定義と異なる意味で用いるため，この章では勢力という言葉で統一する．

る．パワー指数を使えばどのような現象を分析できるのかを例示する．6.4では投票者集団のなかでどのような協力・非協力関係が構築されるかについて考えるために，提携形成（政権形成）の数理モデルを解説する．ここでも勢力を使うモデルを提示する．6.5では提携形成の数理モデルを日本の連合政権形成の分析へと適用する．最後の6.6では投票ゲームや提携形成研究における広がりについていくつか補足するために，この章でとりあげなかった研究などを簡潔にまとめ，それらに関する文献を紹介する．

6.2 投票ゲームとはなにか

人々が集団としての決定をおこなうとき，話しあいによって合意にいたることもあれば，何らかのルールに基づいて投票をおこなうこともある．投票による決定は，我々の日常生活の場から，国会や国際連合など公的機関の場まで広く採用されている決定方法である．

投票による決定は多種多様である．投票するさいに，ある意見に対して賛成か反対かを選ぶ，複数の選択肢のなかから1つあるいは一定数を選ぶなど多様な投票方式がある．そして，投票を集計して決定をくだすには，何票以上の賛成票が必要なのか，単なる票数確保だけでなく特定投票者からの支持が必要なのかなど多種の決定方式がある．

そこでまず簡単な例をあげて，ある投票システムをどのように投票ゲーム（voting game）として表現するのかを示そう．

例1　ある議会での投票システム：
議員定数100の議会において，4政党が存在し，政党 a が40議席，政党 b が30議席，政党 c が20議席，政党 d が10議席，それぞれ確保している．議会で議案を可決するには51票以上の賛成票を必要とする．

ある投票システムを投票ゲームで表現するには，まず投票者が誰なのかを明確にすることから始める．投票主体を個人とするときもあれば，集団・組織・国家などとするときもある．例1では，現実にもしばしばみられるように，各政党が所属議員に党議拘束をかけていると仮定する[3]．そうすると，このシステムでの投票者は4政党 a, b, c, d である．

次に，投票者集団のうち，どのようなグループが協力して賛成すれば議案が可決されるのかをしらべる．たとえば国連安全保障理事会における常任理事国のように拒否権をもつ投票者がいるシステムもあるが，例1ではそのような特権をもつ投票者はいない．この決定方式では51票以上の賛成票が必要とあるだけなので，政党 a と b，政党 a と c，そして3政党以上からなるグループが協力して賛成すれば議案が可決される．

これらを一般的に表現する．投票者（ゲーム理論の用語ではプレイヤー）の集合 $\{1, 2, \cdots, i, \cdots, n\}$ を N で表す．投票者集合のあらゆる部分集合を提携（coalition）という．すべての部分集合であるから，ただ1人の投票者からなるたとえば $\{i\}$ も提携であり，空集合 ϕ も便宜的に提携のひとつとする．

提携のうち，提携内の投票者のみの賛成でも議案が可決されるとき，その提携を勝利提携（winning coalition）といい，すべての勝利提携からなる集合を W で表す．逆に，提携内の投票者のみの賛成だけでは議案が否決されるとき，その提携を敗北提携（losing coalition）といい，その集合を L で表す．

このとき，投票ゲームは投票者集合 N と勝利提携集合 W の組 $G=\langle N, W\rangle$ で表現され，一般に次の性質を満たす．

性質1　　$N\in W, \phi\in L$
性質2　　$S\in W$ かつ $S\subseteq T$ であれば，$T\in W$
性質3　　$S\in W$ であれば，$N-S\in L$

性質1は，全員提携は勝利提携であり，空集合は敗北提携であることを意味する．性質2は，ある勝利提携をその一部とする提携は勝利提携であることを意味する．性質3は，ある勝利提携に属さないすべての投票者からなる提携は敗北提携であることを意味する[4]．現におこなわれているほとんどの投票システムは，これらの性質すべてを満たしている．

---

[3] 投票ゲームにおいてこの仮定をおくことが多いが，現実の政治分析をおこなうにあたりこの仮定は批判の的となる．この仮定を緩める方向の研究については，最終節で触れる．
[4] 文献によっては，性質3にかわり次の性質をあげていることもある．

性質3′　　$S\in W$ かつ $T\in W$ であれば，$S\cap T\neq\phi$

これは任意の2つの勝利提携には共通する投票者が少なくとも1人存在することを意味する．性質3と性質3′は，一方が満たされれば他方も満たされる．

ここまでの解説で明らかなように，投票ゲームとは各投票者が賛成と反対の2つの選択肢をもち，ある提携が賛成するとき議案が可決されるか否決されるといった2つの結果しかないという性質の投票システムを表現する．投票者が3つ以上の選択肢をもつような投票システムを投票ゲームとして表現するには，他の方法をとらなければならない．そのような投票ゲームの表現については，最終節で触れる．

具体的に，例1の投票システムを投票ゲームで表現すると次のようになる．

$N = \{a, b, c, d\}$
$W = \{\{a, b\}, \{a, c\}, \{a, b, c\}, \{a, b, d\}, \{a, c, d\}, \{b, c, d\}, \{a, b, c, d\}\}$

勝利提携集合（と敗北提携集合）をみれば，例1の投票ゲームは性質1～3を満たしていることがわかるであろう．なお以降，この投票ゲームを添え字つきの G_1 で表す．

次に，投票システムは保持したままで，政党の議席数が変化したとき，投票ゲームがどのように変わるのかをみてみよう．

例2　議席変動がおこった場合：

例1の議会が解散して選挙をおこなった結果，政党の獲得議席数が変化した．政党 a は改選前に比べ議席を増やし50議席となり，政党 c はそのぶん議席を減らし10議席となった．政党 b と d は改選前と変わらぬ議席を確保した．

例2の投票システムを投票ゲーム G_2 で表現すると，投票者集合は G_1 と同じであるが，勝利提携集合は，

$W = \{\{a, b\}, \{a, c\}, \{a, d\}, \{a, b, c\}, \{a, b, d\}, \{a, c, d\}, \{a, b, c, d\}\}$

となる．提携 $\{a, d\}$ が勝利提携になり，提携 $\{b, c, d\}$ が敗北提携へと転じる．G_2 は単に勝利提携集合が変わっただけではなく，ある特徴をもっている．それは，すべての勝利提携に政党 a が属していることである．いいかえれば，政党 a 抜きではいかなる提携も勝利提携にはならない．つまり，G_2 において政党 a は議案採決に関して拒否権（veto power）をもっているに等しいことになる．投票システムとして明示的に拒否権をもつ投票者がいなくても，ゲームによっては拒否権をもつに等しい投票者が生じることもある[5]．

例1や例2のように，各投票者がある重み (weight) をもち，提携内投票者の重みの総和で勝利か敗北かが決まる投票ゲームを重みつき多数決ゲーム (weighted majority game) と特別に呼ぶ．そして，重みつき多数決ゲームは次のように表記されることが多い．投票者 i の重みを w_i，可決基準数 (quota) を q として，

$$[q; w_1, w_2, \cdots, w_i, \cdots, w_n]$$

と表記する．ゲームによっては勝利提携が多数存在することもあるため，このほうが簡潔に表すことができる．なお，全投票者の重みの総和を添え字なしの w で表すとして，可決基準数が $w \geq q > \frac{w}{2}$ の範囲内であれば，その重みつき多数決ゲームは性質1～3を満たす．

この表記方法を使うと，G_1 は $[51; 40, 30, 20, 10]$，G_2 は $[51; 50, 30, 10, 10]$，とそれぞれ表される．

6.3 投票者の勢力をどのようにとらえるか：パワー指数の定式化

6.1において議会での議席保有率では表現できない政党の勢力をどのようにとらえるかという問いをだし，そのために6.2で投票ゲームの数理的表現と勝利提携の概念を解説した．これで準備は整った．

投票ゲームを使って表現される投票者の勢力をパワー指数 (power index) という．パワー指数にはいろいろあるが，この章ではシャープレイ・シュービック指数 (Shapley and Shubik 1954) をとりあげる[6]．この指数の背後にある考えを先に説明して，後に定式化をおこなう．

---

5 例2での政党 a は拒否権をもつに等しいが，議会を完全にコントロールできるわけではないことに注意する．ある提携が勝利提携となるには政党 a の参加が必要であるが，それだけでは十分ではない．これが必要十分になったとき，ゲーム理論の用語で政党 a は独裁者 (dictator) と呼ばれる．

6 シャープレイ・シュービック指数にかわりよく使われるのが，バンザフ指数 (Banzhaf 1965) である．その他にも，コールマン指数 (Coleman 1971)，ディーガン・パックル指数 (Deegan and Packel 1978)，ジョンストン指数 (Johnston 1978) などがある．しかし，これらの指数は，パワー指数が満たすべきと考えられるいくつかの公準を満たさないことが指摘されている (Felsenthal and Machover 1995)．

ある議案を採決するために，すべての投票者が賛成の度合いが強い順序で投票すると考える．ある投票順序において，1人ずつ順に賛成票を投じていくとすると，議案を可決にするきっかけとなる賛成票を投じる投票者がただ1人存在する．この投票者を，その投票順序におけるピヴォット（pivot）という．議案により投票順序は変わりうるし，したがってピヴォットとなる投票者も変わりうる．そこで，すべての投票順序が同じ確率で生じると仮定して，投票者iがピヴォットとなる回数の期待値が，投票者iのシャープレイ・シュービック指数である．

$$投票者iのシャープレイ・シュービック指数 = \frac{投票者iがピヴォットとなる回数}{総投票順序数}$$

この考えに基づき，例1での各政党のシャープレイ・シュービック指数を求めてみよう．投票者は4政党なので，投票順序は24通りある．**表6-1**には，この24通りの投票順序と各順序においてピヴォットとなる政党を示した．政党aは24通りのうち10回ピヴォットとなるので，政党aのシャープレイ・シュービック指数は$\frac{10}{24} = \frac{5}{12}(\fallingdotseq 0.42)$である．同様に，政党$b$は$\frac{3}{12}(=0.25)$，政党$c$は$\frac{3}{12}(=0.25)$，政党$d$は$\frac{1}{12}(\fallingdotseq 0.08)$である．

政党bとcは議席数に10の差があるが，シャープレイ・シュービック指数ではともに0.25で同じ勢力とされる．なぜ勢力が同じとされるのかについては，例1の勝利提携集合をみればわかるであろう．この議会で議案を可決するには，政党bとcは対等だからである．このように，表面的な議席保有率ではとらえがたい投票者の勢力を，シャープレイ・シュービック指数は表現できる．

投票者が4人までならば，**表6-1**のようにすべての投票順序を列挙してピヴ

表6-1 例1の投票ゲームにおけるすべての投票順序とピヴォット

ab^*cd	ab^*dc	ac^*bd	ac^*db	adb^*c	adb^*b
ba^*cd	ba^*dc	bca^*d	bcd^*a	bda^*c	bdc^*a
ca^*bd	ca^*db	cba^*d	cbd^*a	cda^*b	cdb^*a
dab^*c	dac^*b	dba^*c	dbc^*a	dca^*b	dcb^*a

各投票順序において，左から順に投票していくとみる．
右肩*印つきの政党がその順序におけるピヴォット．

ォットをしらべる方法でシャープレイ・シュービック指数を求めることも容易である．しかし，投票者が5人以上になると総投票順序数が大きくなるため，この方法は便利とはいえない．そこで，シャープレイ・シュービック指数の考えをもとに定式化する[7]．

まず一般に投票者が n 人のとき，すべての投票順序は $n! = n \times (n-1) \times \cdots \times 1$ 通りある．

次に新たな概念を定義する．勝利提携のうち，投票者 i が属し，かつその提携から投票者 i が抜けると敗北提携へ転じる提携を，投票者 i の最小勝利提携 (minimal winning coalition) といい，その集合を W_i^m で表す．

$$W_i^m = \{S \mid i \in S, S \in W, S - \{i\} \in L\}$$

いうまでもなく，この集合は投票者ごとに定められる．なお，最小勝利提携がひとつもない投票者のことをダミー (dummy) という．

投票者 i のある最小勝利提携 $S \in W_i^m$ について，投票者集合 N を次の3つの提携に分割する．一つはこの提携から投票者 i をのぞく投票者からなる提携 $S - \{i\}$，ひとつは投票者 i ただ1人からなる提携 $\{i\}$，最後は残りの投票者からなる提携 $N - S$ である．なお，提携 S に属する投票者数を s で表すことにする．

最小勝利提携の定義から，提携 $S - \{i\}$ に属するすべての投票者が投票者 i に先行して賛成票を投じ，それに引き続いて投票者 i が賛成票を投じ，その後に提携 $N - S$ に属するすべての投票者が投票するような順序では，投票者 i がピヴォットとなる．そのような投票順序は $(s-1)! \times (n-s)!$ 通りある．

投票者 i の最小勝利提携ごとにこの計算をおこない，その総和を総投票順序数 $n!$ で割った値が，投票者 i のシャープレイ・シュービック指数 $\varphi_i(G)$ である．

$$\varphi_i(G) = \frac{1}{n!} \sum_{S \in W_i^m} (s-1)! \times (n-s)!$$

投票ゲーム G が異なればシャープレイ・シュービック指数の値 $\varphi_i(G)$ は変わりうるので，ゲームの関数 $\varphi_i(G)$ として表現するのが正確である．しかし，

---

[7] 正確には，シャープレイが協力ゲームの解としてシャープレイ値 (Shapley value) を公理系から導出し (Shapley 1953)，後にシャープレイとシュービックが投票ゲームのためにパワー指数として適用した．

混乱が生じないかぎり φ_i と略記することもある.

この式を使って例1での政党 a のシャープレイ・シュービック指数を計算してみよう. まず, 政党 a の最小勝利提携集合 W_a^m は,

$$W_a^m = \{\{a, b\}, \{a, c\}, \{a, b, c\}, \{a, b, d\}, \{a, c, d\}\}$$

である. 2人からなる提携が2つ, 3人からなる提携が3つあるので, 計算式を適用すると,

$$\varphi_a(G_1) = \frac{2 \times (1 \times 2) + 3 \times (2 \times 1)}{4!} = \frac{5}{12}$$

となり, 先に求めた値と一致する. 政党 b, c, d については, 読者が計算して確かめてほしい.

シャープレイ・シュービック指数はさまざまな性質を備えている. 勝利提携集合において対等な立場にある投票者には同一の値を与える (対称性), ダミーである投票者の勢力は0である (ダミー・プレイヤーの0評価), すべての投票者のシャープレイ・シュービック指数の総和は1になる (全体合理性), などである. また, 重みつき多数決ゲームの場合, 投票者 i と j の重みが $w_i \geq w_j$ のときシャープレイ・シュービック指数は $\varphi_i \geq \varphi_j$ となる (単調性).

例1から例2へと議席の変動が生じたことにより, 各政党の勢力はどのように変化するであろうか. 例2では政党 a が拒否権をもつに等しい立場になることは前節で述べたが, シャープレイ・シュービック指数を使って数値の変化をみてみよう (**表6-2**参照).

まず明らかなのは, 政党 a の勢力は約1.8倍増加する. しかし, 絶対的な勢力をもつわけではないので1には届かない. 次に, 政党 b は政党 c や d に比べ3倍の議席を獲得しているが, これら3政党は同じ値になる. 政党 c は議席を減らしたが, 政党 b は改選前と変わらぬ議席保有数であるにもかかわらず, これらは同じ値になるのである. ここでも, 表面的な議席保有率では理解

表6-2 例1と例2の投票ゲームにおけるシャープレイ・シュービック指数

	政党 a	政党 b	政党 c	政党 d
例1	0.42	0.25	0.25	0.08
例2	0.75	0.08	0.08	0.08

しがたい政党の勢力をシャープレイ・シュービック指数は示すことができる[8].

このように，パワー指数はある投票者集団のなかでの勢力関係を数量的に表現するにとどまらず，議席変動など投票者の重みが変化したとき，また決定方式など投票システムが変更されたとき，各投票者の勢力がどのように変わるのかをみるためにも使うことができる．

この節の最後に，パワー指数を使って例3の現象を考察してみよう．

例3　議員 x の合理的選択問題：

例2の議会において，政党 b の所属議員 x が1人離党して無所属となった．政党 a はその議員を自党へ入党させれば過半数政党になるので，積極的勧誘をおこなった．議員 x は無所属議員でいる場合と政党 a に入党する場合とどちらのほうが議会での勢力を発揮できるであろうか．

議員 x の合理的選択問題を考えるために，まず議員 x が無所属でいる場合から始める．無所属議員も党員1人からなる政党とみなすとき，重みつき多数決ゲームは $[51; 50, 29, 10, 10, 1]$ になる．各政党や議員 x のシャープレイ・シュービック指数は $(0.8, 0.05, 0.05, 0.05, 0.05)$ である．議員 x の勢力は 0.05 であり，ただ1人であっても政党 b, c, d と同じ勢力をもつ．かつて所属していた政党 b と現在同じ勢力をもつという意味において，この状況における議員 x の離党は合理的選択であったといえる．

次に，議員 x が政党 a に入党する場合を考える．これまで政党内の議員個人の勢力は考えてこなかった．政党内の議員 x の勢力をどのように数量化するかについては，さまざまな考えがあろう．ここでは2つだけとりあげる．

ひとつは，議員 x が政党 a に入党する場合とそうでない場合とでの政党 a の勢力差を議員 x の勢力とする考えである．議員 x が政党 a に入党すると重みつき多数決ゲームは $[51; 51, 20, 10, 10]$ になり，このゲームのシャープレイ・シュービック指数は $(1, 0, 0, 0)$ である．したがって，$1-0.8=0.2$ を議員 x の勢力とみなす．この考えによれば，$0.2 > 0.05$ であるので，議員 x は政党 a に入党するほうが議会内での勢力を発揮することができるといえる．

---

[8]　極端な例として，重みつき多数決ゲーム $[51; 50, 48, 1, 1]$ においても，シャープレイ・シュービック指数は例2のゲームと同一になる．

もうひとつは，議員 x が政党 a に入党するとして，政党 a 内で投票ゲームをおこない，所属議員個々人のパワー指数を求める考えである．政党間でのゲームで政党 a は1の勢力をもつことを先に示した．いわばこの値を政党 a の所属議員51人で配分すると考えるのである．現実の政党では党内の地位や当選回数などにより議員間の力関係は異なるであろうが，ここでは政党としての集団的意思決定は党所属議員による単純過半数ルールでおこなうとする．すべての党所属議員は対等な立場である（すべての投票者が重み1をもち，可決基準26の51人ゲームとなる）ので，シャープレイ・シュービック指数が満たす対称性から，議員 x の勢力は $\frac{1}{51} \fallingdotseq 0.02$ となる．この考えによれば，$0.02 < 0.05$ であるので，議員 x は無所属議員でいるほうが議会内での勢力を発揮することができるといえる．

　政党 a に入党する場合における議員 x の勢力に関する2つの考えは相反する結果を導く．どちらの考えもある合理性をもっており，いずれかが正しくていずれかが間違っているとは断定できない．筆者の私見を述べれば，前者の考えによる勢力は議員 x が政党 a に入党したときのインパクトのようなものであり，恒常的に議員 x が政党 a 内や議会全体でこれほどの勢力を保持するとは考えがたく，いずれ後者の考えによる勢力に近づくと思われる．もちろん，ここで示した以外にも議員 x の勢力の数量化はあろう．

　この例のように，現実の政党政治においても政党や議員の離合集散は決してめずらしい現象ではない．ある政党所属の議員数人が一斉に離党して新党を旗揚げしたり，いくつかの政党が議会内で統一会派を形成したりなど，その形態はさまざまである．なぜそのような現象がおこるのかについて，パワー指数を使い考察することができる．

　なお，ある議員や政党の行動が既存のパワー指数を使っても説明できないとき，それを非合理な行動と結論づけたり，あるいはパワー指数は役に立たないと決めつけたりするかもしれない．そうすることは容易であるが，生産的ではない．これまで気づかなかった勢力の新たな側面を発見できるチャンスである．一見非合理と思われる行動を合理的に理解するためにはどうすればよいのか，新たなパワー指数を考えてみるのも興味深い研究となるであろう．

6.4 どのような提携がつくられるか：提携形成モデルの構築

　前節までの記述のなかで，ある提携が勝利提携あるいは敗北提携であるというとき，それはその提携が形成されると仮定した場合であって，どの提携が実現するかについていっているわけではない．投票者集団がいるときにどの勝利提携が形成されるかについては特に注意を向けておらず，また投票者集団の特性によってはそもそもある固定した提携が形成されるとはかぎらない．

　しかし，例１のように政治を背景にして，どの政党も半数をこえる議席を獲得していない状況においては，しばしば複数の政党が連合して政権を掌握する事態がみられる．そのときどのような政党間連合が実現すると考えられるであろうか．このような問題に答えるために提携形成（coalition formation）の研究がなされている．提携形成は議会での政党間連合にかぎらず広く行為者集団にみられる現象であるが，ここからは政党間連合を念頭に解説を進めていくので，勝利提携を連合政権あるいは単に政権と呼ぶことにして政権形成の数理モデルを解説する．そして断りのないかぎり，あつかうゲームは重みつき多数決ゲームに限定する．

　現実の政治では，各政党が掲げる政策の類似性や議員同士の親密さなどさまざまな要因が作用して連合政権が形成されると考えられる．しかしこの章では，数ある要因のなかから勢力要因のみにしぼり，議会内でのパワー・ゲームとして連合政権の形成を考えることにする[9]．

　先にも述べたように，形成される連合政権は勝利提携であることを前提とする[10]．しかし，一般に政党数が増えるにしたがい勝利提携は多数存在するため，勝利提携のうちどれかが連合政権として実現する，といってもほとんど意味をなさない．そこで，勝利提携集合のなかからどの部分集合が実現するであろうと予測するのが，ここでいう政権形成モデルである．

　政権形成モデルは多数考案されている．ここでは３つのモデルを解説する．

---

[9] 政策の類似性に着目して政権形成モデルを構築する研究については，最終節で触れる．
[10] まれに半数に満たない連合政権や単独政権が実現することもある．日本においても，前者の例として羽田政権，後者の例として第２次橋本政権をあげることができる．しかし，このような政権はいわば意図せざる結果として実現する側面があり，多数派となる諸野党が決して連合しないなど諸条件を必要とし，政権維持に関して不安定であると考えられるため，ここでの対象から外す．

まず，連合政権にとってそれを構成する議員総数ができるだけ少ないほうが好ましいと考えることができる．政権を掌握した結果からえられる政治的利益を政権内の議員全員で配分すると考えれば，議員総数がより少ないほうが1人あたりの利益は大きくなるからである．この考えでモデル化したのがライカー (Riker 1962) である．定式化すると次のようになる．

$$W^{Politician} = \left\{ S \middle| \sum_{i \in S} w_i \leq \sum_{j \in T} w_j, \forall T \in W \right\}$$

ライカー・モデルは政権内議員総数の最小化と要約できるが，これに対して政権内政党数の最小化の考えでモデル化することもできよう．すなわち，

$$W^{Party} = \{ S | |S| \leq |T|, \forall T \in W \}$$

である．ここで $|S|$ は提携 S 内の政党数を表す．連合政権を形成するにあたり，政党数が少ないほうが合意にいたりやすいと考えられるからである．

例1の重みつき多数決ゲームにおいて，これらのモデルではどの連合政権が形成されると予測するのであろうか．**表6-3**には連合政権と各政権内の議員総数と政党数を示した．これから，ライカー・モデルでは政権 $\{a, c\}$ または $\{b, c, d\}$ のいずれかが，政党数最小化モデルでは政権 $\{a, b\}$ または $\{a, c\}$ のいずれかが形成されるであろうと予測する．

これらのモデルは政治的利益を勢力の指標ととらえていることになる．勢力を議員レベルで配分するのか，それとも政党レベルで配分するのかの違いであり，より多くの勢力を求めるという意味では両モデルに共通する考えである．そこで，これらのモデルを組みあわせたらどうかと考えることもできるが，一

表6-3 例1の重みつき多数決ゲームにおける連合政権

連合政権	議員総数	政党数
$\{a, b\}$	70	2
$\{a, c\}$	60	2
$\{a, b, c\}$	90	3
$\{a, b, d\}$	80	3
$\{a, c, d\}$	70	3
$\{b, c, d\}$	60	3
$\{a, b, c, d\}$	100	4

般にこの2つのモデルが導く集合に共通する連合政権が存在するとはいえない.

　数理モデルの評価基準のひとつに, 単純さ (simplicity) がある. この基準にてらせば, どちらのモデルも評価に値する. しかしある種の不満は残る. これらのモデルはあたかも神の視点で結果を導出しているように感じられるからである. いいかえれば, 政権を形成する当事者である政党の視点でモデル化されていない. たとえば政党数最小化モデルによれば, 政党 d は他党との政権形成交渉に参加していない (参加する気がない, 参加する資格がない) ようにみえる.

　そこで, ファン・ディーメン (Van Deemen 1997) の考えを参考にして, 政党の選好や行為選択を明示的にくみこんだ政権形成モデルを構築しよう.

　このモデルの概要から始める. 連合政権ごとにその政権が形成されたとき, すべての政党の勢力を何らかの方法で定める. 各政党は自らがより大きな勢力をもつことができる政権が形成されることを望むとして, すべての連合政権を序列化する. これが政党の選好となる. 各政党の選好に基づき連合政権間を比較して連合政権集合の部分集合を導出し, モデルの解集合とする.

　例1を使いながらモデルの詳細を解説する. まず, 連合政権ごとに各政党の勢力をどのように数量化するかについてである. その方法はさまざま考えられるが, ここでは2つの方法をとりあげる. ひとつは, ある連合政権において, 与党である政党の勢力は当該政党議員数を政権に参加している政党所属の議員総数で割った値とし, 野党である政党の勢力は0とする. すなわち, 政党 i の連合政権 S における勢力は,

$$v_i(S) = \begin{cases} \dfrac{w_i}{\sum_{j \in S} w_j} & i \in S \text{ のとき} \\ 0 & i \notin S \text{ のとき} \end{cases}$$

と定める[11]. これを議員数比による勢力と呼ぶ.

　もうひとつの方法は, まず連合政権ごとに部分ゲームをつくる. ある連合政権 $S \in W$ において, 部分ゲーム $\langle S, W^S \rangle$ を次のように定義する.

11　ファン・ディーメンは各政党の勢力を次の式で定めている (Van Deemen 1997: 171).

$$v_i(S) = w_i - \sum_{j \in S-\{i\}} w_j$$

　この方法によると, 政党の勢力はしばしば負の値になる. そこでこの章では, パワー指数にならい, 0以上1以下の値になるよう他の方法をとっている.

$$S = \{i | i \in S\}$$
$$W^S = \{T | T \in C^S \cap W\}$$

ここで，集合 C^S とは提携 S のすべての部分集合からなる集合であり，その集合と勝利提携集合 W の共通部分をこの部分ゲームの勝利提携集合とする．この定義から，部分ゲームは重みつき多数決ゲームとはならないが，投票ゲームではある．そこで，この部分ゲームにパワー指数を，ここではシャープレイ・シュービック指数を適用する．この方法で与党である政党の勢力を定める．野党である政党の勢力は 0 とする．これをパワー指数による勢力と呼ぶ．

どちらの方法においても，野党の勢力は 0，つまり無力としている[12]．これは，すべての政党は野党であるよりも政権与党であることを選好すると仮定するからである．議会内でのパワー・ゲームとしての政権形成モデルという前提から，この仮定は妥当性があろう．

これら 2 つの方法を使い，例 1 の重みつき多数決ゲームでのすべての連合政権において，各政党の勢力を求めた結果を**表6-4**に示す．

政党の選好形成については詳しく説明するまでもないであろう．勢力値にしたがい政党ごとにすべての連合政権を序列化すればよく，2 つ以上の連合政権

表6-4　各連合政権における政党の勢力：例 1 の重みつき多数決ゲーム

連合政権	議員数比				パワー指数			
	a	b	c	d	a	b	c	d
$\{a, b\}$	0.57	0.43	0	0	0.5	0.5	0	0
$\{a, c\}$	0.67	0	0.33	0	0.5	0	0.5	0
$\{a, b, c\}$	0.44	0.33	0.22	0	0.67	0.17	0.17	0
$\{a, b, d\}$	0.5	0.38	0	0.13	0.5	0.5	0	0
$\{a, c, d\}$	0.57	0	0.29	0.14	0.5	0	0.5	0
$\{b, c, d\}$	0	0.5	0.33	0.17	0	0.33	0.33	0.33
$\{a, b, c, d\}$	0.4	0.3	0.2	0.1	0.42	0.25	0.25	0.08

[12] これは連合政権ごとにすべての政党勢力の総和が 1 になるようにするためでもある．これらの勢力数量化の他にも，提携構造（coalition structure）に基づいて政党勢力を定める方法（Owen 1977; Hart and Kurz 1983 など参照）も適用できるが，ここでは比較的単純な 2 つの方法をとりあげることにした．

での勢力値が同値のときそれらは同順（無差別）としてかまわない．議員数比とパワー指数による勢力では，各政党の連合政権に関する選好は異なりうる．そして，それはモデルの解集合に影響する．

任意の2つの連合政権をとりあげたとき，各政党は自らの選好にてらしてどちらの政権が好ましいかあるいは無差別かを判断することができる．これは政党を主体とする個人的意思決定といえるが，これを拡張して提携 S による集団的意思決定を次のように定義する．任意の2つの連合政権 S と T について，次の2条件がともに満たされるならば政権 S は政権 T を支配するという．

(1) すべての $i \in S$ にとって，政権 S が政権 T より好ましい，あるいは無差別である．
(2) 政権 S が政権 T より好ましいとする $i \in S$ が少なくとも1人存在する．

これらの条件が満たされるとき政権 T の形成可能性は低い．なぜなら政権 S に属するすべての政党に政権 T の形成を阻止されるからである．なお，この支配条件は弱いものの，任意の連合政権間で常に支配・被支配関係が成り立つとはかぎらず，互いに支配しあうときもそうでないときもある．ここでは，連合政権間で互いに支配しあうときは，一方が他方を支配するとはみなさない．

政権間の支配関係に基づき，他のどの政権にも支配されない連合政権は形成可能性が高いと考えられる．そのような政権からなる集合が，この政権形成モデルの解集合である．

表6-4のそれぞれの勢力値をもとに，任意の連合政権間での支配関係をまとめたのが**表6-5**である．**表6-5**では，行に並べた政権が列に並べた政権を支配するとき○，支配されるとき×，互いに支配しあうとき△で表し，互いに支配しあわないとき空欄にしてある．議員数比による勢力のとき若干の例外をのぞき政権間の支配関係が成立する．他方，パワー指数による勢力のとき多くの政権間で支配関係が成立しない．ただし，パワー指数を適用したとき常にこのような傾向になるとはかぎらない．

表6-5から他のどの政権にも支配されない連合政権をしらべれば，このモデルの解がえられる．議員数比による勢力を用いたモデルでは，政権 $\{a, c\}$ あるいは $\{b, c, d\}$ のいずれかが形成されるであろうと予測する．他方，パワー指数による勢力を用いたモデルでは，政権 $\{a, b\}$, $\{a, c\}$, $\{a, b, d\}$, $\{a, c, d\}$

表6-5 連合政権間の支配・被支配関係

連合政権	議員数比							パワー指数						
	1	2	3	4	5	6	7	1	2	3	4	5	6	7
1. $\{a, b\}$	—	×	○	○	△	×	○	—	△			△	○	○
2. $\{a, c\}$	○	—	○	○	○	○	○	△	—		△	○	○	○
3. $\{a, b, c\}$	×	×	—	×	×	×	○			—			×	
4. $\{a, b, d\}$	×	×	○	—	×	×	○		△		—	△	○	○
5. $\{a, c, d\}$	△	×	○	○	—	×	○	△	×		△	—	○	○
6. $\{b, c, d\}$	○	△	○	○	○	—	○	×	×	×	×	×	—	○
7. $\{a, b, c, d\}$	×	×	×	×	×	×	—	×	×		×	×	×	—

○：行が列を支配する； ×：行が列に支配される；
△：行と列が互いに支配しあう； 空欄：行と列に支配関係はない.

のいずれかが形成されるであろうと予測する．後者は前者に比べ導出する政権の数が多く精度が劣るように感じられるかもしれないが，よくしらべるとそうともいいきれない．政権 $\{a, b, d\}$ や $\{a, c, d\}$ のとき政党 d の勢力は，与党であるにもかかわらず 0 である．つまりこれらの連合政権のとき政党 d はダミーであり，与党にくみしていようがいまいが他の与党政党には何ら影響をおよぼさない．そこで実質的には，政権 $\{a, b\}$ あるいは $\{a, c\}$ のいずれかがこの政権を掌握すると考えられる．

ここまで例 1 を使いながら，この政権形成モデルを解説してきた．このモデルは，簡潔な式で表現できないという意味で，ライカー・モデルなどに比べれば複雑そうにみえる．しかし，政権形成に関するその考えはモデルの概要で記述したように単純である．そして，連合政権ごとに政党の勢力をどのように定めるかにより，また連合政権間の支配条件を変更することにより，さまざまな変種のモデルをつくることができるであろう．ただし，そのような変種モデルのとき解が存在しないこともありうることを指摘しておく．事実，解説したパワー指数による勢力モデルは常に解が存在するわけではない．一方，議員数比による勢力モデルは必ず解が存在する．なぜなら，そのモデルの解はライカー・モデルの解に一致するからである（ライカー・モデルの解は必ず存在する）[13].

---

[13] 証明は省略する．ファン・ディーメンが定義した勢力数量化によるモデルのとき，その解はライカー・モデルに一致することが証明されており（Van Deemen 1997: 175-176)，この章での議員数比によるモデルでも同じ論理で証明できる．

ライカー・モデルと同じ結果を導くのであれば，新たなモデルを構築する必要はないと思われるかもしれない．しかし，モデルのよしあしとは既存モデルと異なる結果を導くことで評価されるわけではない．この政権形成モデルは，行為者である政党の選好や支配関係にみられる行為選択を明示的にモデル化したところに特徴がある．政党のマイクロな行為の集積からマクロな連合政権形成を予測するというアイデアで，このモデルを評価することができる．

6.5 日本の連合政権形成へのモデル適用

この節では構築した政権形成モデルを日本の連合政権の形成分析に適用する．

日本では戦後55年体制の確立以降，わずかな事例をのぞき自由民主党（自民党）の一党優位制が継続し，自民党が単独政権を維持してきた．しかし1993年6月に宮澤内閣不信任案が可決され，自民党から離党者が続出して新党さきがけや新生党が結党され，衆議院解散総選挙をへて，非自民・非共産による細川連合政権が樹立された．その後，政党間連合はさまざま変化したが，ほぼ継続して連合政権が成立し，現在にいたっている．

ここでは，連合政治の幕開けとなった細川政権をとりあげる．総選挙の結果どの政党も単独で半数をこえる議席を獲得できず，当時の政治状況から自民党打倒のかけ声のもと，それまでの野党や新興政党が一致結束するよう期待され細川政権は実現した．しかし，それは前自民党議員であった新生党などと，日本社会党をはじめとする野党とが協力することを意味する．はたして成立前に，この政権が実現可能であるとどれほどの国民が本気で考えていたであろうか．

現実の政党間連合にはさまざまな要因が作用する．細川政権も政党間での政策合意が結ばれたため実現したのであろう．しかし，ここでは政策要因を考慮せず，各政党が政権獲得を最重要視して，しかも他党との関係で勢力をより大きくするよう行動するとして，前節のモデルを適用するとどのような結果が導かれるのかを確かめてみよう．

最初に当時の政党からなる重みつき多数決ゲームを表現する．総選挙の結果各政党が獲得した議席数から細川政権樹立までにわずかではあるが議席変動がある．無所属で当選した議員がある政党に入党したからである．そこで，細川護熙が首相指名された1993年8月6日における衆議院政党議席数を用いることにする（出典は朝日新聞1993年8月7日付）．

ここで2つの仮定をおく．ひとつは，無所属議員10人はこの政権形成ゲームに参加しないとする．政党間連合の分析目的にてらせば除外することにさほど問題はないであろう．もうひとつは，日本新党（日新）と新党さきがけ（さき）は選挙後に統一会派を結成したため，ここでは両党の議席を足しあわせ単一の主体とみなすことにする．

$$[\ 256;\quad 227,\quad 76,\quad 52,\quad 60,\quad 52,\quad 19,\quad 15\ ]$$
　　　　　　自　　社　　日　　新　　公　　民　　共
　　　　　　民　　会　　新　　生　　明　　社　　産
　　　　　　　　　　　　＆
　　　　　　　　　　　　さ
　　　　　　　　　　　　き

この重みつき多数決ゲームでの連合政権（勝利提携）は63種類も存在するため，各政権のもとでの政党の勢力値や政権間の支配関係をまとめた表は省略して，このモデルをコンピュータ・プログラムで組み実行した結果のみを示す．

まず，議員数比による勢力を用いたモデルでは，

{社会，日新＆さき，新生，公明，民社}

が形成されるであろうと予測する．これは現実に成立した連合政権と一致する．これらの政党はそれぞれ自民党との連合政権よりも非自民連合のほうが大きな勢力をもつことができる．また，この政権に共産党までを含める必要はなく，これらの政党で政権形成は必要十分である．

他方，パワー指数による勢力を用いたモデルからは，他のどの政権にも支配されない連合政権は存在しない，という結果がえられる．細川政権に関係する部分のみ結果を抜きだし考察すると，細川政権は9政権に支配される（**表6-6**参照）．社会党，日本新党と新党さきがけの統一会派，新生党，公明党のそれぞれが自民党と2党連合をくむ4政権と，それらの政権にダミーである共産党を加える4政権，そして，自民・民社・共産の3党からなる政権である．しかし，これらの政権も他の政権に支配されており，むしろこれら9政権それぞれが支配される政権の数は細川政権が支配される政権の数より多い．すべての可能な連合政権63種類のうち細川政権の被支配政権数は少ないほうである．

政権間にこのような支配関係が存在することから，どのような連合政権に対してもその形成を阻止する政党グループが存在する，ということがわかる．したがってこのモデルから，仮に何らかの連合政権が偶発的に成立したとしても

第 6 章 投票者の勢力と提携形成の数理モデル

表6-6 各連合政権（一部）における政党のパワー指数：細川政権分析

連合政権	1. 自民	2. 社会	3. 日新&さき	4. 新生	5. 公明	6. 民社	7. 共産
$\{2,3,4,5,6\}$	0	0.2	0.2	0.2	0.2	0.2	0
$\{1,2\}$	0.5	0.5	0	0	0	0	0
$\{1,3\}$	0.5	0	0.5	0	0	0	0
$\{1,4\}$	0.5	0	0	0.5	0	0	0
$\{1,5\}$	0.5	0	0	0	0.5	0	0
$\{1,2,7\}$	0.5	0.5	0	0	0	0	0
$\{1,3,7\}$	0.5	0	0.5	0	0	0	0
$\{1,4,7\}$	0.5	0	0	0.5	0	0	0
$\{1,5,7\}$	0.5	0	0	0	0.5	0	0
$\{1,6,7\}$	0.3	0	0	0	0	0.3	0.3

安定した政権維持は困難となる，と解釈することができよう．事実，細川政権は約8ヶ月の短命に終わったのである．

しかしながら，たった1事例のみでこの政権形成モデルの有効性を評価することはできない．細川政権はダミーを含まず政権形成に必要十分な政党で構成される最小勝利連合であり，議員数比によるモデルで説明しやすい事例ともいえる．現実には，ダミーを含む過大規模連合の政権がしばしば成立することは周知のとおりである．しかし，前節で例示したように，パワー指数によるモデルは過大規模連合を導出することもあるため，そのようなタイプの連合政権の形成分析に適用してモデルの有効性を確かめることもできよう．

6.6 投票ゲーム研究の広がり

この章では，ある投票システムを投票ゲームで表現することから始め，投票者の勢力を表すパワー指数と勢力に基づいた提携形成について解説した．これらをどのような社会現象に使えばよいかのイメージをつかみやすくするために，例として議会での政党間の勢力関係や政権形成について示し，また細川連合政権の形成分析にモデルを適用した．ここでの数理モデルは抽象化されているので，政治現象にかぎらずその他の社会現象に対しても適用可能であることはいうまでもない．

最後に，この種の研究においてこの章の内容と関連深いが，詳しくとりあげられなかった研究について簡潔にまとめる．

第6.2節において，投票ゲームとは投票者が2つの選択肢をもつ投票システムを表現すると述べた．3選択肢以上から選ぶような投票システムについては，投票ゲームを別の方法で表現しなければならない．ボルジャー (Bolger 1993) は複数の選択肢をもつ投票ゲームの表現およびそのもとでの投票者の勢力について定式化している．

この章では，政党をひとつの意思決定主体と仮定しているが，現実的にこの仮定が妥当であるかについて議論がなされている．政党所属議員に党議拘束がかけられていても造反する議員は現に存在するし，議案によっては党議拘束をかけないこともしばしばみられる．そこで，この仮定を緩める研究がなされている．政党を投票者としたまま，すべての所属議員が党の決定にしたがうと考えず，そのかわりに何人（何%）がしたがうというように考えて投票ゲームを表現する．前段とは異なる意味での多選択肢化投票ゲームである．シャオら (Hsiao and Raghavan 1993; Hsiao 1995) は，投票ゲームを一般化した協力ゲームの枠組みでその方法を提案している．

連合政権の形成に関する研究は政治（科）学を中心に展開されている．この章では勢力に基づくモデルをとりあげたが，政党間の政策的類似性などに基づいて政党を1次元あるいは多次元空間に配置して政権形成を予測するモデルもさまざま考えられている．諸外国では連合政権がめずらしい事例でないため政権形成の理論研究も実証分析もともに多数あるが，日本では事例がまだ少なく研究はあまり多くない．そのなかでも，加藤淳子とレイヴァー（加藤・レイヴァー 1998）は，勢力モデルと政策モデルの簡潔なレビューとともに，日本の連合政権を政策モデルで分析している（加藤・レイヴァー・シェプスリー 1996も参照）．

最後に，投票ゲームやその拡張について詳しく知りたい読者は，武藤・小野の研究（武藤・小野 1998）を参考にするとよい．この章で省略したことがらについて，わかりやすく丁寧に解説されている．

【文献】

Banzhaf, J. F., 1965, "Weighted Voting Doesn't Work: A Mathematical Analysis," *Rutgers Law*

Review 19: 317-343.

Bolger, E. M., 1993, "A Value for Games with *n* Players and *r* Alternatives," *International Journal of Game Theory* 22: 319-334.

Coleman, J. S., 1971, "Control of Collectivities and the Power of a Collectivity to Act," B. Lieberman (ed.), *Social Choice*, New York: Gordon and Breach: 269-300.

Deegan, J. and E. W. Packel, 1978, "A New Index of Power for Simple *n*-Person Games," *International Journal of Game Theory* 7: 113-123.

Felsenthal, D. S. and M. Machover, 1995, "Postulates and Paradoxes of Relative Voting Power: A Critical Re-appraisal," *Theory and Decision* 38: 195-229.

Hart, S. and M. Kurz, 1983, "Endogenous formation of Coalitions," *Econometrica* 51: 1047-1064.

Hsiao, C. R., 1995, "A Value for Continuously-Many-Choice Cooperative Games," *International Journal of Game Theory* 24: 273-292.

―――. and T. E. S. Raghavan, 1993, "Shapley Value for Multi-Choice Cooperative Games (I)," *Games and Economic Behavior* 5: 240-256.

Johnston, R. J., 1978, "On the Measurement of Power: Some Reaction to Laver," *Environment and Planning* 10A: 907-914.

加藤淳子・M. レイヴァー・K. A. シェプスリー, 1996,「日本における連立政権の形成：ヨーロッパ連合政治分析におけるポートフォリオ・アロケーション・モデルを用いて」『レヴァイアサン』19：63-85.

加藤淳子・M. レイヴァー, 1998,「政権形成の理論と96年日本の総選挙」『レヴァイアサン』22：80-105.

武藤滋夫・小野理恵, 1998,『投票システムのゲーム分析』日科技連出版社.

武藤滋夫, 2001,『ゲーム理論入門』日本経済新聞社.

中山幹夫・武藤滋夫・船木由喜彦（編）, 2000,『ゲーム理論で解く』有斐閣.

Owen, G., 1977, "Values of Games with a Priori Unions," R. Henn and O. Moeschlin (eds.), *Mathematical Economics and Game Theory*, New York: Springer-Verlag: 76-88.

Riker, W., 1962, *The Theory of Political Coalitions*, New Haven: Yale University Press.

Shapley, L. S., 1953, "A Value for n-Person Games," H. W. Kuhn and A. W. Tucker. (eds.), *Contributions to the Theory of Games*, Annals of Mathematics Studies No. 28, Princeton: Princeton University Press: 307-317.

Shapley, L. S. and M. Shubik, 1954, "A Method for Evaluating the Distribution of Power in a Committee System," *American Political Science Review* 48: 787-792.

Van Deemen, M. A., 1997, *Coalition Formation and Social Choice*, Boston: Kluwer Academic Publishers.

第 7 章　社会運動の発生と政治的機会構造
―― ゲーム理論的モデルによる考察と国際比較分析

山本英弘

7.1　社会運動の発生メカニズムの追究

　社会運動はなぜ発生するのかは，社会運動研究にとって最も主要な課題の1つである．この課題に答えるための様々なアプローチの中でも，政治的機会構造（Political Opportunity Structure）論は主要な潮流の1つだといえる．この理論は主として社会運動を行う主体である挑戦者（challenger）[1]が直面する政治的条件に着目したものである．

　しかし，政治的機会構造論の従来の議論にはいくつかの問題点がある．その中でも最も大きな問題点は，独立変数である政治的機会構造と従属変数である社会運動の発生とをつなぐメカニズムの考察が不十分なことである．このことは政治的機会構造論と親和性の高い社会運動のイベント分析にも影響を及ぼしている．

　メカニズムを考察するうえで，最も有効な方法が数理モデルによる定式化である．本章では，ゲーム理論に基づく数理モデルを用いて分析することで，社会運動の政治的発生条件を導出する．そうすることで，政治的機会構造がどのような影響を及ぼすために社会運動が発生するのかを明確に示すことができる．

　さらに，モデルから得られた命題に基づいて，先進民主主義諸国における社会運動の発生数についてのデータを用いて実証的な分析を行う．数理モデルを用いて導出された命題は明確な形式をもつので，ポイントを絞ってデータと照

---

[1] 社会運動を行うかどうかの意思決定を行う段階の主体について検討するため，ここでは挑戦者と表現する．なお，挑戦者は個々の運動参加者ではなく組織などの団体行為者（corporate actor）である．

合することができる.

7.2 社会運動の発生と政治的機会構造

7.2.1 政治的機会構造論とその問題点

政治的機会構造とは,簡単にいえば,挑戦者にとって自らの要求が実現できる程度を規定する政治的条件である[2].挑戦者は何らかの要求があり,それを実現するために社会運動を行うと考えられる[3].そのため運動を行っても要求を実現できる可能性が小さいならば,他の手段を用いたり要求活動を行わなかったりするであろう.

こうした社会運動などの要求活動が成功する可能性は政治的要因によるところが大きい.なぜなら,挑戦者が取り組む問題の多くは運動の活動だけで解決できるものではなく,政治体による政策などによって解決されるものだからである.そして,政治体の政策に影響を及ぼすのが,選挙制度や議会制度などのフォーマルな制度や,政治的エリート間の権力構造,あるいは挑戦者が政策決定過程に参加できる程度などである.これらの政治的要因は政治的機会構造を構成する要素である.政治的機会構造論はこうした様々な政治的要因が社会運動の発生に対してどのように影響を及ぼすのかについての研究を蓄積させてきた[4].

しかし,これまでの政治的機会構造論の諸研究は,それぞれの政治的要因と運動発生との共変関係についての議論に終始し,どのように運動の発生に至るのかというメカニズムの検討が不十分であった.その弊害として,政治的機会

---

2 最も代表的な定義である Tarrow (1994) によれば,政治的機会構造とは,「成功や失敗に関する人々の期待に影響を及ぼすことによって,人々が集合行為に着手するための誘因を提供する政治的環境の一貫した次元」である (Tarrow 1994: 85).

3 もちろん,すべての社会運動がこうした特徴をもつわけではない.自助組織的な運動は必ずしも明確な要求実現を目指していないし,政治と関わる部分も小さいだろう.そのため,本章の議論は政策や法案に対しての運動など政治との関わりが大きい運動に限定される.

4 政治的機会構造論の研究動向については,Tarrow (1988), McAdam (1996), 成・角 (1998) などを参照されたい.なお,政治的機会構造論は政治的機会構造を独立変数として社会運動の発生を説明する研究ばかりでなく,社会運動が政治的機会構造に与えるインパクトの研究なども多くみられる.

構造と運動の発生との関連をめぐる分析結果が錯綜していることを挙げられる．

従来の研究から，政治的機会構造が社会運動の発生に及ぼす影響について，(1)政治的機会構造が開放的（挑戦者にとって有利）なほど社会運動は発生する，(2)閉鎖的（挑戦者にとって不利）なほど運動は発生する，(3)非常に開放的あるいは非常に閉鎖的なときには運動は発生せず，中程度に開放的なとき発生する，という3つの知見が得られている[5]．しかし，これらの仮説はともすれば恣意的な解釈という批判を免れない．例えば，政治的機会構造が閉鎖的であれば運動は失敗しやすいのであまり発生しないとも解釈できるし，閉鎖的な状況を打開するには運動をするしかないのでむしろ運動は発生しやすいとも解釈できる．

こうした問題を解決するには，どの仮説がより有力な説明力をもつのかや，どういった条件でどの仮説が適合するのかといった考察を行わなければならない[6]．その際には，行為原理を明確にし，演繹的な議論を進めていくことで，どのような条件で政治的機会構造がどう影響するのかというメカニズムを特定することが重要である．

具体的には次の3点の問題に分けられる．第1に，政治的機会構造を構成するとされる各々の政治的要因がどのように関連しているのかが不明確である．従来の議論では複数の政治的要因が政治的機会構造として指摘されてきた．しかし，これらの要因が社会運動に対して独立に影響を及ぼすのか，それとも相互に関連しあって影響を及ぼすのかについてあまり検討がなされていない（山本・渡辺 2001）．

第2に，行為者の行為原理を明確に定めたうえで議論を行っているわけではない．社会運動と政治的機会構造との関連を探る際，2つの中心的な行為者が考えられる．それは社会運動を行う主体である挑戦者と運動の成功／失敗に関わる政策を決定する政治体である．これらの行為者の行為原理を明確にしなければ，政治的機会構造が社会運動の発生に影響を及ぼすメカニズムを明示することができない．

第3に，挑戦者と政治体との相互作用関係を十分に扱っていない．両者は互いの行為を考慮に入れて自身の行為を決定すると考えられる．挑戦者が成功の

---

[5] 開放的なほど発生が多いという説の代表例として McAdam（1982），閉鎖的なほど発生が多いという説の代表例として Kitschelt（1986），逆U字的な関係であるという説の代表例として Eisinger（1973）がある．

[6] 山本（2002）は，期待効用モデルを用いてこれら3つの仮説の論理構造を明らかにした．

可能性に基づいて社会運動を行うかどうかを決定するならば，その鍵を握る政治体の政策決定は考慮の対象となる．また，政治体にとっても挑戦者による反対が大きいのであれば十分に政策を遂行できない可能性がある．そのため，挑戦者が運動を行うかどうかは考慮の対象となる．こうした両者の相互作用関係を取り入れて分析する必要がある．

ところで，上記の政治的機会構造論の理論的問題は社会運動のイベント分析にも影響を及ぼしている．社会運動のイベント分析とは，集会やデモといった社会運動の個々の活動について，新聞記事などの記録資料から体系的な方法でデータを収集し，それを計量的に分析する方法である[7]．政治的機会構造のようなマクロな変数の効果を確認するのに，その社会全体での運動発生数を計量的に分析することは有効な方法である．そのため両者は相互に影響を及ぼしつつ発展してきた．

しかしそうであるがゆえに，先に述べたような政治的機会構造論の問題点はイベント分析にも影を落としている．例えば，明確な仮説が得られないため探索的な分析に終始したり，複数の政治的要因間の関連を明確にしないまま個々の変数と運動発生数との関連が問われていたりする問題がみられる[8]．したがって，政治的機会構造論の問題点に取り組むことは，従来の分析の見直しや新たな分析視角の提供などによってイベント分析の問題点の解消にもつながりうる．

7.2.2 数理モデルを用いた定式化の意義

このような政治的機会構造論の問題点を解決するために最も有効な方法が数理モデルを用いた定式化である．数理モデルを用いるメリットは，論理一貫性を重視し推論の過程を明確にすることで，日常言語による推論に伴うあいまいさを排除することである（木村 2000：222）．特に，数理モデルによる定式化によって仮定が明確になり，仮定から命題を演繹するプロセスを明示化すること

---

[7] 社会運動のイベント分析を用いた研究は枚挙にいとまがない．その中でも代表的なものとして，Shorter and Tilly（1974），McAdam（1982），Tarrow（1989），Kriesi et al（1995），Rucht et al eds.（1999）を挙げておく．また，レビュー論文として Olzak（1989）がある．

[8] ここではイベント分析を理論的命題と経験的データとを照合するために用いる立場から問題点を指摘している．一方で，イベント分析をデータに基づいて歴史的な解釈を行うために用いる立場もある．これについては Tarrow（1999）などを参照されたい．

ができる（木村 2000：223）．

　先に述べた政治的機会構造論の問題点を克服するために数理モデルを用いることで，挑戦者および政治体の行為原理の仮定を明確に定め，そのうえで政治的機会構造を構成する個々の政治的要因がどのような影響を及ぼすのかを明示した議論を展開することができる．そのことによって複数の政治的要因間の関係もまた明確になるだろう．ある要因が社会運動の発生に及ぼす影響は，別な要因が特定の条件を満たしている場合に限られるかもしれない．こうした要因間の交互作用効果を析出できる可能性もある．

　また，数理モデルを用いて導出された命題は明確な形式をもつ．そのため実証研究と接合する際にも，どこをポイントにすればよいのかが明確である．このことは，先にとりあげた社会運動のイベント分析の問題点の解決につながる．政治的機会構造としてとりあげる要因とその影響が明確になることで，どのような情報を収集し，どういった分析方法を用いれば有益な実証分析ができるのかが明らかとなる[9]．

　本章では数理モデルを用いて政治的機会構造が社会運動の発生に及ぼす影響を分析することで，これらの点について検討していく．

7.3　政治的機会構造の分析枠組

　一般に政治的機会構造は複数の政治的要因から構成されるものとして捉えられている（Tarrow 1988; McAdam 1996 など）．そして，これまでの研究では様々なものが政治的機会構造の構成要素としてとりあげられてきた．本章では，その中でも政治体と支持基盤との関係をとりあげる[10]．以下，図7-1をもとに本章における政治的機会構造の分析枠組を検討しよう．

　多くの場合，社会運動による要求が実現されるかどうかは政治体の政策と深い関わりがある．ここで，政治体は選挙での再選という目的を達成するために

---

[9]　ただし，モデルとの照合に適したデータが得られるかどうかという問題点は残される．本章においても，モデルから導出した命題とデータが適切に対応しているとはいえない点が課題として残される．

[10]　例えば，挑戦者が政治システムにアクセスできる程度，政治的エリート間の関係の安定性，挑戦者と政治的エリートとの同盟関係，国家による社会運動の弾圧の程度などが挙げられている．本章でとりあげる政治体と支持基盤との関係は，政治的エリート間の関係の安定性と，挑戦者と政治的エリートとの同盟関係に関わるものである．

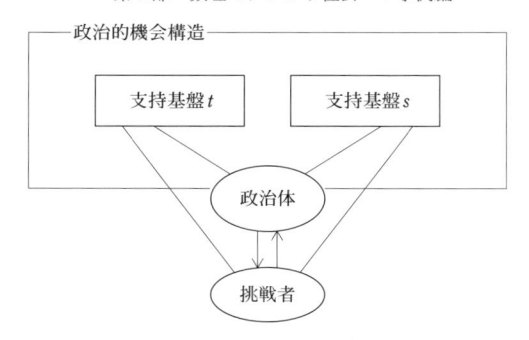

図7-1 政治的機会構造の構成

最適な政策を選択するものとする．この目的を達成するには確固たる支持基盤をもつことが重要である．政治体は自らの支持基盤の利益に沿うような政策を行うことによって，次の選挙においても自らの支持基盤を動員でき，再選の可能性を高めることができる．

図7-1の上部はこうした政治体と支持基盤との関係を表している．支持基盤がsとtの2つに分かれているのは，ある社会問題に対して異なる利害をもつ支持基盤が存在することを表している[11]．政治体はどちらの支持基盤とも関係をもつが，その強さには違いがある．政治体とどちらか一方の支持基盤との間に強い関係がみられるならば，その支持基盤は政策決定過程に大きな影響力をもつ．それに対して，政治体がどちらの支持基盤とも同程度の強さの関係にあるならば，どちらの支持基盤も同程度に政策決定過程に影響を及ぼすことができる．

これに加えて，政治体は社会運動を行おうとする挑戦者へも対処しなければならない．支持基盤の利益に沿うように政策を決定したとしても，社会運動による反対を受けることで政策を十分に遂行できないことが考えられる．そのため，社会運動の要求活動をも考慮に入れたうえで最適な政策を決定する．

一方で挑戦者は，自らの要求が実現することを目的とし，目的達成に寄与するのであれば社会運動を行うものとする．政治体による政策決定は，挑戦者の要求の実現可能性に影響を及ぼす．そのため，挑戦者の側でも政治体を考慮し

---

[11] 実際にはある問題に対して利害は多様であり，2つに集約するとは限らないが，議論を単純化するためにここでは2つだとする．

た意思決定がなされる．このように政治体と挑戦者との間には相互作用関係がある．これは図7-1では挑戦者と政治体との双方向の矢印で示している．

また，社会運動を行う挑戦者が複数であることも考えられる．その場合，当該の挑戦者は他の挑戦者が運動を行って成功する可能性も考慮に入れる．なぜなら，他の挑戦者によって要求が実現するのであれば運動を行う必要がないからである．このように当該の挑戦者は他の挑戦者の運動への参加もふまえて，自らが運動を行うことによる成功の可能性を考慮して意思決定を行う[12]．

挑戦者に対する政治的機会構造の影響について検討しよう．先に述べたように，挑戦者による要求が実現する可能性は政治体の政策決定の影響を受ける．ただし，政治体の政策決定は政治体と支持基盤との関係によって規定される．したがって，挑戦者にとって有利な政策がとられるかどうかは，政治体と支持基盤との関係が挑戦者にとって有利なものかどうかによる．

挑戦者が政治体の支持基盤と利害を同じくする場合，政治体と支持基盤との関係が強い方が挑戦者自身の利害にかなう政策が採用される可能性が大きい．このとき政治的機会構造は開放的（挑戦者にとって有利）だといえる．それに対して，挑戦者と利害を異にする支持基盤と政治体との関係が強ければ，挑戦者自身の利害に反する政策が採用される可能性が大きい．このとき政治的機会構造は閉鎖的（挑戦者にとって不利）だといえる．

図7-1において挑戦者と支持基盤との間が線で結ばれているのは，両者に利害の異同についての関係があることを表している．このように，政治体がどのような支持基盤と関係をもつかは挑戦者にも影響を及ぼすものと考えられる．

具体例をもとに考えよう．一般に左派政党と労働組合には密接な関係があるといわれる．仮に社会運動を行おうとする挑戦者が左派的な政権に直面している場合，その挑戦者の利害が労働組合と一致するのであれば自らの利害に沿った政策が決定されやすいため，政治的機会構造は開放的だと考えられる．これに対して挑戦者と労働組合との利害が対立する場合，自らの利害に反した政策が決定されやすいため，政治的機会構造は閉鎖的だと考えられる．

---

12 他の挑戦者も当該の挑戦者と同じように政治体と相互作用し，かつ，自らが運動を行うことによる成功の可能性を考慮して意思決定していると考えられる．しかし，こうした他の挑戦者の意思決定までも組み込むとモデルが非常に複雑になってしまい分析が困難である．そのため，ここでの議論では当該の挑戦者は他の挑戦者が運動を行っていることを所与として意思決定を行うものと考える．

以上のように，本章では政治体と支持基盤との関係が挑戦者にとって有利であるかどうか（関係の形態）と，政治体と特定の支持基盤との関係がどの程度強いか（関係の強度）を政治的機会構造の構成要素としてとりあげる．これらは政治体の政策決定に影響を及ぼし，ひいては政治体と相互作用関係にある挑戦者の意思決定にも影響を及ぼす．

さて，ここまでで政治的機会構造の分析枠組を構築した．これをどのように数学的に表現し，そこから命題を導出することができるのだろうか．これまでの議論で鍵となるのは挑戦者と政治体との相互作用関係である．行為者間の相互作用関係を明確に分析する方法として，ゲーム理論に基づいた数理モデルを構築することが考えられる．そのため次節では，この枠組みをもとにゲーム理論的モデルを構築し，社会運動の発生条件について分析していく．

7.4　ゲーム理論的モデルによる分析

7.4.1　モデルの仮定

前節で検討した政治的機会構造の分析枠組をもとに，ゲーム理論に基づく数理モデルを構築していく．モデルは次の仮定からなる．

仮定1：ゲームのプレイヤーは挑戦者と政治体である．両者とも合理的な行為者である．すなわち，自らの期待利得を最大化するように行為の選択を行う．

仮定2：政治体には2種のタイプ s, t があり，s は挑戦者と利害を異にする支持基盤 s に依拠し，t は挑戦者と利害を同じくする支持基盤 t に依拠している．

仮定3：挑戦者は政治体のタイプがわからず，それに対して信念を形成する．ここで挑戦者による政治体のタイプが s である確率を p, 政治体のタイプが s だという挑戦者の信念を p' とする．p と p' はともに確率で，$0 \leq p \leq 1$, $0 \leq p' \leq 1$ である[13]．挑戦者は運動を「行う」と「行わない」の2つの選択肢から選択する．その際，信念 p' と各選択肢を選択した

結果として得られる利得をもとに合理的に意思決定を行う．

仮定3について若干の補足をしよう．挑戦者は社会運動を行うかどうかの意思決定に直面している．その際，政治体が自分たちの要求を受容する政策をとるかどうかを考慮に入れる．仮定2で述べたように，ある社会問題に対して異なる利害をもつ支持基盤 s と t があり，政治体はそのどちらかに依拠している．しかし，挑戦者は政治体がどのような支持基盤との関係があるのかについて確実にはわからないものとする．そのため，挑戦者は選択に先だって自分が対峙する政治体がどのタイプであるのかについて信念（政治体のタイプについての主観確率）を形成する[13]．そして信念と利得をもとに期待利得を計算し，それをもとに社会運動を行うか，行わないかの選択を行う．

> **仮定4**：政治体は政策 S と T のいずれかを選択する．政策 S は支持基盤 s にとって有利な政策（同時に挑戦者にとって不利な政策）であるのに対して，政策 T は支持基盤 t にとって有利な政策（同時に挑戦者にとっても有利な政策）である．

> **仮定5**：政治体のとった政策は必ず成功するわけではない．政策 S は挑戦者と利害が対立するため，運動によって政策遂行が阻止される可能性がある．ある問題に対して複数の挑戦者が社会運動を行うものとする．このとき，意思決定に直面している当該の挑戦者が参加したときに政策 S を阻止する確率（運動が成功する確率）を q_1，他の挑戦者のみで政策 S を阻止する確率を q_2 とする[14]．当該の挑戦者が参加したほうが運動の成功確率は大きいものとする（$0 \leq q_2 \leq q_1 \leq 1$）．なお，ここでは対抗運動は起きないものとし，挑戦者の利害に沿う政策 T は阻止される可能性がないものとする．

---

[13] 政治体のタイプが s だと挑戦者が確信している場合は $p'=1$ となり，t だと確信している場合は $p'=0$ となる．

[14] この確率は挑戦者が保有する資源量だと考えることもできる．なぜなら，資源を大量に動員できる挑戦者ほど成功する可能性が大きいと考えられるからである．この観点から命題を導出することも可能であるが，本章では行わない．

仮定 6：挑戦者と政治体の利得について表7-1のように設定する．

なお，政治体 s の利得について $H_s > H_t > L_s$ とする．また，政治体 t の利得について $h_t > h_s > l_s$ とする．これらは，どちらのタイプであっても政策の成功の方が失敗よりも高い報酬が得られることを表している．そして，政治体 s にとっては支持基盤 s からの報酬の方が大きいことを，また，政治体 t にとっては支持基盤 t からの報酬の方が大きいことを表している．つまり，それぞれ政治体が依拠する支持基盤との関係がより重要なのである．

ゲームは次のように進行する．挑戦者は政治体のタイプがわからないが，それに対して信念を形成し，期待利得を計算して，運動を行うかどうかの選択を行う．政治体のタイプが s であるという挑戦者の信念は p' である．当該の挑戦者が社会運動を行うとき，政治体 s が政策 S を選択するには，$(1-q_1)H_s + q_1 L_s > H_t$ であり，このとき，$q_1 < \dfrac{H_s - H_t}{H_s - L_s}$ である．一方，政治体 s が政策 T を選択するとき，$q_1 \geq \dfrac{H_s - H_t}{H_s - L_s}$ である．なお，$(1-q_1)h_s + q_1 l_s < h_t$ なので，政治体 t は q_1 に関わらず政策 T を選択する．

当該の挑戦者が運動を行わないとき，政治体 s が政策 S を選択するには，$(1-q_2)H_s + q_2 L_s > H_t$ であり，このとき，$q_2 < \dfrac{H_s - H_t}{H_s - L_s}$ である．一方，政治体 s が政策 T を選択するときには，$q_2 \geq \dfrac{H_s - H_t}{H_s - L_s}$ である．なお，$(1-q_2)h_s + q_2 l_s$

表7-1 挑戦者，政治体の利得

行為者	パラメータ	パラメータの意味
挑戦者	V	要求実現による利益
	C	運動を行うことによるコスト
政治体 s	H_s	政策 S が成功したときに支持基盤 s から得る報酬
	L_s	政策 S が失敗したときに支持基盤 s から得る報酬
	H_t	政策 T を行ったときに支持基盤 t から得る報酬
政治体 t	h_s	政策 S が成功したときに支持基盤 s から得る報酬
	l_s	政策 S が失敗したときに支持基盤 s から得る報酬
	h_t	政策 T を行ったときに支持基盤 t から得る報酬

$>h_t$ なので,政治体 t は q_2 に関わらず政策 T を選択する.

以上の仮定より,ここで構築するモデルは不完備情報ゲームである.不完備情報ゲームとは,ゲームのプレイヤーの少なくとも1人は他のプレイヤーの利得関数について不十分な情報しかもっていないゲームである[15].ここでのモデルに即して解説しよう.政治体は支持基盤 s と t のどちらかに依拠している.そして政治体の利得関数は依拠する支持基盤によって異なる.しかしながら,挑戦者は政治体がどちらの支持基盤に依拠しているのかというタイプがわからない.したがって,挑戦者は政治体の利得関数についてもわからない.

不完備情報ゲームにおける均衡として基本的なものは完全ベイジアン均衡である.完全ベイジアン均衡の基本的な発想は次のようなものである.プレイヤーは信念と戦略をもち,自分の手番において自分の信念とその後の他のプレイヤーの戦略を所与として最適な行動を選択する.なお,プレイヤーの信念は均衡戦略と観察される他のプレイヤーの戦略をもとにベイズの公式にしたがって形成される(Gibbons 1992=1995: 177-180).

ここでは完全ベイジアン均衡のうち挑戦者が社会運動を行うという戦略をとるもののみを掲載する.計算過程およびその他の均衡解については省略する.

社会運動の発生条件(完全ベイジアン均衡)

(a) $q_1 < \dfrac{H_s - H_t}{H_s - L_s}$, $q_2 < \dfrac{H_s - H_t}{H_s - L_s}$ のとき,

挑戦者の戦略:社会運動を行う

挑戦者の信念:$p' = p\left(\geq \dfrac{1}{q_1 - q_2} \cdot \dfrac{C}{V} \right)$ 　　　　(7.1)

政治体 s の戦略:政策 S を採用する

政治体 t の戦略:政策 T を採用する

(b) $q_1 \geq \dfrac{H_s - H_t}{H_s - L_s}$, $q_2 < \dfrac{H_s - H_t}{H_s - L_s}$ のとき,

挑戦者の戦略:社会運動を行う

挑戦者の信念:$p' = p\left(\geq \dfrac{1}{1 - q_2} \cdot \dfrac{C}{V} \right)$ 　　　　(7.2)

---

[15] 不完備情報ゲームおよび完全ベイジアン均衡については,ギボンズ(1992=1995:第3,第4章),岡田(1996:第5章),中山(1997:第7章),武藤(2001:第Ⅳ章)などを参照されたい.

政治体 s の戦略：挑戦者が社会運動を行うとき，政策 T を採用する
　　　　　　　　　　挑戦者が社会運動を行わないとき，政策 S を採用する
　政治体 t の戦略：政策 T を採用する

(c) 　$q_1 \geq \dfrac{H_s - H_t}{H_s - L_s}$, $q_2 \geq \dfrac{H_s - H_t}{H_s - L_s}$ のとき，

挑戦者は社会運動を行わない

7.4.2　モデルからの考察

　第3節にて政治的機会構造の分析枠組を検討した際，本章では政治体と支持基盤との関係の形態と強度を取り上げることとした．そこで，モデルから導出された均衡解をこの2点から検討していく．

　まず，関係の形態について検討しよう．挑戦者と利害を異にする支持基盤に依拠する政治体を s，利害を同じくする支持基盤に依拠する政治体を t とした．モデルから導出した社会運動の発生条件からは，いずれも政治体のタイプが s であるという信念 p' が大きいほど，運動が発生する条件を満たす蓋然性が大きいことがわかる（(7.1)式および(7.2)式参照）．政治的機会構造の開放性／閉鎖性という表現を用いるならば，政治的機会構造が閉鎖的であるほど運動は発生しやすいといえる．挑戦者にとって有利な政治体 t であれば，政治体が挑戦者に有利な政策を行うので，コストを勘案すると運動を行う必要がない．

　次に，政治体と支持基盤との関係の強度について検討しよう．モデルの分析から，社会運動の発生条件は政治体 s の利得からなる $\dfrac{H_s - H_t}{H_s - L_s}$ という値に依存する．ここで，この値を X^* とする．

　X^* は H_s と L_s が大きいほど大きく，H_t が大きいほど小さい．すなわち，政治体 s にとって支持基盤 s の報酬が大きいほど X^* は大きく，支持基盤 t の報酬が大きいほど X^* は小さい．また，分母の $H_s - L_s$ が小さいほど X^* は大きい．$H_s - L_s$ が小さいということは政策 s の成功時と失敗時での報酬の差が小さく，政治体 s と支持基盤 s との関係が安定しているということができる．これらのことから，X^* は政治体 s と支持基盤 s との関係の強度を表しており，X^* が大きいほど挑戦者に不利な関係が強いといえる．

　社会運動の発生条件は X^* と，q_1, q_2 との大小関係によって変化する．ここでは q_1, q_2 が一定だとして，X^* の変化と社会運動の発生との関係を検討して

第7章 社会運動の発生と政治的機会構造

```
(c)              (b)                    (a)
─────────┐  ┌─────────────────────┐  ┌──────────── X*
         └──┘                     └──┘
発生せず  q₂   発生する             q₁   発生する
              (発生する蓋然性が大きい)
```

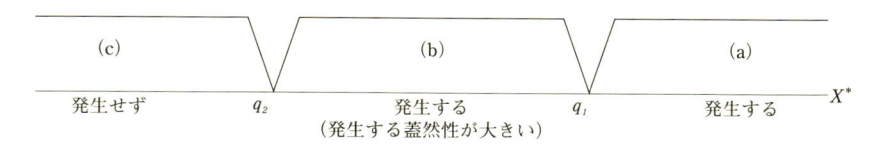

図7-2 政治体と支持基盤との関係の強度と社会運動の発生

いく（同時に**図7-2**を参照のこと）。

まず，X^* が一定の基準より小さく，(c) $q_1 \geq X^*$，$q_2 \geq X^*$ のとき社会運動は発生しない．一定の基準を超えると（(a) および (b)；$q_2 < X^*$），運動が発生する可能性がある．信念が満たすべき条件式（7.1）と（7.2）の右辺を比較すると，式（7.2）の方が小さい．ゆえに，(b) の条件の方が信念 p' のとりうる範囲が大きいので社会運動が発生する蓋然性は大きい．

以上から，挑戦者にとって不利な政治体と支持基盤との関係の強度が社会運動の発生に及ぼす影響は非線形的であることがわかる．挑戦者にとって不利な政治体と支持基盤との関係が弱ければ運動は発生しない．両者の関係が一定の基準を超えて強いときに運動は発生しうる．しかし，両者の関係がさらに強くなると運動が発生する蓋然性は小さくなる．

ここで政治体と支持基盤との関係の形態と強度という2つの要因の影響を総合して考察しよう．挑戦者にとって不利な政治体と支持基盤との関係の強度が一定の基準よりも弱い関係（(c) $q_1 \geq X^*$，$q_2 \geq X^*$）であれば，挑戦者が政治体のタイプについてどのような信念を持とうとも社会運動は発生しない．それに対して，両者の関係が一定の基準よりも強ければ（(a) および (b)；$X^* \geq q_2$），社会運動は発生しうる．このときは政治体が s であり，自らに不利な政治体と支持基盤との関係だという挑戦者の信念が一定の基準より大きいと運動は発生しうる（(7.1) 式および (7.2) 式参照）．ただし，挑戦者に不利な政治体と支持基盤との関係が過度に強くなると（(a) $q_1 < X^*$，$q_2 < X^*$），かえって運動が発生する蓋然性は小さくなる．

このように挑戦者の信念は，自らにとって不利な政治体と支持基盤との関係が一定程度強いという条件のもとで社会運動の発生に影響を及ぼす．このことから2つの政治的要因は相互に関連しあって社会運動の発生に影響する．

命題：挑戦者にとって不利な政治体と支持基盤との関係（政治体 s）だとい

う挑戦者の信念が大きい方が，社会運動が発生する蓋然性は大きい．もっとも，これは挑戦者にとって不利な政治体と支持基盤との関係の強度に依存する．両者の関係が弱いものであれば運動は発生しない．両者の関係が一定の基準よりも強いと運動が発生しうるが，過度に強いとかえって運動が発生する蓋然性は小さい．

7.5　国際比較データによる分析

冒頭で述べたとおり，政治的機会構造論と社会運動のイベント分析は親和的な関係にある．そこで第4節のモデルから得られた命題に基づいてイベント分析を行うことで，社会運動の発生条件についてさらなる検討を進めよう．

本章では政治体と支持基盤との関係に着目して政治的機会構造を検討してきた．こうした両者の関係について言及できるのは民主主義が成熟した諸国である．そこで，先進民主主義諸国間の社会運動の発生数について比較分析を行うこととする．

7.5.1　予測の導出

まずはゲーム理論的モデルの分析によって得られた命題から，実際に先進民主主義諸国の比較分析ができるように予測を導出する．

政治体の支持基盤として代表的なものに利益団体が考えられる．政治体と利益団体との関係に焦点を合わせる研究領域にネオ・コーポラティズム研究がある．ネオ・コーポラティズムとは，簡単にいえば，頂上団体とよばれる一部の利益団体と政治体との間に強い関係があり，そうした関係を軸に政治が運営されていることを表した概念である．

もっとも，ネオ・コーポラティズムが具体的にどのような特徴を持つのかについては様々な見解がある．ここでは代表的な2つの見解について触れておく．

第1に，ネオ・コーポラティズムを利益媒介のシステムと捉える見解である (Schmitter 1974; 1981 など)．ここでポイントとなるのは利益団体の集約度である．シュミッター (Schmitter 1974; 1981) はネオ・コーポラティズムを代表的な少数の利益団体が政府と協調するシステムと捉えている．そのため，同種の利益団体が多数存在するよりも少数の団体に集約されている方がネオ・コーポラティ

ズムの程度が高い．

　第2に，ネオ・コーポラティズムを利益団体の政策過程への介入度と捉える見解である (Lehmbruch 1977 など)．こちらは政府と利益団体との関係を重視する．そして，実際に各国の政策形成過程において利益団体が介入できるほどネオ・コーポラティズムの程度が高いとされる．

　これら2つの見解はそれぞれ，第4節までに検討した政治的機会構造を構成する2つの政治的要因と対応する．まず，利益団体の集約度は政治体のタイプを表す．利益団体が少数の団体に集約されているということは，少数の利益団体が多くの挑戦者の利益を代表する存在だと考えられる．したがって，政治体と集約された利益団体との関係は多くの挑戦者にとって有利なものである．本章のモデルに即するならば，多くの挑戦者にとって政治体はタイプ t である．

　これに対して，利益団体の政策介入の程度は政治体と利益団体との関係の強度を表す．利益団体が政策決定へ介入できるということは，それだけ政治体との関係が強いといえる．

　前節のモデル分析から得られた命題をもとに，これら2つのネオ・コーポラティズムが社会運動の発生にどのような影響を及ぼすのかについての予測を導出しよう．まず，政治体のタイプを表す変数は利益団体の集約度であり，これが低いほど社会運動が発生する蓋然性が大きいと考えられる[16]．しかし，政治体と利益団体との関係が弱い場合には政治体のタイプに関わらず運動は発生しない．両者の関係がある程度強いときに運動は発生しうるが，過度に強いときには運動が発生する蓋然性は小さい．これを表す変数は利益団体の政策介入の程度である．このように2つの要因は相互に関連しあって社会運動の発生に影響を及ぼす．

　予測：利益団体の集約度が低いときに社会運動が発生する蓋然性は大きい．しかし，これは利益団体の政策介入の程度に依存する．政策介入の程度が低いときには運動は発生しない．政策介入が一定程度高いときに運動が発生しうるが，過度に高いときには運動が発生する蓋然性は小さい．

---

[16] モデルでは，政治体のタイプが s であるという挑戦者の信念が重要であり，実体としての政治体のタイプが問題なのではない．挑戦者の信念を測定するのは困難であるが，実体としての政治体のタイプと挑戦者の抱く信念との関連は大きいものと考えられる．そのため，本章では実体としての政治体のタイプと運動発生との関連を検討する．

7.5.2 変数の操作化

残念ながら，現在のところ先進民主主義諸国の社会運動発生数を分析することが可能なデータを手に入れることは難しい．数少ない一つに，World Handbook of Political and Social Indicators というデータセットがある（Taylor and Jodice 1983）．これは世界136ヶ国の様々な社会指標および政治指標を収集したものであり，その中に1948～77年までの政治的抗議の発生数がある．このうち1970～77年の先進民主主義諸国18ヶ国における人口1000万人あたりのデモと暴動の発生数をここでの分析の従属変数として用いる[17]．

なお，これまでの議論では社会運動が発生する蓋然性の程度について議論してきた．政治的機会構造と社会運動の発生数の集計量というマクロな関係に着目すると，個々の挑戦者の信念（モデルにおける p'）や運動による問題解決の確率（モデルにおける q_1, q_2）についてはわからない．しかし，蓋然性が大きい条件にあるということは，その条件にある多数の挑戦者のうち実際に社会運動を行う者が多いと読み替えることができる．そこで，本章では社会運動の発生数が多いことをもって運動が発生していると判断する．

独立変数のネオ・コーポラティズムについてはノラートによる各国の分類に従っている（Nollert 1995）．ノラートはシュミッターおよびレームブルッフの議論に基づきながらもそれに修正を加えて，先に述べたネオ・コーポラティズムの2つの見解のそれぞれについて，各国を3段階（低・中・高）に分類している．本章ではこれを参考にし，利益団体の集約度については低／中・高に分類する．利益団体の政策介入の程度についてはモデルの考察でふれた非線形の関係をみるため3値のまま分析に用いる[18]．

7.5.3 データとの照合

図7-3は，分析対象である18ヶ国を利益団体の集約度と政策介入の程度で分

---

[17] Lijphart（1984）によると戦後一貫して民主主義であった国は21ヶ国である．ここでは独立変数についてのデータを入手できなかったアイスランド，イスラエル，ルクセンブルクを除いた18カ国について分析する．

[18] Nollert（1995）ではネオ・コーポラティズムの2つの見解から1次元の尺度を構成している．それに対して，本章では理論的考察から得られた政治的要因間の組み合わせの効果を確認するために，2つの見解を峻別して分析を行う．

類し，1970～77年の人口1000万人あたりの運動発生数の順位の平均を求めたものである（順位は少ない国から順である）．順位を用いるのは発生数が極端に多い国があるため，分布が顕著に歪んでいるためである[19]（各国の発生数については付録参照）．

図7-3から，利益団体の政策介入度が中程度で利益団体による集約度が低い国々で社会運動の発生が多いことがわかる．それに次いで，利益団体の政策介入度と利益団体による集約度がともに低い国々でも運動の発生が多いことがみてとれる．これらに比べると，他のカテゴリーはおしなべて社会運動の発生数が少ないといえるだろう．

先の議論から，利益団体の集約度が低いほど社会運動の発生が多いという予測が導かれた．これについてはデータ全体をみた場合には支持される[20]．集約度の低い条件と高い条件でマン・ホイトニー（Mann-Whitney）検定[21]を行うと，

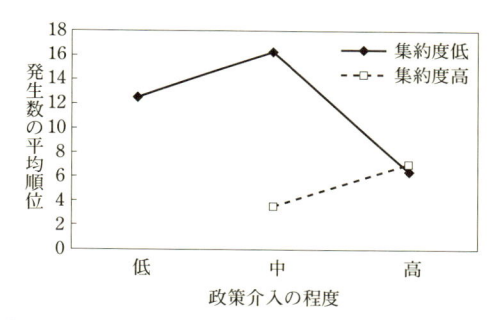

※ 利益団体の政策介入の程度が低く，利益団体の集約度が高いカテゴリーには該当国がない．
※ 順位は発生数が少ない国の順である．

図7-3　利益団体の集約度および政策介入の程度による社会運動の発生数 (平均順位)

19　運動発生数が極端に多い国はイギリスとアイルランドである（付録参照）．これらの国は北アイルランド紛争のために突出した値をとっている可能性は否めない．
20　政策介入の程度が高い条件では，集約度による発生数の平均順位の差はみられない．政策介入度が高く集約度が低いカテゴリーに属するのは日本とスイスである（付録参照）．このうち日本は他の集約度が低い国々と比べて著しく社会運動の発生数が少なく，このカテゴリーの運動発生数の平均順位を引き上げている．そのため，ここでは日本の値が特殊であると判断し，全体としては集約度が低い方が高いよりも運動発生数が多いと結論づける．日本の発生数が少ないことについては別途検討が必要である．
21　Mann-Whitney 検定とはノンパラメトリック検定の1つである．これは2つの条件における中央値（分布の全体的位置）を比較する際に用いられる．本章のデータのように分布に歪みがみられ，平均値の差を検定するのに問題がある場合に用いられる（森・吉田 1990：204-208）．

両者には差がみられる（$U=10.0$；漸近有意確率.008）．

　もっとも，予測では利益団体の政策介入がある程度高いという条件を伴っていた．これについては予測が適合せず，先に述べたように政策介入が低い国々でも運動発生が多くみられる．政策介入を低と中・高に分け，Mann-Whitney 検定を行っても両者に差は確認できない（$U=17.0$；漸近有意確率.127）．

　さらに，政治体と利益団体との関係の強度は運動の発生に非線形的な影響を及ぼすと予測した．これについては利益団体の集約度が低いときに確認することができる．しかしモデルからの命題をふまえれば，関係が弱いときよりも関係が過度に強いときの方が社会運動の発生が多いと考えられる．図7-3からは関係が弱いときの方が発生数が多いので，やはり予測は支持されない．

　以上から，数理モデルによる考察から敷衍した本章の予測はデータと照合した結果，あまり適合的ではない．特に政治体と利益団体との関係の強度についてはデータから予測が支持されない．

　このことについてはいくつかの理由が考えられる．第1に，政治体と利益団体との関係が，モデルにおける（c）の条件（$q_1 \geq X^*$, $q_2 \geq X^*$）を満たすほど弱い状態というのは現実的ではなく，そのため政治体と利益団体との関係が弱くても社会運動が多く発生したのかもしれない．（c）の条件を満たすということは，見方を変えると社会運動の成功確率が高いということである．社会運動の成功確率を推定することはできないが，ほとんどの社会運動が高い確率で成功する社会状態は考えにくい．

　第2に，ここでとりあげた利益団体の政策介入度が，モデルから得られた指標 X^* を的確に表していないことが考えられる．利益団体の集約度についてもこの可能性はある．本章ではモデルから導出された命題を敷衍して実証的な分析における変数を導いた．しかし，両者の概念上の距離がやや大きいため，的確な検証を行ったとは言いがたい．X^* について直接的な指標を得るためには政治体 s の利得を測定しなければならないがそれは困難である．そのため，特定の団体からの集票量，政治献金など測定可能な近似する概念をもとに X^* の指標化を検討しなければならない．

7.6　結語：数理モデルによる分析の成果と課題

　本章ではまず，従来の研究で看過されがちであった政治的機会構造が社会運

動の発生に及ぼす影響のメカニズムを，行為原理を明確にし，ゲーム理論に基づく数理モデルを構築し，演繹的な議論を進めていくことで明示した．

一連の分析から次の命題が得られた．挑戦者にとって不利な政治体と支持基盤との関係がみられるときの方が，社会運動が発生する蓋然性は大きい．もっとも，両者の関係が挑戦者にとって不利であっても，弱いものであれば運動は発生しない．両者の関係が強くなると運動が発生しうるが，過度に強くなるとかえって運動が発生する蓋然性は小さくなる．

このように，複数の政治的要因（政治体と支持基盤との関係の形態と強度）が相互に関連しあって社会運動の発生に影響を及ぼすことは，従来の議論ではあまり示されてこなかった．しかし，複数の政治的要因からなる政治的機会構造の影響を捉えるうえでは，要因間の関係を考慮に入れることは重要である．その際，数理モデルを用いることによって，要因間の関係を加味した複雑な命題を明確な形式で導出することができる．

また本章では，ゲーム理論的モデルから得られた命題をもとに，先進民主主義諸国における社会運動の発生についてのデータを用いて実証的な分析を行った．その結果，政治体と支持基盤との関係が挑戦者にとって不利であるほど社会運動が発生することは確認できたが，両者の関係の強度についての予測は支持されなかった．

そのため，本章における議論には修正の余地がある．数理モデルの構築に際して仮定を明確にしているので，修正する場合にも，どの仮定をどのように修正したのかを明確にすることができる．

社会運動の発生という現象をより適切に説明するモデルにするためには，モデルを修正し，そこから得られた命題を再びデータと照合して，必要ならばさらなるモデルの修正を行わなければならない．こうした理論的検討とそれに基づいた実証分析との往復は社会運動の発生という現象を理解する場合にも欠かせない作業である．

【文献】

Eisinger, P. K., 1973, "The Conditions of Protest Behaviour in American Cities," *American Political Science Review* 67: 11-28.
Gibbons, R., 1992, *Game Theory for Applied Economists*, Princeton: Princeton University Press.

(=1995, 福岡正夫・須田伸一訳『経済学のためのゲーム理論入門』創文社.)

木村邦博, 2000,「数理のめがねで社会を見る」今田高俊編『社会学研究法 リアリティの捉え方』有斐閣: 210-229.

Kitschelt, H., 1986, "Political Opportunity Structures and Political Protest: Anti-Nuclear Movements in Four Democracies," *British Journal of Political Science* 16: 57-85.

Kriesi, H., R. Koopmans, J. W. Dyvendak and M. G. Giugni, 1995, *New Social Movements in Western Europe: A Comparative Analysis*, Minneapolis: University of Minnesota Press.

Lehmbruch, G., 1977, "Liberal Corporatism and Party Government," *Comparative Political Studies* 10: 91-126.

Lijphart, A., 1984, *Democracies: Patterns of Majoritarian and Consensus Government in Twenty-One Countries*, New Heaven: Yale University Press.

McAdam, D., 1982, *Political Process and the Development of Black Insurgency, 1930-1970*, Chicago: University of Chicago Press.

―――, 1996, "Conceptual Origins, Current Problems, Future Directions," D. McAdam, J. D. McCarthy, and M. N. Zald (eds.), *Comparative Perspectives on Social Movements: Political Opportunities, Mobilizing Structures, and Cultural Framings*, Cambridge: Cambridge University Press, 23-40.

武藤滋夫, 2001,『ゲーム理論入門』日本経済新聞社.

森敏昭・吉田寿夫（編), 1990,『心理学のためのデータ解析テクニカルブック』北大路書房.

中山幹夫, 1997,『はじめてのゲーム理論』有斐閣.

Nollert, M., 1995, "Neocorporatism and Political Protest in the Western Democracies: A Cross-National Analysis," J. C. Jenkins and B. Klandermans (eds.), *The Politics of Social Protest: Comparative Perspectives on States and Social Movements*, London: UCL Press, 138-166.

岡田章, 1996,『ゲーム理論』有斐閣.

Olzak, S., 1989, "Analysis of Events in the Study of Collective Action," *Annual Review of Sociology* 15: 119-141.

Rucht, D., R. Koopmans, and F. Neidhardt (eds.), 1999, *Act of Dissent: New Developments in the Study of Protest*, Boston: Rowman & Littelefield.

Schmitter, P. C., 1974, "Still the Century of Corporatism?" P. C. Schmitter and G. Lehmbruch (eds.), *Trends Toward Corporatist Intermediation*, London: Sage: 7-52.（=1984, 辻中豊訳「いまもなおコーポラティズムの世紀なのか？」山口定監訳『現代コーポラティズム』木鐸社: 23-100.）

―――, 1981, "Interest Intermediation and Regime Governability in Contemporary Western Europe and North America," S. Berger (ed.) *Organizing Interests in Western Europe: Pluralism, Corporatism, and the Transformation of Politics*, Cambridge: Cambridge University Press, 287-330.

Shorter, E. and C. Tilly, 1974, *Strikes in France 1830-1968*, Cambridge: Cambridge University Press.

成元哲・角一典, 1998,「政治的機会構造の理論射程：社会運動を取り巻く政治環境はどこまで操作化できるのか」『ソシオロゴス』22：102-121.

第7章 社会運動の発生と政治的機会構造

Tarrow, S., 1988, "National Politics and Collective Action: Recent Theory and Research in Western Europe and the United States," *Annual Review of Sociology* 14: 421-440.
―――, 1989, *Democracy and Disorder: Protest and Politics in Italy, 1965-75*, Oxford: Clarendon Press.
―――, 1994, *Power in Movements: Collective Action and Politics*, Cambridge: Cambridge University Press.
―――, 1999, "Studying Contentious Politics: From Event-full History to Cycles of Collective Action," D. Rucht, R. Koopmans and F. Neidhardt (eds.), *Acts of Dissent: New Developments in the Study of Protest*, Boston: Rowman & Littelefield, 33-65.
Taylor, C. L. and D. A. Jodice, 1983, *World Handbook of Political and Social Indicators*, 3rd ed., Vol. 2, New Heaven: Yale University Press.
山本英弘，2002，「政治的機会構造論再考：期待効用モデルによる考察」『社会学年報』31：139-157．
―――・渡辺勉，2001，「社会運動の動態と政治的機会構造：宮城県における社会運動イベントの計量分析，1986-1997」『社会学評論』52(1)：147-162．

【付録】 政治的機会構造と社会運動の発生

政策介入の程度	低			中			高	
利益団体の集約度	低		高	低		高	低	高
	国　発生数	国　発生数	国　発生数	国　発生数	国　発生数	国　発生数	国　発生数	
	AUL 29.7(13)	― ―	FRA 43.7(14)	BEL 8.2(3)	JPN 4.3(1)	AUT 13.3(7)		
	CAN 21.7(9)		IRE 283.9(18)	FIN 6.4(2)	SWI 24.8(12)	DEN 17.9(8)		
	ITA 45.0(15)		UK 138.7(17)	GER 12.5(6)		NET 11.9(5)		
	NZ 23.6(10)					NOR 10.1(4)		
	USA 47.1(16)					SWE 24.6(11)		
平均	33.4		155.4	9.0	14.6	15.6		
標準偏差	11.9		120.9	3.1	7.3	5.8		

(注1) 各国の略称はAUL（オーストラリア），AUT（オーストリア），BEL（ベルギー），CAN（カナダ），DEN（デンマーク），FIN（フィンランド），FRA（フランス），GER（西ドイツ），IRE（アイルランド），ITA（イタリア），JPN（日本），NET（オランダ），NZ（ニュージーランド），NOR（ノルウェー），SWE（スウェーデン），SWI（スイス），UK（イギリス），USA（アメリカ合衆国）である．
(注2) 利益団体の政策介入の程度が低く，利益団体の集約度が高いカテゴリーには該当国がない．
(注3) 発生数の（ ）内は発生数が少ない国からの順位である．

第8章 共同体でもなく原子化された個人でもなく
―― 社会的ジレンマにおけるゲームのリンケージと社会関係資本

長谷川計二

8.1 コミュニティにおける協力行動

8.1.1 2つの調査

　近畿地方のある市で以前におこなった2つの調査の結果からこの章を始めることにしよう．そのまちは最初の調査時において10年間人口増加率日本一を記録していた典型的な大都市近郊のベッドタウンである[1]．
　この2つの調査はそれぞれまったく別の目的で行われたものだが，そこでは次のようなことが明らかにされている．

> （調査A）生ごみ自家処理の実行度や粉石けんの使用度は，農村地区の方が新興住宅地区よりも有意に高い（高畑 1997）．
> （調査B）公民館や市民センター等の登録団体で活動している比率は，人口1000人当たりで見ると農村地区が50人前後であるのに対し新興住宅地区では20人程度であった．また農村地区では市民センター開設にあたって活動団体登録の勧誘がセンター側から積極的におこなわれていた（長谷川 2002）．

1　いずれの調査も兵庫県三田市で行われた．最初の調査（調査A）は同市在住の20歳以上70歳未満の男女1500人を対象として1996年11月に留置回収法で実施された（回収率84.5％）．2つ目の調査（調査B）では，三田市の公民館や市民センター等に登録している304団体を対象に2001年8月から10月にかけて団体メンバーないしは代表者にインタビューを行った（実施率75.7％）．

8.1.2 社会的ジレンマと社会関係

さて，ごみ処理や粉石けんの利用にかんする問題は，社会的ジレンマ (social dilemma) の典型的な問題のひとつである[2]．

生ごみの自家処理であれ粉石けんの利用であれ，そのためにはいくばくかの手間と努力が必要とされる．しかし，ごみ問題や水汚染を緩和ないし解決するためにみずからそうした手間を負担する必要は必ずしもない．一人ひとりにとって，手間をかけて生ごみの自家処理をしたり粉石けんを利用するよりも，他者の努力をあてにしてその結果に「ただ乗り」することが合理的な選択となるからである．しかし多くの人々がそのように行動することによって，ごみや水汚染の問題が社会問題として顕在化することになる．

2つ目の調査結果は，農村地区において依然として伝統的な共同体規制が，さらにはそれに付随して人々の行動や社会関係のあり方を一定程度方向づける社会的な規範が潜在していることのひとつの現れとみなすことができるだろう．他方，新興住宅地区における参加率の低さは逆に，一般により多くの自由と選択の可能性をもちながらも，少なくとも現住地においては「根無し草」と形容するしかないような希薄な社会関係が一般的であることを示しているのかもしれない．

これら2つの調査結果ははたしてどのように結びつくのだろうか．生ごみの自家処理や粉石けんの使用といった社会的ジレンマにおける協力行動と人々が社会において取り結んでいる社会関係のありようとの間にはどのような関連を想定することができるのだろうか．以下で探求するのはこのような課題である．

8.2 社会関係資本とゲームのリンケージ

8.2.1 市民的積極参加のネットワーク

さて，こうした課題を考える上での手がかりのひとつにパットナムによる社

---

[2] 社会的ジレンマとは「個別合理性と社会的合理性の乖離」，つまり社会を構成する行為主体の各々がそれぞれ個別に合理的な選択・行動を行うことにより，社会的あるいは集合的に望ましくない結果をもたらす事態をさす．社会的ジレンマに関するレビューには Messick & Brewer (1983)，Yamagishi (1995)，Kollock (1998) などがある．

会関係資本にかんする研究がある（Putnam 1993）．彼によれば，1970年代にほぼ同様の自治権を与えられて出発した20の地方政府が，1990年代にはそのパフォーマンスに大きな違いが見られるようになったという．政治的・経済的パフォーマンスの高い北イタリアでは，合唱団やサッカーチーム，観鳥会，ロータリークラブなどへの参加が盛んであり，また社会的・政治的ネットワークは水平的である．地域住民は地域のできごとに関心を持ち，相互に信頼しあっており，満足感も高い．他方，政治的・経済的パフォーマンスの低い地域では，人々の生活はヒエラルヒー的に組織され市民団体への参加も乏しい．また，公共的なできごとに関心が乏しく，堕落と腐敗は当然のことと思われている（Putnam 1993: 115；訳137-138）．

こうした違いをもたらしたのは，両地域に伝統的に形成されてきた「社会関係資本」（social capital）の豊富さである[3]．

社会関係資本とは，通常の資本とは異なり，人と人との社会関係によって生み出される「資本」であり，「市民的な積極参加のネットワークは……近隣集団や合唱団，協同組合，スポーツ・クラブと大衆政党などのように活発な水平的交流を表す……社会［関係］資本の本質的な形態である」（Putnam 1993: 173; 訳215，ただし［ ］内は引用者による挿入）．

こうした「市民的積極参加のネットワーク」は，機会主義的な行動の潜在的なコストを高めるとともに「評判のネットワーク」を形成することにより互酬性の規範などの行動規範を強化する．そしてその結果として協力的な行動が促進されることになるのである．（Putnam 1993: 174；訳216）．このように，社会関係資本は，地域社会で暮らす人々の間の長期的な社会関係を前提として，社会的ジレンマの事態における協力的な行動を生み出すひとつの源泉になりうる．

8.2.2 繰り返し囚人のジレンマにおける戦略と協力の進化

さて，こうした社会関係資本が協力的な行動を促進するためには，人々の間に長期的な社会関係が結ばれていることが前提となる．さらに，非協力的な行動に対する適切なサンクションが用意されていなければならない．これらは繰り返し囚人のジレンマゲームによって表現することができる．

社会的ジレンマでは，一般に囚人のジレンマ（実際にはそれを拡張した N 人囚人

---

[3] 社会関係資本については Coleman（1990: chap 12）も参照のこと．

のジレンマ）がモデルとしてよく用いられる．このゲームには支配戦略が存在し，行為主体の各々が支配戦略を取りあう結果としてパレートの意味で最適でない社会状態が実現する．一回限りの囚人のジレンマでは非協力が支配戦略であり，行為主体の合理性を前提とする限り，社会的に最適な相互協力の状態は（論理的には）達成できない．しかし，このゲームが繰り返される場合には相互協力の状態が均衡として実現する場合がある（フォークの定理）．そのような状況におかれた行為主体は，その時々の選択にあたって目前の短期的な利益だけでなく長期的な利益も考慮せざるをえない．関係の継続によって生じる「将来の影 shadow of future」(Axelrod 1984: 174) が選択に影響しその「影」がある程度大きければ，相互協力状態が（エゴイストの間でも）実現されうるのである．

　こうした相互協力の状態は，戦略的な考慮によってさらに強化される．たとえば，「しっぺ返し」(Tit-For-Tat) 戦略（TFT戦略）やそれを徹底したトリガー (Triger) 戦略，あるいは相手との関係を断ち切ることまでも含めた Out-For-Tat 戦略（OFT戦略；林 1993）などの戦略である．TFT戦略は，相手の協力に対しては協力で応え非協力に対しては非協力で応える戦略であり，トリガー戦略は相手が一度でも非協力的な選択をした場合には，それ以降ずっと非協力的選択で応えるという戦略である．また，OFT戦略は相手が非協力的な選択をしない限り協力を続け，いったん相手が非協力を選択したならば即座に関係を断ち切るという戦略である．OFT戦略を採用した場合，非協力的な行動は次回から相手として選ばれなくなるということを意味し，したがってそのような行動は利得を増やすことはできない．他方，協力的な行動は次回も相手から選ばれる可能性を高める．それゆえ，「相手を選んだり，現在の相手との関係を断ち切ったりすることができる選択的プレイ状況では，特定の2人の間に強固なコミットメント関係が形成され，その中では互いに全面的に協力し合うようになる」(山岸 1998：117) のである．

8.2.3 「水利ゲーム」と「共同体ゲーム」のリンケージ

　こうした議論を念頭におき以下では，社会的ジレンマにおける協力行動を促進する要因として，社会関係資本と繰り返し囚人のジレンマゲームにおける戦略という2つの要因を想定することにしよう．つまり，人々の間に存在する（水平的な）社会関係のネットワークが社会関係資本を形成することで，そしてさらにそれがOFT戦略をはじめとする戦略的な対応によって支えられること

で協力的行動が促進されると考えるのである．

社会関係資本は別の目的を達成するための資源あるいは源泉にもなりうる．社会関係をめぐるゲームに参加することによって得られる利益として社会関係資本をとらえれば，このゲームで蓄積された社会関係資本が別のゲーム（社会的ジレンマ）における協力誘因の不足を補うことにより，客観的には事態が社会的ジレンマであるとしても結果において協力行動が支配的であるような状況を考えることができる．

以下では，青木昌彦（青木 2001；Aoki 2001）による「水利ゲーム」と「共同体ゲーム」を連結したゲームをもとに，異なるゲーム間のリンケージによる社会的ジレンマ解決の可能性を見てみよう．

いま行為主体を取り巻くある社会的文脈が存在し，それを制約条件として意思決定を行っている状況を考える．たとえば，「村八分」という慣習はそうした社会的制約条件の一つであり，何らかの重大なルール違反を行ったものに対して火事と葬式以外は一切の交際を拒否するというシステムである．これは集団全体をひとりのプレイヤーとみなした場合のOFT戦略でもある．

さて，N 人（戸）からなるある農村では，毎年春に水利システムの清掃などの維持・管理作業が行われる．その作業では，村人はそれぞれ労力 C_i を提供することが求められている．全員が参加すれば水利システムは十分に機能を発揮し，その結果，それぞれ B_i の便益を得ることができる．もし作業に参加しなかった村人がいれば1人につき d_i だけ水利システムから得られる便益が減少する（m 人が費用を負担し $N-m$ 人が費用を負担しなかった場合の便益は $B_i-(N-m)d_i$ で表されるものとする）が，作業に参加しなかった村人もその便益から排除されることはない．したがって，$C_i>d_i$ かつ $C_i<Nd_i$ が成り立っていれば，水利ゲームは社会的ジレンマであり，この作業に参加しない誘因が存在する．それゆえ誰も作業に参加しないという状態，したがって水利システムの維持・管理ができないという状態が実現することになる[4]．

---

4 いま m 人が協力している（労力を提供している）ときの協力者の利得を $C(m)$，非協力者の利得を $D(m)$ で表すことにすれば，$C(m)$，$D(m)$ はそれぞれ以下の式で表現することができる．
$$C(m)=B_i-(N-m)d_i-C_i$$
$$D(m)=B_i-(N-m)d_i$$
これらの式から $C(m)<D(m-1)$（非協力が支配戦略），$C(N)>D(0)$（非協力均衡のパレート劣位性）となる条件を求めればよい．

さてもう一方のゲームである「共同体ゲーム」では，近所づきあいをはじめとしてさまざまな相互扶助のためのコスト C_S を負担しなければならないが，n 人がそれに参加しているときには $B_s(n)$ の便益を得ることができる．しかし，この村では水利ゲームに参加しなかったものは付き合いを拒否されるので，もし水利ゲームに参加しなければ翌年以降，毎年 $B_s(n)-C_S$ の便益を失うことになる．いま将来便益の割引因子を $\delta(0<\delta\leq1)$ とすれば，水利ゲームに参加しなかったことによって翌年に失われる便益は $\delta(B_s(n)-C_S)$ で表すことができる．いったん水利ゲームに不参加であった農民は永久に「共同体ゲーム」から排除されるので，$B_s(n)$ を n についての非減少関数と仮定すれば，水利ゲーム不参加によって失われる便益を次式で表すことができる．

$$B_{sc}=\frac{\delta}{1-\delta}(B_s(N)-C_S) \tag{8.1}$$

これは「共同体ゲーム」に参加することによってはじめて得られる便益であり，その意味で共同体ゲーム参加者がもつ社会関係資本とみなすことができる（青木 2001：54）．この場合，$C_S<B_{sc}$ つまり $C_S<\delta B_s(N)$ である限り，共同体ゲームから逸脱する誘因は存在しない．

他方，水利ゲームに参加しないことによって節約されるコストは C_i+C_S であるのに対して，その結果失われる便益は，「水利ゲーム」における利得の減少分 d_i と翌年の「共同体ゲーム」から失われる便益 $\delta B_s(N)$ を合計したものになる．したがって，$C_i+C_S<d_i+\delta B_s(N)$，つまり $C_i<d_i+(\delta B_s(N)-C_S)$ が成り立てば，ゲームのどの時点においても「水利ゲーム」において不参加を選択する誘因が存在しない．

以上を **図8-1** によって見てみよう．水利システムの維持管理にかかわるコスト C_i は，当該社会の技術水準等によって定まると考えれば，それがどの点に

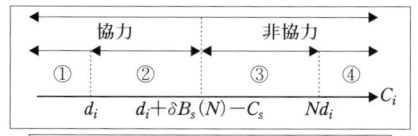

```
┌─────────────────────────────────────────┐
│         協力          │       非協力      │
│   ①    │    ②       │    ③    │   ④    │
│────────┼─────────────┼──────────┼────→ C_i
│        d_i  d_i+δB_s(N)-C_s   Nd_i      │
└─────────────────────────────────────────┘
```

①協力均衡　（パレート最適）・リンケージ無効
②協力均衡　（パレート劣位）・リンケージ有効
③非協力均衡(パレート劣位)・リンケージ無効
④非協力均衡(パレート最適)・リンケージ無効

図8-1　ゲームのリンケージ

位置するかによってこの図から「水利ゲーム」と「共同体ゲーム」をリンクさせることの効果を見ることができる．

協力的な行動が選択されるのは，図8-1の領域①と領域②であるが，領域①ではそもそも $d_i > C_i$ でありゲームのリンケージが存在しなくとも非協力的な行動の誘因が存在しない．これに対して領域②は「水利ゲーム」が「共同体ゲーム」とリンクされることによってはじめて協力的行動が選択される領域である．つまり，この領域では「水利ゲーム」において不参加を選択する誘因があったとしても，それが「共同体ゲーム」と連結されることによって抑制されることになるのである．

他方，領域③と領域④では $d_i < C_i$ であり，非協力的な行動を選択する誘因が存在している．領域③では「水利ゲーム」とリンクされた「共同体ゲーム」における「余剰」（$\delta B_S(N) - C_S$）が非協力の誘因を下回っているため，これら2つのゲームをリンクさせても協力行動が選択されることはない．すなわち，ゲームのリンケージが効果をもたない領域である．領域④では，非協力的行動の誘因が存在する一方で，そうした行動による均衡状態は社会的により大きな便益をもたらすのでもはや社会的ジレンマではない．

このように「水利ゲーム」の客観的な構造が社会的ジレンマであったとしても，そのゲームが「共同体ゲーム」と連結されることにより，「水利ゲーム」における協力が達成される場合がある．そしてそれを可能にしているのが「共同体ゲーム」において形成される社会関係資本である．

8.3　社会関係のネットワークと社会関係資本

8.3.1　イシュー・リンケージとプレイヤー・リンケージ

水利システムの維持・管理に貢献しなかったことによって失われる相互扶助の便益は，そうした社会関係を保つことによってはじめて得ることのできる便益である．それは「ただ乗り」問題を克服しコミュニティ・メンバーに協調行動を起こさせる社会関係資本であり，水利システムの維持・管理は，短期的な便益を優先せず長期的な関係性の視点のもとで相互扶助システムのコストを支払うこと，つまり社会関係資本への「投資」を通して成り立っていると見ることができる (Ostrom 1995: 127)．

しかしながら8.2.3での議論の前提は,「水利ゲーム」で非協力を選択した村人だけが将来的に排除されること,そしてそうした排除がこれまで実際におこなわれてきたし将来においても同様に実行されるという予想をすべてのプレイヤーが共有していることが前提となる.つまり,このゲームに登場するプレイヤーは「村八分」という規範によって行動がリンクされている必要がある.「水利ゲーム」と「共同体ゲーム」をリンクさせることによって異なるイシューをリンクさせることをイシュー・リンケージ (issue linkage) と呼ぶことにすれば,ここでは,イシュー・リンケージとプレイヤー・リンケージ (player linkage) が同時に存在する場合を扱っていることになる[5].

さらに言えば,ここでのプレイヤー・リンケージは互恵主義的 (multilateralism) なものとして想定されている.というのも,「共同体ゲーム」におけるコスト C_s は共同体全体に対する投資であり,「水利ゲーム」における非協力者が排除された後もこの構図は崩れないからである.

しかし,8.1に登場した新興住宅地のようなところに確固とした共同規範や互恵主義的なプレイヤー・リンケージを期待することは難しい.そこで以下では,このような規範やプレイヤー・リンケージが存在せず,またプレイヤー間の関係が相互主義 (bilateralism) 的である場合,つまり直接の社会関係をもつ相手にのみ投資するという場合を想定し,そのような社会における社会関係資本の定式化とゲームのリンケージ (=イシュー・リンケージ) について考えることにしよう.

8.3.2 ネットワークの構造と社会関係資本

以下では,100人からなる社会を想定し,それぞれが他者と何らかの社会関係を結んでいるという状況を考える.プレイヤーはそれぞれの社会関係を維持することで便益 B_s が得られるとしよう.社会関係を維持するためには一定のコスト(あるいは「投資」)が必要であり,ここではそれを C_s で表す.(8.1)式との関連を保つために,直接的な関係ひとつあたりに必要とされるコストを $\dfrac{C_s}{(N-1)}$ とする.また,社会関係は外部性をもち,間接的に結びついている他者からもなんらかの便益が得られるものと考える.ただし,社会関係が直接的

5　issue likage と player linkage については Lohmann (1997) が参考になる.

な場合と異なり間接的な社会関係はそれを維持するためのコストを必要としないものとする．

いま，直接の関係をもつ他者の人数を n_1 とし，一人の他者を媒介とした間接的な関係をもつ他者の人数を n_2 とする（以下同様）．人々は社会関係が長期的に継続する場合を想定し将来便益を割引因子 δ で評価するものとしよう．また関係が間接的になる程度に応じてその関係から得られる将来便益をより大きく割り引くものとし，4人以下の媒介者を経て（つまり5ステップ以内で）到達できる範囲までを考えることにする．具体的には，任意の他者との間に一人の媒介者が存在する場合は δ^2 で，2人の媒介者がある場合は δ^3 で割り引くことにしよう（以下同様）．

以上の準備から，プレイヤーの社会関係資本 B_{SC} を次式で表す．

$$B_{SC}=\frac{\delta}{1-\delta}(B_S-\frac{1}{N-1}C_S)\cdot n_1+\frac{\delta^2}{1-\delta^2}B_S\cdot n_2+\cdots+\frac{\delta^5}{1-\delta^5}B_S\cdot n_5 \quad (8.2)$$

図8-2は，ネットワークの密度を0.05に固定した上で，密度がその値になるまで100人の中からランダムに2人を選びその間を線分でつないだもの（つまり社会関係を設定したもの）である[6]．この線分の1本1本がプレイヤー間の社会関係を表しており，プレイヤーごとに n_1 から n_5 の値は異なる．

図8-3は，ネットワークの密度と社会関係資本の関係を見たものである．ここでは，$B_S=3$，$C_S=2$（これらの値は以下でも共通）とし，それぞれの密度で20回ネットワークを発生させて得られた計2000個のデータを平均した値を用いている．また図の縦軸は，他者全員と直接的な関係をもつとした場合の社会関係資本（ただし間接的な関係による部分は含めていない）に対する，実際のネットワー

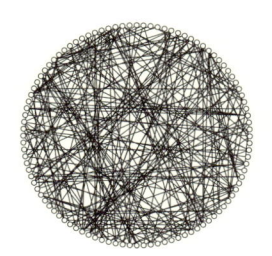

図8-2 社会関係の網（$N=100$, $d=0.05$, $\delta=0.7$）

---

[6] ネットワークの密度は，集団から任意に2人を選んだときにその2人が直接的な関係をもつ確率に対応する．

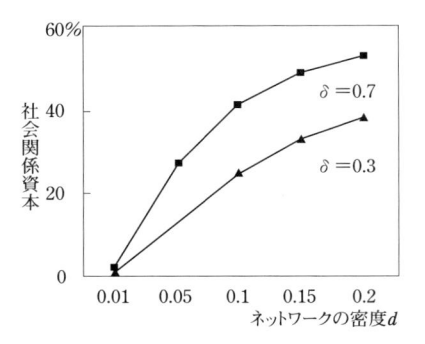

図8-3 ネットワークの密度と社会関係資本

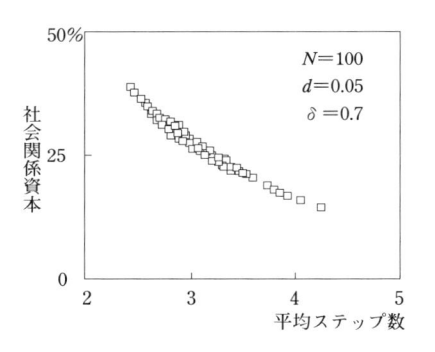

図8-4 平均到達ステップ数と社会関係資本

クにおける社会関係資本の割合である．

　予想されるように，ネットワークの密度が大きくなるにつれ社会関係資本が増加するがその増加率はネットワーク密度が大きくなるほど小さくなる．また割引因子が大きくなるほど社会関係資本も増大する．つまり，社会関係の密度が濃いほど，また長期的な関係性を想定するほど社会関係資本は大きい．

　図8-4は5ステップまでで到達できる他者との関係について，他者に到達するために要するステップ数の平均と社会関係資本の関係を示したものである．ステップ数が大きいほど社会関係資本は小さい．これも当然予想される結果である．

　参考までに，社会関係資本がもっとも豊かなプレイヤーともっとも乏しいプレイヤーとで，1ステップの関係，3ステップの関係，5ステップの関係がど

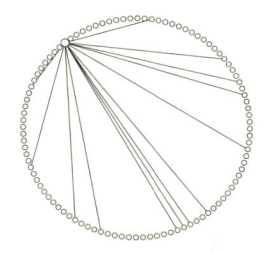

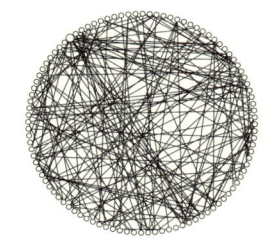

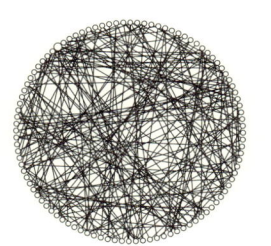

第8章　共同体でもなく原子化された個人でもなく

a　1ステップの関係　　　b　3ステップの関係　　　c　5ステップの関係
図8-5　社会関係資本の最も豊かなノード（$N=100, d=0.05, \delta=0.7$）

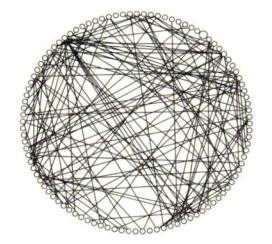

a　1ステップの関係　　　b　3ステップの関係　　　c　5ステップの関係
図8-6　社会関係資本の最も乏しいノード（$N=100, d=0.05, \delta=0.7$）

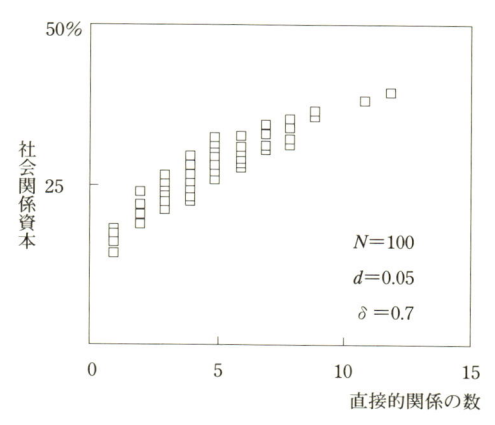

図8-7　1ステップの関係数と社会関係資本

のようになっているかを見たものが**図8-5**, **図8-6**である。社会関係資本の豊かなプレイヤーは直接的な関係を多く持ち、3ステップ目でてかなり多くの他者と結ばれているが、社会関係資本の乏しいプレイヤーは直接的な関係が少なく、その結果として3ステップ目においてもほとんど関係が拡がっていない。

ただし、直接的な関係が社会関係資本を豊かにするための必須の条件というわけでは必ずしもない。**図8-7**は横軸に直接的な関係の数をとり社会関係資本との関連を見たものである。これによれば、直接的な関係の数が同じであっても社会関係資本の大きさには少なからぬ違いがあることがわかる。社会関係資本が豊かであるためには直接的な関係を多く持つことが重要だとしても、その相手が多くの他者と社会関係を結んでいなければ社会関係資本は大きくはならないのである。

8.4 コミュニティの強さ／弱さ

さて以上でここで扱うネットワークの性質について概要が得られたので、次にこのネットワークを前提としてゲームのリンケージの問題を考えよう。リンクされるのは前節でみた「水利ゲーム」と上述したネットワークにおける「社会関係ゲーム」である。

このリンクされたゲームにおいて、プレイヤーは次のように行動するものとしよう。

(1) プレイヤーの持つ社会関係資本が「水利ゲーム」における参加コスト（協力コスト）を上回る限りにおいてプレイヤーはそのゲームで協力を選択する。社会関係資本が「水利ゲーム」のコストを下回る場合は非協力を選択する。前節の議論では、「水利ゲーム」での非協力によって失われる便益 d_i も考慮されていたがここでは、単純に「水利ゲーム」のコストだけを考える。

(2) 社会関係は相互主義的であり、「水利ゲーム」における非協力は当該プレイヤーと直接の社会関係を持つ相手のみによって関係の遮断という形で罰せられる。間接的な関係しか持たないプレイヤーは「水利ゲーム」における非協力者を罰することはできない。

(2)より,「水利ゲーム」で非協力を選択したプレイヤーの社会関係資本は,直接的な関係を持つすべての相手から関係を遮断されることにより結果的にゼロとなる.他方,関係を遮断した当のプレイヤー自身も,そのことによって相手の背後に存在した社会関係から得られる便益を失うことになり結果的に社会関係資本を減少させることになる.

「水利ゲーム」の参加コスト C_i を変化させたとき,「水利ゲーム」での非協力者の割合がどのように変化するかを見たものが図8-8である.実線は,社会関係資本が「水利ゲーム」のコスト C_i より小さいプレイヤーの割合を表している.これはまた,「水利ゲーム」において非協力を選択しその結果,社会関係を遮断されるプレイヤーの割合でもある.また,図中の破線は,初期状態において,横軸に示した数値以下の社会関係資本を持つプレイヤーの割合を表したものである.たとえば「水利ゲーム」のコスト(横軸)が24の場合,初期状態における社会関係資本が24以下であるプレイヤーは23%しかいないが,それにもかかわらずすべてのプレイヤーが社会関係を切断され「水利ゲーム」における非協力を選択しているということをこの図は示している.

「水利ゲーム」のコストよりも社会関係資本が小さいプレイヤーがごく少数の場合には,たんにそのプレイヤーが社会関係から排除されるだけで,全体に対する影響は小さい.しかし,「水利ゲーム」のコストが上昇しある値を超え

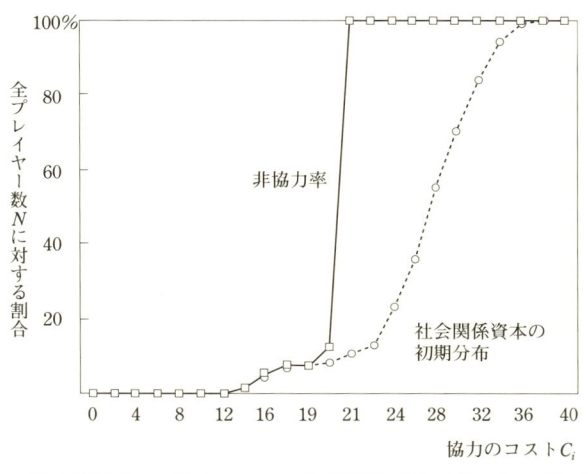

図8-8 社会関係のカタストロフィックな崩壊($N=100, d=0.05, \delta=0.7$)

ると一気に脱落者が増大する．

このシミュレーションでは，社会関係資本が「水利ゲーム」のコストより小さくなったプレイヤーを順に取り除いていくが，そのプレイヤーが除かれることによって，彼／彼女との直接の関係だけでなく取り除かれたプレイヤーを媒介として間接的な関係を結んでいた他のプレイヤーとの関係も同時に断ち切られることなる．「水利ゲーム」での非協力者がある一定のレベルを超えると，非協力者との社会関係を遮断した当のプレイヤー（この時点では彼／彼女は「水利ゲーム」に協力している）自身の社会関係資本が次の段階での「水利ゲーム」のコストを下回り，その結果として「水利ゲーム」において非協力を選択する．そしてそれがまた，次のプレイヤーの社会関係資本を減少させる……．こうした波及の行き着くところは水利システムの崩壊であり，また社会関係の崩壊である．

割引因子 δ の値が0.7のとき，このようなカタストロフィックな現象は C_i が20を超え8名のプレイヤーが取り除かれた時点で生じている．この図には描かれていないが，割引因子の値が0.3の場合（その他の条件は同じ）は，C_i が8を超え9人のプレイヤーが取り除かれた時点で崩壊が生じている．これから読み取れることは次の2点である．すなわちまず第1に，「水利ゲーム」のコストがある一定の範囲にあるとき，割引因子の小さい（長期的視野をもたない）集団は社会関係を維持することができないのに対して，割引因子の大きい（長期的視野をもつ）集団では一定の協力が維持されるということである．つまり，「水利ゲーム」のコストが同一でも，そのゲームが埋め込まれている社会関係のネットワークのありようによって，その帰結はまったく異なる．第2に，これは今回の結果から判断されるというよりもひとつの予想にすぎないが，割引因子の小さいコミュニティの方が割引因子の大きいコミュニティよりも非協力的な行動に対する耐性が高いのではないかという点である．なし崩し的な社会関係の崩壊が生じたのは，割引因子の大きい集団では8名が脱落した場合であったのに対し，割引因子が小さい集団では9名であった．割引因子の値が小さければ間接的にしか結ばれていない他者に由来する社会関係資本の増加分は小さく，その結果としてプレイヤーの脱落による影響も小さいはずである．

比喩的に（そしてかなり強引であることを承知で）いえば，長期的で強い結びつきを持つコミュニティはその内部で蓄積されている社会関係資本を利用して社会的ジレンマの問題を解決する能力が高い，そしてその意味で頑健さをもつ．

これに対して，長期的な関係を想定することがむずかしく弱い結びつきしかもち得ないコミュニティはそのような頑健さは持たないものの，少々の非協力的な行動を許容するだけの耐性があるということもできるのではないだろうか[7]．

8.5 社会的ジレンマにおける「中間集団」の位置

社会的ジレンマは社会において単独で存在しているわけではない．人々は，社会的ジレンマに直面しつつも，たとえば「共同体ゲーム」のような社会的ジレンマとは別のさまざまなゲームを同時におこなっている．この章では2つの調査結果から出発して，生ごみの自家処理や粉石けんの使用など社会的ジレンマにかかわる客観的な構造は残したまま他のゲームとリンクさせることで，社会的ジレンマにおける協力行動と人々の社会関係のありようとの間にある関係について考えてきた．ここで得られたひとつの結論は次のようなものである．すなわち，社会的ジレンマを社会関係のゲームとリンクさせることにより社会的ジレンマが解決される場合がある．調査Aと調査Bとの関連もゲームのリンケージという観点から解釈することもあながち的外れではないだろう．

今後の課題として3点を指摘しておきたい．最初の2つは実践的な関心によるものであり，最後のひとつは理論的な関心にもとづくものである．

まず第1に，社会関係の経験的な把握についてすでに多くの研究蓄積がある．それらの研究の成果をどのように「社会関係ゲーム」として定式化し社会的ジレンマゲームとリンクさせるかが課題になろう．この課題が実践的であるのは，たとえば次のような事例に社会学の立場から応えることが期待されるからである．

大阪府下のあるまちではごみ処理場から排出されるダイオキシンをめぐって公害調停が成立し，その中で「住民の協力を得て一般廃棄物の総量を……50％以下に削減するよう努める」ことが求められている（長谷川 2002）．これは住民みずからが積極的にごみ減量に取り組むことの意思表示でもあったが，現実にはこの目標の達成は当初想定されていたよりもずっと困難である．この問題はこれまで述べてきたゲームのリンケージ，すなわち社会的ジレンマとしての

---

[7] こうした議論はグラノベッターによる「弱い紐帯の強さ」（Granovetter 1973）の議論を想起させるが，いまのところそれとは無関係である．

「ごみ減量ゲーム」と「社会関係ゲーム」のリンケージの問題として捉える必要があるように思う．従来のごみ問題の議論は ここでいう「ごみ減量ゲーム」にのみ着目し，そのゲームが埋め込まれている「社会関係ゲーム」を適切に捉えてこなかったのではないか．

第2に，あるゲームでの非協力により他のゲームにおける社会関係が全面的に断ち切られる（村八分）社会でもなく，また相互主義的な関係が断ち切られることによって結果として社会から孤立させられてしまうような社会でもない，その中間に存在するような社会関係のありようについて実践的かつ理論的な考察を深める必要がある．それは他者との直接的な関係が断ち切られても，それまで間接的につながっていた別の他者との関係が断ち切られないような相互的かつ互恵的な社会関係のあり方を構想することでもある．

そのためには自発的に形成される中間団体の社会的な役割に，社会関係資本の形成という観点から着目していく必要があるように思う．趣味のサークルから社会的な使命をもつNPO・NGOにいたるまで，これらの団体に自発的に参加している人々の社会関係の特質についてより詳細に検討されなければならない．

第3に，社会関係を背後に背負ったプレイヤー同士の相互作用にかんする理論的な検討をあげておく．この章で想定したように，特定の相手と社会関係を取り結ぶということは潜在的にはその相手の背後にある他者との関係も同時に取り込むということでもある．その場合，たとえ2者間の関係が囚人のジレンマであったとしても，そこで非協力を選択することは協力を選択することで得られたかもしれない社会関係資本を失うことでもある．つまり囚人のジレンマで非協力を選択することには機会費用が存在していると考えるのである．これにより，囚人のジレンマにおいてあえて協力を選択することが「結果として」大きな便益をもたらす可能性を想定することができる．

もちろん，多くの他者と社会関係を取り結んでいたとしてもそれがそのまま大きな便益をもたらすとは限らない．それは取り結んでいる社会関係の質に依存するからである．しかし豊かな社会関係資本をもつ相手ほど，提供可能な情報や資源をもつ蓋然性が高いだろう．進化論的な発想とはまったく別の視点から，囚人のジレンマ状況における協力行動を説明する新しい見方を提供しうる可能性がある．

最後に，この章ではネットワーク構造の特性など本来検討されていなければ

ならない論点を扱っていない．その意味で，ひとつの研究というよりも，今後の研究に向けた動機を語ったにすぎない．それでもなおあえて大上段に振りかぶったタイトルをつけたのは，8.4の最後に述べた2つの強さをあわせもつような社会関係のあり方，さらにはそれが醸成されうる社会的土壌について考える出発点にしたいという意図があったからである．そしてその鍵は，これまで必ずしも十分な意味づけが与えられてこなかった趣味のサークルも含めたさまざまな自発的な活動団体においてどのような社会関係が取り結ばれており，またそれがどのような社会関係資本を生み出しているか，そしてそれがどのようなメカニズムで協力行動を促進するのかといった問題を探究する過程の中に潜んでいるのではないかと考えている．

【文献】

青木昌彦，2001，『比較制度分析に向けて』NTT出版．
Aoki, Masahiko, 2001, "Community Norms and Embeddedness: A Game-Theoretic Approach," Aoki, Masahiko and Yujiro Hayami (eds.), 2001, *Communities and Markets in Economic Development*, Oxford: Oxford University Press: 97-125.
Axelrod, Robert, 1984, *Evolution of Cooperation*, New York: Basic Books．(＝1998，松田裕之訳『つきあい方の科学：バクテリアから国際関係まで』ミネルヴァ書房．)
Brewer, Marilynn B. and Roderick M. Kramer, 1986, "Choice Behavior in Social Dilemmas: Effects of Social Identity, Group Size, and Decision Framing," *Journal of Personality and Social Psychology* 50(3): 543-549.
Coleman, James S., 1990, *Foundation of Social Theory*, Cambridge: The Belknap Press of Harvard University Press.
Granovetter, Mark, 1973, "The Strength of Weak ties," *American Journal of Sociology* 78(6): 1360-1380.
長谷川計二，2000，「環境・地域・数理的アプローチ：『生活環境主義』と『地域共同管理論』との対話に向けて」『理論と方法』15(2)：249-60．
───，2002，『市民活動ネットワークに関する基礎的研究』平成14年度三田市地域研究助成報告書．
林直保子，1993，「TIT-FOR-TATからOUT-FOR-TATへ：ネットワーク型囚人のジレンマにおける戦略選手権」『理論と方法』8(1)：19-32．
Kollock, Peter, 1998, "Social Dilemmas: The Anatomy of Cooperation," *Annual Review of Sociology* 24: 183-214.
Lohmann, Susanne, 1997, "Linkage Politics," *Journal of Conflict Resolution* 41(1): 38-67.
Messick, David M. and Marilynn B. Brewer, 1983, "Soving Social Dilemmas: A Review," *Review of Personality and Social Psychology* 4: 11-44.

Ostrom, Elinor, 1995, "Constituting Social Capital and Collective Action," Keohane, Robert O. and Elinor Ostrom (eds.), *Local Commons and Global Interdependence: Heterogineity and Cooperation in Two Domains*, London: Sage, 125-160.

Pahre, Robert, 1994, "Multilateral Cooperation in an Iterated Prisoner's Dilemma," *Journal of Conflict Resolution* 38(2): 326-352.

Putnam, Robert D., 1993, *Making Democracy Work: Civic Traditions in Modern Italy*, Princeton: Princeton University Press.（＝2001，河田潤一訳『哲学する民主主義：伝統と改革の市民的構造』NTT出版.）

高畑由起夫，1997，「三田市民の環境意識」『三田ビジョンに向けて』三田ビジョン研究会：24-36.

Yamagishi, Toshio, 1995, "Social Dilemmas," Karen S. Cook, Gary Alan Fine, and James S. House (eds.), *Sociological Perspectives on Social Psychology*, Boston: Allyn and Bacon: 311-335.

山岸俊男，1998，『信頼の構造：こころと社会の進化ゲーム』東京大学出版会.

第9章 繰り返しゲームによる所得分布の生成

浜田宏

9.1 「お金持ち」は少ない

　世の中には裕福な人もいれば，そうでない人もいる．しかし社会全体で収入の分布がどんな形をしているのか，多くの人は知らないだろう．全体の分布は，年収100万円の人は何%，年収200万円の人は何%，……等のデータを集計すれば把握できる．統計データに基づく経済学の知見によれば，所得分布の形状は，図9-1に示すように左右非対称で右の裾野が長く，最頻値（棒の最も高いところ）が低所得側に位置する，という特徴を持っている．これが，いわば所得分布のカタチだ．その特徴は低所得階層に大部分の人員が集中し，所得が高くなればなるほど，その割合が減ることにある．簡単にいえば，裕福な人は少なく，それに比して中ぐらいの人や裕福でない人はずっと多いのである．過去蓄積した統計データによれば，この傾向は時代や地域（国）の違いに左右されない普遍性を持っている．

　以上に述べた特徴を持つ所得分布は，数学的には「対数正規分布」という確率分布によって近似できる．直感的にいえば，現実のデータから得られた所得の度数分布に，対数正規分布の確率密度関数のグラフを重ねると，よく一致するのである（図9-2）．対数正規分布という概念は多くの読者に馴染みがないかもしれないが，これは統計でよく使われる正規分布の親戚のようなもので，対数（log）をとると正規分布に従う確率変数の分布を意味する．しかしここで一つの疑問がある．なぜ所得分布は対数正規分布によって近似できるのであろうか？　われわれ社会に生きる個人は，社会全体の所得分布がどんな形状をしているかということを知らないし，ましてや，その形状を一定に保とうなどとは考えていない．にもかかわらずデータが示すところによれば，所得分布は普遍

第 2 部　数理モデルから社会へ：事例編

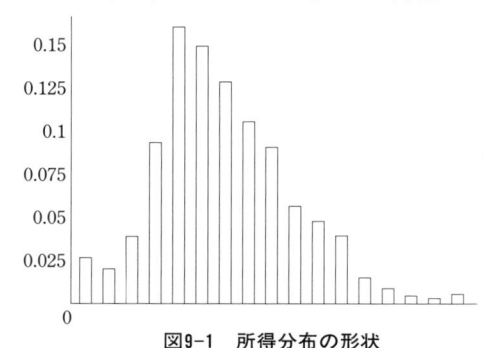

図9-1　所得分布の形状
(縦軸を割合，縦軸を金額として1995年 SSM 調査基礎集計表に基づき男性個人所得をプロットした)

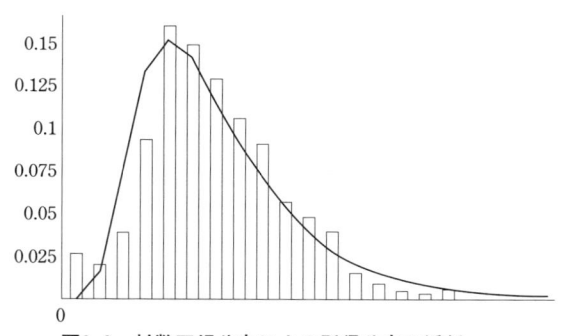

図9-2　対数正規分布による所得分布の近似

的な構造を常に保っているのである．これは不思議なことである．

本章では，対数正規分布に従うことが経験的に知られている所得分布が，個人的行為の集積によって生成される過程を単純なモデルによって定式化することを試みる．すなわち，行為者の合理的選択という「ミクロな水準での行為」と，対数正規分布に従う所得分布という「マクロな水準での社会構造」を論理的飛躍を含まずに接続する，説明的なモデルの構築を目指す[1]．

9.2　ベースライン・モデル：投資ゲーム

複雑な社会現象を数理モデルによって説明するためには，まず現象の骨格と

1　本章は拙稿（浜田 1999；Hamada 2004）をもとにモデルを簡略化しつつ加筆・修正した．

第9章 繰り返しゲームによる所得分布の生成　　189

なるメカニズムを採りだし，それをなるべく単純な公理によって表現し，徐々に現実の現象の複雑さをとりいれる，という手法が有効である[2]．議論の出発点として，以下の公理を想定する．

公理9.1　集団（社会）は N 人からなる

N 人といわれてもピンとこない人は，この N に好きな整数を代入して考えればよい．$N=50$ であれば集団は50人からなる．例えば $N=100$ とおけば集団は100人からなり，後に公理9.5で定義する小文字の n とは意味が異なるので注意する．また公理9.3で定義する添字つきの n_1 とも異なるので注意する．

公理9.2　プレイヤーには2つの選択が与えられる．
・「投資」：可能な利得 B を獲得するためにコスト C を賭ける
・「安全策」：なにもしない
ただし，$B>C>0$．

この公理は集団成員が選択可能な行為の選択肢と，その選択によって得られる純益を示す．プレイヤーの選択した行動によって獲得できる純益が異なり，公理9.2は，その大小を規定する．「投資」を選択して成功した場合，$B-C$ の純益を得る（以下，利得－コスト＝純益という用語を用いる）．「投資」を選択して失敗すればコスト C を失う．「安全策」を選んでなにもしなければ純益はゼロである．ここで B と C は直接に貨幣量に対応しているのではなく，例えば投資成功の純益 $B-C$ はリスキーな仕事に成功して給与が高くなることを，安全策の純益 0 が無難に仕事をこなして給与の変化がないこと，そして投資失敗の純益 $-C$ はリスキーな仕事に手を出したものの失敗し，給与が下がってしまうこと，と解釈する．例えば X 氏は新規開拓の営業に成功し，Y 氏は無難な通常業務のみをこなし，Z 氏は X 氏と同じく新規開拓に挑戦したが，結果的に失敗して契約がとれなかったとしよう．それぞれの結果が給与に反映されたとき，その大小関係が X 氏＞Y 氏＞Z 氏 の順になる状況をモデルは抽象的に表している．

---

[2]　公理とは仮定のことで，特に基礎的な仮定を公理と呼ぶ．

モデル上の純益の関係をまとめておこう．

投資成功時の純益$(B-C)$＞安全策選択時の純益(0)＞投資失敗時の純益$(-C)$．

公理9.3 Bを獲得した人数をn_1とおく．B獲得に失敗した場合Cを失う．「安全策」を選択した場合確率1で0を獲得する．

「投資」を選択した場合は必ずしもBを獲得できるわけではないことに注意する．

公理9.4【行為者の合理性】 行為者は合理的である．すなわち期待純益を最大化するように振る舞う．

これは「投資」を選択した場合の期待純益と「安全策」を選択した場合の期待純益を比較して，期待純益が下回る方の選択をプレイヤーが回避することを意味する．合理性の仮定に関して「いや，われわれ人間は常に合理的であるとは限らない」という反発を感じる読者がいるかもしれない．そのような人は合理性を仮定しないモデルを別に作って，当該の現象が説明できるかどうか試してみるとよい．うまくいったなら合理性を仮定したモデルと仮定しないモデルを比較してみるとよい．

定義9.1【報奨密度γ】 集団におけるB獲得者の割合を報奨密度γと呼ぶ．すなわち報奨密度γは$\frac{n_1}{N}=\gamma$である．

定義9.2【「投資」選択者数】 Cを投資する行為者の数をxで表す．ただしxは集団人数N以上には増加しないから$x \leq N$である．

n_1人以上の行為者がCを投資した場合，投資者x人中の幾人かは期待した利得を獲得できない．ゲームが一度終了した時点で集団がどのような部分集団に分かれるかを表9-1に示す．

さて，「投資」を選択した者は，どのくらいの純益を期待できるだろうか？

第9章 繰り返しゲームによる所得分布の生成

表9-1 部分集団の分類

	行動	人数	獲得純益
投資成功者	C を投資して B を獲得	n_1	$B-C$
投資失敗者	C を投資するが失敗	$x-n_1$	$-C$
安全策選択者	C を投資しない	$N-x$	0

いま,「投資」を選択した者が成功するか失敗するかは,完全にランダムに決まると仮定する.すなわち,「投資」を選択した者にとって,利得 B を獲得する確率は,$\frac{n_1}{x}$ である.そして「投資」を選択した者にとって,低利得を獲得する確率は $\frac{(x-n_1)}{x}$ である.ゆえに「投資」の期待純益は,

$$E_1(x) = 成功純益・成功確率 + 失敗純益・失敗確率 \\ = (B-C)\frac{n_1}{x} + (-C)\frac{x-n_1}{x} \quad (9.1)$$

である.

定義9.3【「投資」の期待純益】「投資」の期待純益を $E_1(x)$ で表す.

一方,「安全策」の期待純益は確率1で0を獲得するのだから,

$$E_2 = 安全策純益・安全策純益獲得確率 \\ = 0 \cdot 1 = 0 \quad (9.2)$$

である.集団人数 N と B 獲得者数 n_1 が最初に決まっているとき,言い換えれば報奨密度 $\gamma = \frac{n_1}{N}$ があらかじめ与えられている場合,何人が「投資」を選択するだろうか? $E_2 \leq E_1(x)$ ならば明らかに行為者は投資を選択するが,かといって x があまりに大きくなると $E_2 > E_1(x)$ となってしまうので,プレイヤー全員が合理的ならば x は $E_2 \leq E_1(x)$ が成立するぎりぎりの値に落ち着くはずである.結局,$E_2 = E_1(x)$ が成立する場合の x の値が投資選択者数の均衡値である.$E_2 = E_1(x)$ を具体的に表せば,

である．これを x^* について解けば，

$$x^* = \frac{B}{C} n_1 \tag{9.3}$$

である．

定義9.4【「投資」選択者数の均衡値】「投資」選択者数の均衡値を x^* で表す．

ここで，利益率 R として次の変数を導入する．

定義9.5【利益率 R】「投資成功の純益をコストで基準化したものを利益率 R であらわす．すなわち R を，

$$R = \frac{B-C}{C}$$

と定義する．

利益率 R は投資成功時の儲かり具合を安全策を基準にして数値化したものである．$R=0.5$ ならば $\frac{B}{C}=1.5$ で，例えば1000円投資して成功したら1500円返ってくる，という意味になる．

R により投資選択者数を示す式 (9.3) は，より簡潔に表現できる．

$$x^* = (R+1) n_1 \tag{9.4}$$

両辺を集団人数 N で割れば，

$$\frac{x^*}{N} = \frac{(R+1) n_1}{N} = (R+1)\gamma$$

だから，「投資」選択者割合は報奨密度 γ の増加関数である．ただし定義で示したとおり x^* は集団人数 N 以上には増加しないから，γ が十分に大きければ集団全員が「投資」を選択する．すなわち，

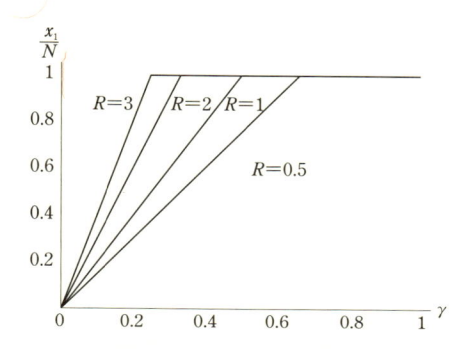

第9章 繰り返しゲームによる所得分布の生成

図9-3 報奨密度 γ と「投資」選択者割合 x^*/N

$$\frac{x^*}{N} = \begin{cases} (R+1)\gamma & 0 \leq \gamma \leq \frac{1}{(R+1)} \text{ のとき} \\ 1 & \frac{1}{(R+1)} < \gamma \leq 1 \text{ のとき} \end{cases}$$

である（図9-3を参照）．これ以降，報奨密度 γ の範囲，$0 \leq \gamma \leq \frac{1}{(R+1)}$ と $\frac{1}{(R+1)} < \gamma \leq 1$ の区分は重要である．$0 \leq \gamma \leq \frac{1}{(R+1)}$ は集団の一部が投資を選択している状況を表し，$\frac{1}{(R+1)} < \gamma \leq 1$ は集団全員が投資を選択している状況を表している．図9-3から分かるように，利益率 R が大きければ，報奨密度 γ が低くても集団全員が投資を選択する．言い換えれば，成功する見込みが小さくても，成功したときの見返りが大きいのであれば，プレイヤーは投資を選択する．

$0 \leq \gamma \leq \frac{1}{(R+1)}$ のとき行為者が結果的に，「投資して成功し高利得を得る」「安全策を選択する」「投資して失敗し低利得を得る」確率をそれぞれ記号 H，M，L を使って表す．

$$H = \frac{n_1}{N}, \quad M = \frac{N - x^*}{N}, \quad L = \frac{x^* - n_1}{N}$$

それぞれ，報奨密度 γ と利益率 R を使って表せば，$H = \gamma$，$M = 1 - \gamma(R$

表9-2 ゲーム終了後の分布

行動	純益	$0 \leq \gamma \leq \dfrac{\gamma}{(R+1)}$		$\dfrac{\gamma}{(R+1)} < \gamma \leq 1$	
		人数	確率	人数	確率
投資して成功	$B-C$	n_1	$H=\gamma$	n_1	$H=\gamma$
安全策を選択	0	$N-x^*$	$M=1-\gamma(R+1)$	0	$M=0$
投資して失敗	$-C$	x^*-n_1	$L=\gamma R$	$N-n_1$	$L=1-\gamma$

$+1)$, $L=\gamma R$ であり, 定義より, $H+M+L=\gamma+1-\gamma(R+1)+\gamma R=1$ となる. 報奨密度 $\dfrac{1}{(R+1)} < \gamma \leq 1$ のときは, $x^*=N$ となり, 全員が投資するから, $H=\gamma$, $M=0$, $L=1-\gamma$ である. 投資ゲーム終了後の分布を**表9-2**に示す.

ここまでの公理・定義によって基本となるユニット(ワンショット・ゲーム)が定義された. 9.3ではこのゲームの繰り返しについて考える.

9.3 ゲームの反復による正規分布の導出

9.3では公理9.1から公理9.4によって規定された投資ゲームが繰り返された場合に, プレイヤーの総獲得純益の分布がどのように変化するのかを分析する.

公理9.5【ゲームの反復】 N人の行為者は投資ゲームをn回繰り返す.

いきなりn回反復という一般的な場合を分析するのは困難なので簡単な例からはじめる. まずゲームの反復回数を$n=2$とおく. 「2」とは, なんともひかえめな数字だなと思う読者もいるかもしれないが, 手計算でモデルの挙動を把握するにはこれくらいの小さい値が適しているのである. コストや利得に特定の数値を代入し計算することで, 繰り返しゲームの具体的なイメージを喚起しておこう. 計算のために,

$$B=2, \quad C=1, \quad R=1 \tag{9.5}$$

と定義する(後に, この数値例は一般化される). 報奨密度として $0 \leq \gamma \leq \dfrac{1}{(R+1)}$

を仮定するとワンショット・ゲームでの結果は三通りに分かれ，投資成功の純益は $B-C=2-1=1$，安全策の純益は 0，投資失敗の純益は $-C=-1$ である．ゲームの樹形図を図9-4に示す．

図9-4から，「1回目，2回目ともに投資に成功する確率」は H^2，「1回目に投資に成功して，2回目に投資に失敗する確率」は HL である，ということがすぐに分かる．ゲームの結果とそれに対応する確率および獲得した純益を表9-3にまとめる．

表9-3によると，例えば「2回とも安全策を選択した」場合の総純益 $(0+0=0)$ と「1回目に成功して，2回目に失敗した」場合の総純益 $(1+(-1)=0)$ ならびに「1回目に失敗して，2回目に成功した」場合の総純益 $(-1+1=0)$ はどれも結果的に等しい．ゆえに「総純益が0になる」確率は，「2回とも安全策を選択する」確率 (M^2) と「1回目に成功して，2回目に失敗する」確率 (HL) と「1回目に失敗して，2回目に成功する」確率 (LH) の合計になる．

$$P(総純益が0になる)=M^2+HL+LH=M^2+2HL$$

このように，獲得純益の分布を知るためには，結果的に同じ純益を獲得する行動をまとめて，それらの確率を足し合わせなければならない．それぞれの純

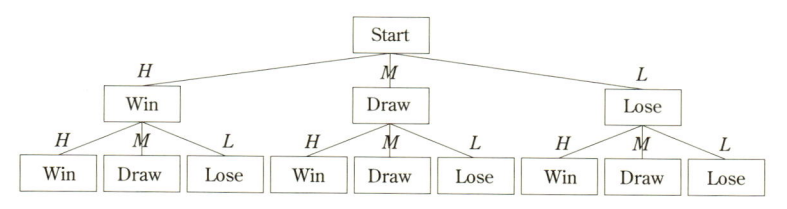

図9-4 $0\leq\gamma\leq\dfrac{1}{(R+1)}$ におけるゲームの樹形図（2回繰り返した場合）．
Win は投資成功，Draw は安全策選択，Lose は投資失敗を表す．

表9-3 ゲーム2回終了後の状況． $0\leq\gamma\leq\dfrac{1}{(R+1)}, B=2, C=1, R=1$

1回目の結果	投資成功			安全策			失敗		
2回目の結果	成功	安全策	失敗	成功	安全策	失敗	成功	安全策	失敗
確率	H^2	HM	HL	MH	M^2	ML	LH	LM	L^2
純益	2	1	0	1	0	-1	0	-1	-2

表9-4 結果的に同量の純益を獲得する確率をまとめた場合のゲーム2回終了後の総獲得純益分布. $0 \leq \gamma \leq \frac{1}{(R+1)}$, $B=2$, $C=1$, $R=1$

総純益	-2	-1	0	1	2
割合（確率）	L^2	$2ML$	M^2+2HL	$2HM$	H^2

益を獲得する確率を**表9-4**にまとめておく．

次に，報奨密度の条件だけ $\frac{1}{(R+1)} < \gamma \leq 1$ に変えると，2回反復ゲームの樹形図は**図9-5**のように変わる．先ほどと同じように，結果的に同じ純益を獲得する確率をまとめると，総純益の分布は**表9-5**となる．

ゲーム3回終了後の分布を得るには，条件として与えられた利益率 R や報奨密度 γ に応じて同じ純益を獲得する確率の項をまとめ，昇順に並べた上で度数分布表を作ればよい．4回後，5回後，…，n 回後も同様であり，煩雑ではあるが時間さえかければ n 回終了後の獲得純益分布を知ることができる．コンピュータを使えばさらに作業は容易になる．ゲーム回数 $n=20$ に固定して数値計算し，その結果として得た分布のプロットを**図9-6**と**図9-7**に示す．**図9-7**において，$\gamma=0.4$ と $\gamma=0.6$ とでは，かなり形状が異なることに注意する．

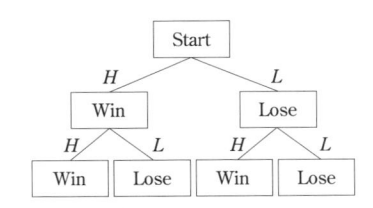

```
                Start
              H /    \ L
            Win      Lose
           H / \ L   H / \ L
         Win  Lose Win  Lose
```

図9-5 $\frac{1}{(R+1)} < \gamma \leq 1$ におけるゲームの樹形図

表9-5 ゲーム2回終了後の総獲得純益分布 (2回繰り返した場合).
$\frac{1}{(R+1)} < \gamma \leq 1$, $B=2$, $C=1$, $R=1$

総純益	-2	0	2
割合（確率）	L^2	$2HL$	H^2

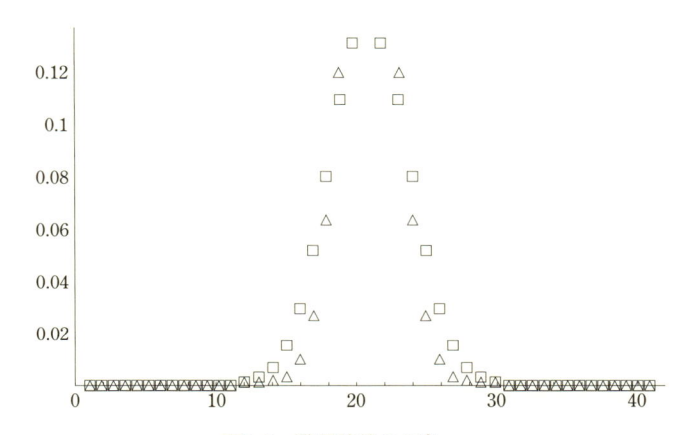

第9章　繰り返しゲームによる所得分布の生成　　　197

図9-6　獲得純益の分布.
$R=1$ として△が $\gamma=0.1$ を，□が $\gamma=0.2$ を示す．

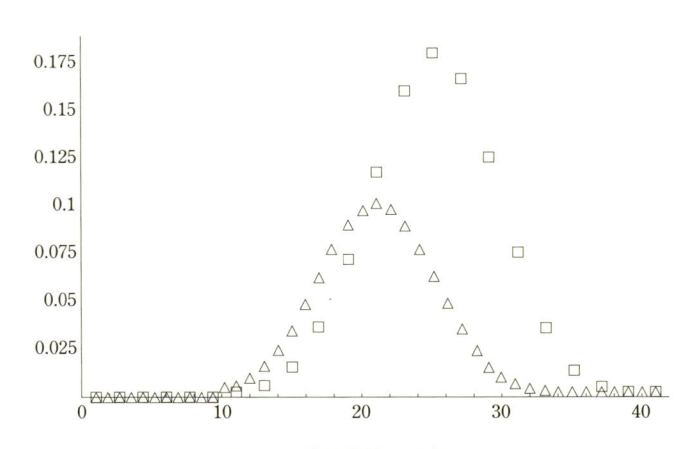

図9-7　獲得純益の分布.
$R=1$ として△が $\gamma=0.4$ を，□が $\gamma=0.6$ を示す．
γ：報奨密度　　R：利益率

これは $R=1$ の場合，$\gamma=\dfrac{1}{(R+1)}=0.5$ を超えると，集団の全員が投資に参加し，1回毎のゲームの結果が二通りにしか分岐しないからである（$R=1$ の場合，$0\leq\gamma\leq 0.5=\dfrac{1}{(R+1)}$ ならば1回毎のゲームの結果は3通りに分岐する）．

さらに，$\gamma=0.6$ の場合に限って言えば，分布は左の裾が長く，われわれの目指している分布とは正反対の形状であることにも注意する．

図9-6と図9-7に示したプロットは単なる計算例に過ぎない．しかしながら，これらの計算結果は，われわれに何らかの公理を追加しなければならないことを示唆している．ではわれわれのモデルには何が足りないのであろうか？そのことを明らかにするために，まず以上の計算結果を数学的に一般化し，次なるステップの足がかりとしよう．

9.3.1　反復投資ゲームの数学的構造：$\frac{1}{(R+1)}<\gamma\leq 1$ の場合

ゲームの結果が2通りにしか分岐しないという意味で簡単な $\frac{1}{(R+1)}<\gamma\leq 1$ の場合について考える．

このとき，1回毎のゲームで生じる事象は常に2種（「投資して成功」と「投資して失敗」）であり，報奨密度（成功確率）γ と投資失敗確率 $1-\gamma$ はゲームの反復を通じて一定である．ここでトータルの純益ではなくて，投資成功回数の確率を考えてみよう．例えば，総ゲーム回数を5回とするとき，トータルで2回投資に成功する確率はいくらだろうか？　5回中2回成功するということは，全5回のうちどこで2回勝ってもよいのだから，「1回目と2回目だけ成功」とか「3回目と5回目だけ成功」のようにいろいろなパターンがある．だから，5回中2回成功する確率は，ありとあらゆる「5回中2回成功するパターン」が生じる確率を全て足し合わせたものだということが分かる．では5回中2回成功するパターンの総数はいくらだろうか？　その総数は組み合わせの公式を使って計算できる．

$$_nC_r = \frac{n!}{r!(n-r)!} = \frac{5!}{2!\cdot 3!} = 60$$

全部で60通りである[3]．一つのパターンが生じる確率は，

$$P(成功)\cdot P(成功)\cdot P(失敗)\cdot P(失敗)\cdot P(失敗)$$

だから

3　ここで $n!$ は n の階乗で，5! とあれば $5!=5\cdot 4\cdot 3\cdot 2\cdot 1=120$ である．

第9章　繰り返しゲームによる所得分布の生成

$$\gamma \cdot \gamma \cdot 1-\gamma \cdot 1-\gamma \cdot 1-\gamma = \gamma^2(1-\gamma)^3$$

である．60通りあるパターンの一つ一つがこの確率 $\gamma^2(1-\gamma)^3$ で生じる．これを60個全て足し合わせたものが「5回中2回成功する」確率である．

$$60\gamma^2(1-\gamma)^3$$

投資成功数を w とおき，一般的に表現すれば，n 回のゲームで w 回投資に成功する確率は，

$$P(w) = {}_nC_w \gamma^w (1-\gamma)^{n-w}$$

である．この関数は二項分布の確率関数として知られている．つまり投資成功回数 w を確率変数と見なせば，w は二項分布に従うのである．ということは，少なくとも $\frac{1}{(R+1)} < \gamma \leq 1$ の場合に限っていえば，9.3で説明したような面倒な作業を経由せずに n 回後の総純益の分布を直接計算によって求めることができる．なぜならトータルの純益 y は投資成功回数 w の関数

$$y = w(B-C) + (n-w)(-C)$$

で表すことができるからだ．$y = w(B-C) + (n-w)(-C)$ を変形すれば $w = \frac{(y+nC)}{B}$ だからこれを代入して

$$P(y) = {}_nC_{(y+nC)/B} \gamma^{(y+nC)/B} (1-\gamma)^{n-(y+nC)/B}$$

これでかなり計算がラクになった．

　だが，どうせラクをするならもっと徹底的にラクをしたい．というのも二項分布の確率関数を使うと n が大きくなったとき計算が煩雑だからだ．例えば50回ゲームを繰り返して15回投資に成功する確率を計算するには，二項分布の確率関数を使うと，

$$P(15) = {}_{50}C_{15} \gamma^{15}(1-\gamma)^{50-15}$$
$$= \frac{50!}{15!(50-15)!} \gamma^{15}(1-\gamma)^{50-15}$$

を計算しなければならない．なにかいい方法はないだろうか？　ここで次の注

意が重要である．

注意9.1【二項分布の正規分布による近似】 n が十分に大きいとき，二項分布 $B(n,p)$ の確率関数を近似的に正規分布の確率密度関数

$$\frac{1}{\sqrt{2\pi np(1-p)}}\exp\left\{\frac{-(x-np)^2}{2np(1-p)}\right\}$$

で計算することができる[4]．

注意9.1で述べているのは，直感的にいえば次の2つの関数

$$P(x) = {}_nC_x p^x (1-p)^{n-x}$$

$$f(x) = \frac{1}{\sqrt{2\pi np(1-p)}}\exp\left\{\frac{-(x-np)^2}{2np(1-p)}\right\}$$

が似たような値を出力するということである．$P(x)$ と $f(x)$ とではずいぶん見た目は異なるようだが本当に計算すると近い値になるのだろうか．$n=50$，$x=15$，$p=0.3$ とおいて計算してみよう．まず二項分布の方は

$$P(x) = {}_nC_x p^x (1-p)^{n-x}$$
$$P(15) = {}_{50}C_{15} 0.3^{15}(1-0.3)^{50-15}$$
$$= \frac{50!}{15!(50-15)!} 0.3^{15}(0.7)^{35}$$
$$\approx 0.122347.$$

ここで $\approx$ は大体等しいという意味である．一方，$f(x)$ に関して，円周率 $\pi=3.14159\cdots$ と自然対数の底 $e=2.71828\cdots$ は無理数である．小数点以下第5位まで使って計算すれば，

---

[4] 二項分布のパラメータはトータルの試行回数 n（コイン投げの場合，何回コインを投げるか）と1回毎の試行で注目事象の生じる確率 p（1回のコイン投げで表が出る確率）の二つなので $B(n,p)$ と表記することが多い．例えば $B(50,0.3)$ は，表が出る確率0.3のコインを50回投げたときの，トータルで表が出た回数が $0,1,\cdots,50$ 回になる各確率を与える．

$$f(15) \approx \frac{1}{\sqrt{2(3.14159)50(0.3)(0.7)}} 2.71828 \left\{ \frac{-(15-50(0.3))^2}{2(50)(0.3)(0.7)} \right\}$$
$$\approx 0.123116.$$

確かに，かなり近い値になった[5]．いったいどこから $f(x)$ という関数がでてきたのか気になる読者もいるだろうが，ここでは省略する（詳細は，清水 1976：64-65，で確認してもらいたい）．

以上の注意によってわれわれは次の命題を導出しうる．

> **命題9.1** $\frac{1}{(R+1)} < \gamma \leq 1$ の場合，ゲーム回数 n が十分に大きいとき，トータルの純益 y の分布は平均 $n(\gamma B - C)$，分散 $n\gamma(1-\gamma)B^2$ の正規分布に近似する[6]．

証明 $\frac{1}{(R+1)} < \gamma \leq 1$ という条件の下では，投資成功回数 w は二項分布に従う．「二項分布の正規分布による近似」によってゲーム回数 n が十分に大きいとき，投資成功回数 w を確率変数 W の実現値と見なせば W の分布関数 $F_W(a)$ は（W が a 以下である確率を与える関数は）

$$P(W \leq a) = \int_{-\infty}^{a} \frac{1}{\sqrt{2\pi nHL}} \exp\left\{ -\frac{(w-nH)^2}{2nHL} \right\} dw$$

に近似する．ここでトータルの純益を y とおけば，y は投資成功回数 w の関数

$$y = w(B-C) + (n-w)(-C)$$

と表される．y を確率変数 Y の実現値とみなして Y の分布関数 $F_Y(a)$（Y が a 以下である確率を与える関数）を求めよう．w を y の関数とみれば

---

[5] ただし連続分布の場合，全ての x について $P(X=x)=0$ なので $f(x)$ を使って近似計算をおこなうことの意味に注意する．

[6] ここでいう「近似」とは，以下に述べるような「法則収束」の意味ではない．確率変数列 X_n に対応する分布関数の列 $\{F_n(x)\}$ と確率変数 Y の分布関数 $F_Y(x)$ があって，$F_Y\{x\}$ の全ての連続点で $\lim_{n\to\infty}\{F_n(x)\}=F_Y(x)$ が成り立つとき，X_n は Y に法則収束するという（河野 1999：153）．つまりわれわれは中心極限定理を使っているのではない．法則収束させるためには別途仮定の追加が必要である．

$$w = \frac{y}{B} + \frac{nC}{B}$$

y で微分すれば

$$\frac{dw}{dy} = \frac{1}{B}$$

だから[7]，変数変換を使えば

$$\begin{aligned}
P(Y \leq a) &= P(W(B-C) + (n-W)(-C) \leq a) \\
&= P\left(W \leq \frac{a - n(-C)}{B}\right) \\
&= F_W\left(\frac{a - n(-C)}{B}\right) \\
&= \int_{-\infty}^{\frac{a+nC}{B}} \frac{1}{\sqrt{2\pi nHL}} \exp\left\{-\frac{(w-nH)^2}{2nHL}\right\} dw \\
&= \int_{-\infty}^{a} \frac{1}{\sqrt{2\pi nHLB^2}} \exp\left\{-\frac{(y - n(-C + HB))^2}{2nHLB^2}\right\} dy
\end{aligned}$$

となる[8]．$H = \gamma$，$L = 1 - \gamma$ であるから分布関数 $F_Y(a)$ は γ を使って次のように表すこともできる．

$$F_Y(a) = \int_{-\infty}^{a} \frac{1}{\sqrt{2\pi n\gamma(1-\gamma)B^2}} \exp\left\{-\frac{(y - n(\gamma B - C))^2}{2n\gamma(1-\gamma)B^2}\right\} dy.$$

これは確かに平均 $n(\gamma B - C)$，分散 $n\gamma(1-\gamma)B^2$ の正規分布の分布関数である． ∎

これで $\frac{1}{(R+1)} < \gamma \leq 1$ の場合に総純益の分布がどのような形になるかは理解できた．

9.3.2 反復投資ゲームの数学的構造：$0 \leq \gamma \leq \frac{1}{(R+1)}$ の場合

$0 \leq \gamma \leq \frac{1}{(R+1)}$ の場合，ワンショットゲーム毎の結果は3通りに分岐してい

---

[7] 記号 $\frac{dw}{dy}$ は w を y で微分する，という意味．

[8] 積分の変数変換については初等的な微積分の教科書を参照されたい．

るから「二項分布の正規分布による近似」をそのまま使うことはできない．この場合は少々ややこしいので詳細は割愛するが大まかな道筋だけを示しておこう．まず，w_1, w_2, w_3 をそれぞれ次のように定義する．

w_1：n 回のゲームにおける投資成功回数
w_2：n 回のゲームにおける安全策選択数
w_3：n 回のゲームにおける投資失敗回数

ゲームは n 回繰り返されるから $w_1+w_2+w_3=n$ である．「投資して成功する」「投資しない」「投資して失敗する」という三つのカテゴリーがあり，それぞれのカテゴリーの出現確率は，H, M, L である．すなわち，

$$P(\text{投資成功})=H, \quad P(\text{安全策})=M, \quad P(\text{投資失敗})=L$$

また，既に定義したように $H+M+L=1$ である．トータルのゲーム回数 n のうち，「投資成功」「安全策」「投資失敗」という三つのカテゴリーが実現する理論度数は，

$$nH, \quad nM, \quad nL$$

である．与えられた w_1, w_2, w_3 に対して組分けの仕方の総数が何通りあるかは，コンビネーションを利用して計算すればよい．まず「投資成功」というカテゴリーに入るパターン数はコンビネーション $_nC_{w_1}$ で与えられる．つぎに残った $n-w_1$ 回の回数から w_2 回を取り出し，カテゴリー「安全策」に入るパターンの数は $_{n-w_1}C_{w_2}$ である．したがって「投資成功」に w_1 回，「安全策」に w_2 回，投資失敗」に w_3 回を割り振る「割振り方」の総数は

$$_nC_{w_1} \cdot {}_{n-w_1}C_{w_2} \cdot {}_{n-w_1-w_2}C_{w_3} = \frac{n!}{w_1!\,w_2!\,w_3!}$$

である．ゲームを n 回反復した後に「投資成功」「安全策」「投資失敗」という三つのカテゴリーにそれぞれ w_1, w_2, w_3 回の回数を見出す確率関数は多項分布

$$W_{w_1,\,w_2,\,w_3} = \frac{n!}{w_1!\,w_2!\,w_3!} H^{w_1} M^{w_2} L^{w_3}$$

で与えられる．ゲーム回数 n が十分に大きいとき，多項分布（三項分布）は多変量正規分布（二次元正規分布）に近似的に従う．その確率密度関数は，

$$f(w_1, w_2) = \frac{1}{2\pi n\sqrt{HM(1-H-M)}} \exp\left\{-\frac{1}{2n}\left(\frac{(w_1-nH)^2}{H} + \frac{(w_2-nM)^2}{M} + \frac{((n-w_1-w_2)-n(1-H-M))^2}{1-H-M}\right)\right\}$$

である．計算過程をとばしたので，納得がいかないという読者もいるだろう．今はとりあえず二項分布の正規分布による近似のアナロジーでこの結果が成立すると仮定していただきたい．もちろん時間とやる気のある方は自力でギャップを埋める挑戦をしてほしい（詳細は，(Hamada 2004) を参照）．

いま w_1，w_2 が 2 次元正規分布に従うことを認めるとしよう．すると次の命題が成り立つ．

> **命題9.2** w_1，w_2 が 2 次元正規分布に従うとき，w_1，w_2 の一次結合によって新たに確率変数を定義すると，その確率変数は正規分布に従う．

例えば

$$y = aw_1 + bw_2 + c, \quad \text{ただし，} a, b, c \text{ は実数}$$

という確率変数 y を定義すると y は正規分布に従い，その確率密度関数は変数変換定理を利用することで計算できる．

命題9.2の証明は省略するが（詳細は，(Hamada 2004) を参照），この命題9.2を利用すれば，$0 \leq \gamma \leq \frac{1}{(R+1)}$ の場合でも総獲得純益の分布が正規分布に従うことを示せる．というのも $0 \leq \gamma \leq \frac{1}{(R+1)}$ の場合の総純益 y は

$$\begin{aligned} y &= w_1(B-C) + w_2(0) + w_3(-C) \\ &= w_1(B-C) + (n-w_1-w_2)(-C) \\ &= Bw_1 + Cw_2 - nC \end{aligned}$$

だから，確率変数 w_1，w_2 の一次結合として確かに表せるからだ．

＊

さて，ずいぶんとスッキリとした結論が出たのでこれでもう安心と言いたいところだが，そうもいかない．われわれはまだ目標，すなわち対数正規分布にたどり着いてはいない．

9.4 対数正規分布の導出：累積効果を考慮したモデル

公理9.1から**公理9.5**が規定する反復投資ゲームにおいて，プレイヤーの総獲得純益の分布はゲーム回数 n が十分に大きいとき，正規分布に近似することを示した．

公理によってプレイヤーは連続してゲームに勝ち，獲得純益が増えても常に同額のコストしか投資できない．そしてこのことが，われわれがまだ最終的な目標に至らない理由でもある．

ここで最後の公理を導入する．

> **公理9.6【累積効果】** プレイヤーは，初期所得 y_0 を持ち，そこから一定割合 $\beta(0<\beta<1)$ を C として投資する．

現実の社会では，既に富める者（過去のゲームの勝者）が多く投資して，より多くを得る機会に恵まれていることが珍しくない．**公理9.6**は，持ち分に比例して投資量が決まり，勝てば勝つほどより多くを得るような「累積効果」を表している．

簡単のため，コストと利得を以下のように仮定する．

$$C = y\beta, \quad B = (R+1)C \tag{9.6}$$

ここで y は，プレイヤーがそのときに所有している総純益である．第一回目のゲームでは $y=y_0$ なので $C=y_0\beta$ である．ゲームが繰り返され，総純益に差が出てくるにしたがって C にも個人差が生じてくるが，利益率 R は一定である．つまり，制限（9.6）式より，

$$R = \frac{B-C}{C} = \frac{(R+1)C - C}{C} = \frac{RC}{C} = R$$

だから，投資者数の均衡値は変化しない．

> **命題9.3** 反復投資ゲームに「累積効果」を仮定した場合，全ての可能な γ と R の範囲で（$0 \leq \gamma \leq 1, 0 < R$ の範囲で），総獲得純益の分布は対数正規分布に近似的にしたがう．ただしコストと利得については(9.6)式を仮定する．

証明 まず結果が「勝つ」か「負ける」かの二通りしかない，単純な $\frac{1}{(R+1)} < \gamma \leq 1$ の場合について考える．ゲームに1回勝った場合，トータルの純益 y_1 は

$$y_1 = y_0 + (B-C) = y_0 + y_0 \beta R = y_0(1+\beta R)$$

である．2回勝った場合，これを元に投資するから，

$$\begin{aligned} y_2 &= y_1 + y_1 \beta R \\ &= y_1(1+\beta R) \\ &= y_0(1+\beta R)^2 \end{aligned}$$

である．以下同様に，連続して投資に成功した場合のトータル純益は公比 $1+\beta R$ の等比数列になっているから，w 回投資に成功した場合のトータルの獲得純益 y_w は，

$$y_w = y_0(1+\beta R)^w$$

となる．逆に1回失敗した場合，

$$y_1 = y_0 - C = y_0 - y_0\beta = y_0(1-\beta)$$

となり，次も失敗すると

$$\begin{aligned} y_2 &= y_1 - y_1\beta \\ &= y_1(1-\beta) \\ &= y_0(1-\beta)^2 \end{aligned}$$

である．連続して投資に失敗した場合のトータル純益は公比 $1-\beta$ の等比数列になっている．

ここでプレイヤーが勝ったり負けたりを繰り返した場合の総純益を計算する

ために，総純益は勝ち負けの順番に依らず，同じことを確認しておきたい．例えば同じゲームを5回終了したプレーヤーA，Bの二人がいて，Aは最初の3回が「投資成功」で，残りの2回は「投資失敗」だったとする．一方Bは，最初の1回は「投資失敗」，次の2回は「投資成功」，次の1回は「投資失敗」，最後の1回は「投資成功」だったとしよう．結果的には同じ回数だけ「投資成功」と「投資失敗」を経験した二人の手元に残った純益は同じだろうか？

　累積効果を考慮しない場合は，実数の和に関する可換性という性質から考えて，各選択肢の合計数が一致しているならば，トータルの純益が一致していることは自明だった．累積効果を仮定した場合，Aの総純益つまり「投資成功3回」→「投資失敗2回」の総純益は

$$y_0(1+\beta R)^3(1-\beta)^2$$

である．Bの総純益つまり「投資失敗1回」→「投資成功2回」→「投資失敗1回」→「投資成功1回」の総純益は

$$y_0(1-\beta)(1+\beta R)^2(1-\beta)(1+\beta R) = y_0(1+\beta R)^3(1-\beta)^2$$

である．したがって，「実数の乗算では順番を換えても答えが一致するという性質（乗法の可換性）」により，選択肢の経路に依らずトータルの純益は，他の条件件が等しければ，一致すると考えてよい．

　結局，n 回の反復ゲームで w 回投資に成功して残りの $n-w$ 回投資に失敗すると，トータルの純益は

$$y = y_0(1+\beta R)^w(1-\beta)^{n-w}$$

になる．ここで対数をとれば，

$$\begin{aligned}\log y &= \log y_0 + w\log(1+\beta R) + (n-w)\log(1-\beta)\\ &= w\log\left(\frac{1+\beta R}{1-\beta}\right) + \log y_0 + n\log(1-\beta)\end{aligned}$$

である．既に確認しておいたように，$\frac{1}{(R+1)} < \gamma \leq 1$ の場合，投資成功回数 w は二項分布にしたがうことが分かっている．ゆえに「二項分布の正規分布による近似」により，ゲーム回数 n が十分に大きい（ただし $n\to\infty$ ではない）とき，w は近似的に正規分布にしたがうとみなすことができる．

　ここで，w の係数 $\log\left(\frac{1+\beta R}{1-\beta}\right)$ と残りの項 $\log y_0 + n\log(1-\beta)$ を定数と見な

せば，$\log y$ は w の一次変換であることがわかる[9]．正規分布にしたがう確率変数は一次変換後もやはり正規分布にしたがう，という性質を持っているから，左辺の $\log y$ は正規分布にしたがう．そして本章の冒頭で確認したように，対数をとった場合に正規分布にしたがう確率変数は，定義上，対数正規分布にしたがうのだから，y は対数正規分布にしたがう．

ここまでくれば，残りの $0 \leq \gamma \leq \dfrac{1}{(R+1)}$ の場合についても，$\dfrac{1}{(R+1)} < \gamma \leq 1$ の場合と同様に累積効果を考慮すれば，対数正規分布を導出できそうだ，という推測が成り立つ．以下にそのことを確認しておく．仮定したコストと利得のもとでは，各選択肢の純益は

「投資成功」の純益：$B - C = y_0 \beta R$
「安全策」の純益：0
「投資失敗」の純益：$-C = -y_0 \beta$

である．w 回連続して投資に成功した場合の純益は既に示したように，

$$y_w = y_0 (1 + \beta R)^w$$

である．w 回安全策を選択した場合は自明で，$y_w = y_0$ である．また，w 回投資に失敗した場合は

$$y_w = y_0 (1 - \beta)^w$$

である．3.2 と同様に投資成功数 w_1，安全策選択数を w_2，投資失敗数を w_3 とおけば $(w_1 + w_2 + w_3 = n)$，$0 \leq \gamma \leq \dfrac{1}{(R+1)}$ の場合，総純益 y は[10]

$$y = y_0 (1 + \beta R)^{w_1} (1 - \beta)^{w_3}$$

である．対数をとれば

$$\begin{aligned}
\log y &= \log \{ y_0 (1 + \beta R)^{w_1} (1 - \beta)^{w_3} \} \\
&= \log y_0 + w_1 \log(1 + \beta R) + (n - w_1 - w_2) \log(1 - \beta) \\
&= w_1 \log\left(\frac{1 - \beta R}{1 - \beta} \right) - w_2 \log(1 - \beta) + \log(1 - \beta)^n y_0
\end{aligned}$$

---

[9] w のみが確率変数の実現値でその他の項は定数であることに注意する．
[10] w_2 を含む明示的な関数として $y = y_0 (1 + \beta R)^{w_1} (1)^{w_2} (1 - \beta)^{w_3}$ と表すこともできる．

既に示したように，w_1，w_2 は2次元正規分布に従う．$\log y$ は w_1，w_2 の一次結合なので正規分布に従う．ゆえに y は対数正規分布に従うことが証明された．■

9.5 反復投資ゲームに関する今後の課題

ここまでが，単純な公理から出発して社会現象を数学的に表現・説明するモデルの実例として紹介した「所得分布の生成モデル」の基本構造である．**表9-6**でここまでの流れを確認しておく．読者の理解を妨げない程度に細かい計算過程は省略したが本章の第一の課題，すなわち「対数正規分布を近似的に導出するための単純な合理的選択モデルを定式化する」はおおむね達成できたように思う．モデルの観点からいえば，社会に「お金持ち」が僅かにしか存在しないのは，連続してハイリスクな選択を選び，かつ成功する確率が低いからである．そして所得分布が左右対称でなく低所得層に歪むのは，累積効果が存在するからである．

残念ながら，もはや詳しく紹介するスペースが残っていないが，このモデルを使えば所得分布の不平等度がゲームを規定するパラメータの変化に伴い，どのように変化するのかを分析することができる（Hamada 2004）．興味ある読者は，ぜひ関連する文献を読み進めてほしい．本章を読んで，「この仮定はこうしたほうがいいんじゃないか」と思った読者は，ぜひ一度仮定を変更したら結論がどう変わるのかを確認してほしい．例えば本章では議論を単純化するために $C = y_0 \beta$，$B = (R+1)C$ という制限（9.6）式を使ったが，これを一般化することは可能である．また，社会全体で同じ報奨密度 γ と利益率 R を仮定することに無理を感じるかもしれないが，ここで紹介したモデルを一つの基本ユニットとして γ，R の異なる複数の部分集団の総獲得純益分布を合成して対数正規分布を導出する条件が既に分かっている（Hamada 2004）．つまり社会全

表9-6 対数正規分布を導出するまでのモデルの流れ

モデル	必要な公理	分布	ゲームの種類
投資ゲーム	公理1〜4	多項分布	ワンショット
反復投資ゲーム	公理1〜5	正規分布	繰り返しゲーム
累積効果付き反復投資ゲーム	公理1〜6	対数正規分布	繰り返しゲーム

体で一つのゲームをプレイしていると考えなくても，比較的小規模の集団に，例えば企業内での昇進競争に本モデルをあるパラメータ値を使って適応すると，複数の集団を合成した場合の全体の分布が把握できるのである．サラリーマンと自営業者では異なるゲームに参加しているが，それぞれのゲームにおいて抽象的な水準では「ハイリスク・ハイリターン」か「ローリスク・ローリターン」の選択を繰り返していると考えればよい．

　数理モデルによる定式化という方法を理解にするには，仮定の変更や一般化がもっとも有効な手段の一つである．人が作ったモデルを自分の関心に応じてカスタマイズすることは研究の基本であり，そのような試行錯誤を通じて社会学と数学の新たな楽しみ方がきっと発見できるだろう．

【文献】

浜田宏，1999，「所得分布の生成モデル：反復投資ゲームによる定式化」『理論と方法』26：3-17.
Hamada, Hiroshi, 2004, "A Generative Model of Income Distribution 2: Inequality of the Iterated Investment Game," *Journal of Mathematical Sociology* 28(1): 1-24.
河野敬雄，1999，『確率概論』京都大学学術出版会．
Kosaka, Kenji, 1986, "A Model of Relative Deprivation," *Journal of Mathematical Sociology* 12: 35-48.
清水良一，1976，『シリーズ新しい応用の数学 14　中心極限定理』教育出版．

第10章 これからはじめなければいけないこと

数土直紀

10.1 抽象化と具体化

　ここまで，数理社会学がどのような考え方で社会現象を説明しようとしているかについて明らかにしてきた．最後に，このような考え方でもって実際の社会現象を説明しようとするとき，いったいどのようなことに注意する必要があるかについて，議論したいと思う．

＊

　これから数理的な手法を用いて社会現象を分析したいと思ったとき，その人が一瞬戸惑いを覚えたとしよう．その理由は，数理的な手法の基本的な考え方，そしてその使い方を理解していないからではない．それらをよく理解していたとしても，そしてその上で実際に数理的な手法を使おうとしても，どこから手を着ければいいのかがまったく分からないということは決して少なくない．それは，どのようにモデルを構築して，そしてそのモデルをどう応用するかという，研究を行う上で必要とされる実践感覚が手法に対する理解とは別次元のものとして存在するからである．したがって，そういった実践感覚が身についていないと，手法に対する知識がいくら増えても，実際の社会現象を分析することはちっともできないということになってしまう．

　研究を進めるために必要な実践感覚を言葉で説明することは難しい．そのような感覚は，実際に試行錯誤を重ねながら各人が身につけていくほかないものである．しかしそうはいっても，そういった実践感覚を身につけていくための，それらしい指針ぐらいはあるだろう．そこでここでは，「数理モデルを構築し，そのモデルを用いて社会現象を分析する作業に必要な実践感覚をいかにして身

につけるか」ということについて，何か指針らしきものを，所詮は私個人のやり方でしかない部分もあるが，紹介してみたいと思う．

おそらく，そうした指針の中でまず真っ先に確認しなければならないものは，「一つの現象を徹底的に観察すること」ではないかと思う．数理モデルの現実性に対して懐疑心をもっている人には，このような主張は意外に聞こえるかもしれない．しかし，いきなり問題を抽象的に考えても，現実を適切に説明できる数理モデルを構築できないことは明らかである．数理的な手法を用いて社会現象を分析する場合にも，分析の対象となる社会現象について適切な現実感覚をもっていることが前提にならなければならない．

具体的には，ある社会現象について数理的な手法を適用したいと考えている人は，まずその現象についてできるだけ情報を収集することが必要になるし，そのことと並行して収集した情報を整理することが必要になる．対象となる現象に対して偏った情報しか利用できないとすれば問題外であるが，だからといって情報は多ければいいというものでもない．むしろ，多すぎる情報は，観察者を惑わせ，場合によっては現象に対して誤った理解を導く場合もある．現象の理解にとって本質的でない情報は，むしろ有害なのである．

もちろん，このことは数理的手法を用いる場合に限られることでなく，社会現象を分析しようとする場合にはどのような手法を用いていてもあてはまることだろう．しかしこのことは，数理的手法を用いる場合にはとくにあてはまることだと思われる．

数理的手法の特徴は，現実をできるだけ単純に考えようとすることにある（これを言い換えれば，現実を抽象化するということである）．現実をできるだけ単純に考えなければならない理由は，現実を複雑に考えると現象の全体像を描くことが，また現象の全体像を伝達することが困難になるからである．したがって，数理的手法を用いる場合には，できるだけ少ない変数でより多くの現実を説明できるようなモデルが望ましい．つまり，現実をできるだけ単純に考えることを志向する数理的手法の場合には，情報を収集することと同時に，情報の選り分けがより重要な意味をもつことになる．

ここでは，フォーマライゼーションという作業を，分析者が収集した情報から本質的な情報を選り分け，得られた情報を関連づける枠組みを考えることだと暫定的に定義しよう．そして，分析者が本質的と考える情報を関連づける枠組みが数理的に表現されているとき，そのようにして表現されたモデルが数理

モデルなのだと考えることにしよう．だからこそ，どれだけ情報を集めるか，かつ集めた情報からどの情報を選り分けるかが，言い換えればどれだけ現象を徹底して観察できるかが，数理モデルの質を規定することになる．

　もちろん，そのようにして得られたモデルがつねに正しいとは限らない．とうぜん，正しい場合もあれば，間違っている場合もある．したがって，確かに数理モデルを構築するためには一つの現象を徹底的に観察することが大切になるけれども，その数理モデルが正しいかどうかを判断する場合には，今度は最初の現象から距離をおくことが大切になる．もしその数理モデルが正しければ，そのモデルは他の現象にも適用できるはずである．あるいは，もしその数理モデルが正しければ，そのモデルを用いてこれから先に起こるはずの結果を予測することができるはずである．他の現象にも適用できるかどうか，これからの起こるはずの結果を予測できるかどうか，これらのことを確認してはじめて，私たちは得られた数理モデルが妥当であるかないかを判断することができるようになる．つまり，数理モデルを得るためには個別現象を抽象化することが大切になる一方で，いったん数理モデルが得られた後は抽象的なモデルを個別現象にそくして具体的に確認することが大切になる．

　数理モデルにとって，説明の一貫性を保証する数学は重要な部分を占めている．しかしそのためか，私たちは数理モデルの是非をともすれば論理的な一貫性という観点でのみ評価しようとする．しかし，これは数理モデルに対する正しい態度ということはできないだろう．数理モデルの妥当性を検討する場合に必要になることは，抽象的なものを抽象的なままに理解することではない．そうではなく，数理モデルが意味することをできるだけ具体的に考えようとする努力が必要なのである．数理社会学の場合，数理モデルは社会現象と離れて存在するわけではない．それはそもそも社会現象を観察することで得られるものでなければならないからである．そうであるのに，数理モデルを数理という観点からひたすら抽象的に理解しようとすれば，数理社会学を難しく感じて当たり前だろう．そうではなく，数理モデルが意味することを考えるときには，数理モデルが意味することをできるだけ具体的に，現実の事象にそくして考えることが重要になる．

　数理社会学は，その名前からも分かるように二つの部分によって構成されている．一つは数理の部分である．もう一つは社会学の部分である．主として文科系出身者が大半を占める社会科学者にとって，後者に対して前者の敷居が高

い．そうすると，数理社会学の学習を始めるときにはどうしても前者の重要性が強調されることになる．とうぜんそうなる部分はあるが，だからといって前者が後者に優越して，後者が軽視されることがあってはならない．なぜなら，得られた数理モデルを現実の社会現象にどのように適用し，そのことで現実をどう説明していくのかを考える営みは，先に挙げた二つの部分のうち，特に後者に関わってくる営みだと思われるからである．そして，数理モデルが有意味であるかないかはその数理モデルが社会現象とどのような接点をもっているかに依存しているからである．

このように考えれば，数理社会学を始めようと思ったとき，そして既に数理モデルを操作するための基本的な知識を習得し終わっているとき，最初の一歩を踏み出せるかどうかはその人が現実社会に対してどの程度切実な実践的関心を持っているかにかかっていることが明らかになる．もしあなたが数理社会学に興味をもち，そして基本的な知識も身につけたけれども，それでもいったいどこから手をつければいいのか分からないという状態におかれているなら，現実に対する感覚を研ぎ澄ますために，まずは一つの現象を徹底して観察することからはじめてほしい．そして次に，その現象を抽象化し，数理モデル化してほしい．そのとき注意してほしいことは，そこで終わってしまってはいけないということである．数理モデルが得られた後は，いったん抽象化したものをもう一度具体的に考え直すことで，その数理モデルが現象を説明するモデルとして適当であるかどうかを確認することが必要になる．数理社会学にとって，数理モデルを作ることが大切なのではない．それを実際に現実に適用し，現実の理解に貢献させることが大切なのである．

10.2 モデルと現実

数理モデルを用いて社会現象を説明することは，数理モデルを用いないで社会現象を説明することと比較して何か特別なことをおこなっているのだろうか．分野として特別に「数理」社会学が存在するということは，一見すると数理モデルを用いて社会現象を説明することが何か特別のことであるからのように思える．しかし実際は，数理モデルを用いた社会現象の説明は，何ら特別な営みではないはずである．なぜなら，数理モデルを使うことは，社会現象を説明するために何か特別なマジックを使うことではなく，ごく当たり前に出来事をで

きるだけ順序立てて説明することに過ぎないからである。むしろ，数理モデルを用いた社会現象の説明が何か特別な営みであるかのように受け取られているとするならば，それは逆にほかの社会学的手法が，社会現象を説明するといいながら何か別のことをおこない，それを何か特別なことだと誤解しているからではないだろうか。

例えば，哲学と区別がつきにくい抽象的な社会理論は，抽象的な理論概念の説明の方が実際の社会現象の解明に先行し，本来説明が必要だったはずの具体的な社会現象が何であったのかが曖昧になっている場合が少なくない。典型的には，ルーマンに代表される社会システム論（Luhmann 1984＝1993／1995）がそうだと言えるだろう。結果として，理論のための理論となり，理論を理解するために何か社会現象を考えるという転倒した営みがしばしば起こりがちになる。

あるいは，データから知見を積み重ねあげていく実証研究は，目の前のデータを説明することに拘泥し，本来説明が必要だったはずのより一般的な社会現象（データが示すものは単にその反映でしかない）が何であったのかを曖昧にしている場合が少なくない。典型的には参与観察や言説分析などの質的データ分析である。そこでは，データからえられた知見を，他の現象を説明・予測できるように一般化・構造化し，それらに論理的な整合性を与えるまでにいたっている例はまれである。細部にこだわる結果，そういった細部を生産した社会現象全体が見えなくなっている[1]。

つまり，数理社会学はごく当たり前のことをおこなっているに過ぎない。にもかかわらず何か特別なことを数理社会学がやっているように見えるとすれば，それは従来の社会学手法が現象をできるだけ単純に考えることの重要さを見落としているからにほかならないのである。

数理モデルを構築するとき，数理社会学者は非常に大胆に（ときには大胆すぎるくらいに）現実を単純化して捉えてしまう。数理モデルの操作自体は，ある程度の技能を修得していることが前提になるので，一見するとどうしても複雑に見えてしまうかもしれない。しかし注意してみてみると，一般の人が驚くく

---

1 しかし，意識的にであれ無意識的にであれ，あえて社会現象全体について語らないのだと理解できる側面もありうるので，その評価は必ずしも単純ではない。例えば，全体性／全域性を仮定することを回避するため，分析を一般化・構造化することをあえて避ける戦略もある（遠藤 2000）。ここでは，分析対象に対するそのようなスタンスがありうることを認めつつも，そういったスタンスを取ることで断念せざるをえない側面が生じることを指摘したい。

らいに素朴な仮定をモデルの前提として採用していることが少なくない．合理的選択理論が前提におく，合理的行為者モデルなどその際たるものだろう．そのため，このような単純化に慣れていない数理社会学者以外の社会学者は，このような単純な前提から複雑で精妙な現実が見えてくるはずがないと考えがちになる．つまり，数学は虚仮おどしで，数理社会学者は非常に幼稚な説明を社会に対しておこなっているのだと考えがちになる．

しかし私は，もし数理社会学に特にメリットがあるとすれば，現実を極度に単純化して把握する，このスタイルにあるのではないかと考えている．しばしば，研究者は複雑なものを好む（おそらく，その複雑さの程度が，自分の研究の高尚さを保証してくれると思いたいのだろう）．学問が専門によって分化され，研究者が各自の専門をもっている現状は，複雑なものに耽溺しようとする研究者の性向をさらに強化する．しかし，複雑さにこだわりすぎることは，そして細部にこだわりすぎることは，いわば枝葉にとらわれていることであり，しばしばものごとの本質を見落とさせるのである．したがって，現実の複雑さに驚嘆し，その複雑さに知悉すればするほど，その研究者はかえって社会現象全体の適切な理解から離れていくことになりかねない．

現象を正しく理解するためには，その現象について十分な知識がなければならない．しかし，知識は単に多ければいいというものではないし，ときには多すぎる情報は現象の正しい理解にとって有害なものになりうる．得られた知識は目的に応じて適当に整理され，研究者は全体の見通しをよくしておく必要がある．そして，それを可能にするのが，単純化なのである．現象の本質をモデルという形で表現し，必要に応じて不必要な情報は思い切って捨ててしまう．もちろん，そのことで間違った結論に到達することがあるかもしれない．しかし，結論が間違っているときはデータによって反証されるはずなので，検証の可能性に開かれてさえいれば，結論が誤りを含みうるものであってもある意味かまわない．

だからといって，単純化がつねに望ましいわけではないことも事実である．

数理モデルが正しいのは，単にデータによって反証されない限りのことでしかない．さらに仮にデータによって反証されない場合でも，それは現実を極度に単純化した上で成り立つモデルであり，真実一般にもなりえない．現実の複雑さはつねに数理モデルの複雑さを上回っているので，結局のところ，数理モデルによって現実の微妙なあり方のすべてを記述し尽くすことは不可能だとい

ってよいだろう．数理モデルはその単純さゆえに，決して現実と等号で結ばれることはない．

このことに対する自覚を欠いていると，数理社会学者は，あたかも自然法則が自然界を支配しているように，数理モデルによって表現される論理によって社会が支配されているかような錯覚を抱きかねない．社会現象の説明のために構築される数理モデルはそのような普遍的なものではなく，現実との関わり合いの中でつねに変わりうるものである．例えば，ある時代を境にして，ある数理モデルが社会現象の説明・予測にまったく役にたたなくなることなど普通にあると心得るべきであろう．

現実を単純化してしか捉えられない数理モデルに要求されることは，時代を超えた普遍的な正しさなのではなく，論理的な一貫性である．そして，モデルを構築しかつ展開するとき，数理社会学者が数学を用いる理由は，モデルの論理的な一貫性を実現するのに大いに寄与してくれるからである．したがって，仮に数学の論理が普遍的だとして，数学が保証するのはモデルの論理的な整合性だけであり，モデルの普遍的な正しさまでも保証するわけではない．時代が変わり，前提としていたことが変化すれば，とうぜんモデルも変わっていかざるをえない．

おそらく，このことを数理社会学者はもっと自覚した方がいいのかもしれない．

数理モデルを用いた説明の特徴に関する議論が長くなってしまった．ここで，上述のことを前提にし，読者が数理社会学的な研究に取り組む際に気をつけてほしいことをいくつか確認することにしよう．

まず一つは，数理社会学において重要なことは素人が恐れをなすような，数学的に複雑で精巧なモデルを考え出すことではないということである．むしろ，本来心がけなければならないことは，まったくその逆である．つまり，「複雑な現実から，社会現象の説明・予測に堪えうる，しかしできるだけ単純なモデルをどのようにして切り出してくるか」ということこそに心を傾けなければいけない．そのためには，情報の大海で溺れてしまうのではなく，できるだけ情報を絞って，その現象の本質は何かということを考えていかなければならないのである．

具体的には，例えば典型的と思われる事象を一つ取り上げて，それを徹底して観察し，その背後にある論理をできるだけ単純な形で抽出することを試みる，

このような方法を考えることができる．これは，前節で述べたことと重なる．

次は，そうやって得られた説明の論理を数学によってモデル化し，他の社会現象にどのように応用できるのかを考えてみることである．単純な数理モデルで，できるだけ多くの説明可能な社会現象をもち，またその類似性がそれまでは自明でなかった異なる社会現象間の関連を明らかにすることができれば，その数理モデルは優れているといって問題ない．ちなみに優れていない数理モデルとは，非常に複雑で精巧であるにもかかわらず，応用できる社会現象が非常に限られているような数理モデルである．

また，こうした作業は，数理モデルをデータによって検証しようとする試みと，そして修正を伴うはずである．すでに確認してきたように，数理モデルは現実を超越した存在ではなく，むしろ現実に支配されている．数理モデルが示していることと現実とをつねに照合させることが必要だし，またその結果に応じて数理モデルをどんどん修正していくことが不可欠である．

要するに，数理社会学的な研究を始めるにあたってこれから必要とされることは，

(1) 数理モデルを構築するための基本的な技法を修得することであり（これは前提である），
(2) 扱う情報を絞った上でそれについて徹底的に考え抜くことであり，
(3) モデルと現実との関係をつねに相対化しうるバランス感覚を身につけることである，

と言えるだろう．そして，もしあなたが自分も数理社会学的な研究を本格的に学習したいと思ったときには，これらのことをつねに頭の中に入れておいてほしい．

10.3 事例編について

最後に，本書で示した数理社会学的研究の事例を取り上げ，各事例に数理社会学的な研究の特徴がどのように現れているかを確認しよう．このことで，数理社会学の魅力を幾分なりとも伝えることができたらと考えている．

10.3.1 投票者の勢力と提携形成の数理モデル：第6章

投票ゲームを扱った近藤論文「投票者の勢力と提携形成の数理モデル――投票ゲームによる分析」は，私たちが忘れがちな単純な事実を思い出させてくれる．それは，間接民主制を採用している社会では，政治的決定がしばしば「数」をめぐる争いになるという事実である．例えば，選挙に勝たなければ（＝当選するのに十分な数の有権者に投票してもらわなければ）議員になることができなし，政権を握り，様々な法案を通すためには，政党は十分な数の議員を確保していなければならない．それは，結局，「数」をめぐる争いだと言えるだろう．

しかし，もしかするとこの事実は政党にとって（あるいは派閥にとって）数を確保することがもっとも大切で，どのような主義主張をもち，どのような理想を掲げるかは場合によって副次的なものになりかねないことを意味しているかも知れない．これは極端な意見だが，しかし日本の政治の現実を見ていると簡単に否定できない部分もある．

いずれにしても，どのような主義主張をもつのか，どのような政策を立案するのかがよりよい政治の実現ために必要とされるにしても，政党の行動はそういったもの以外に数の論理に現実的に制約を受けているのである．そして，近藤論文が扱っている主題は，政党の行動を現実的に制約している数の論理とはいったいどのようなものであるのかということであり，その論理を（協力）ゲーム理論を用いて分析することである．そして近藤論文は，1993年に成立した細川政権を事例に取り上げ，なぜ細川政権が成立したのかが「数」の論理で説明できることを明らかにしている．

このような内容をもつ近藤論文は，数理モデルを用いた分析の特徴である，「現実を単純化して考える」ことのメリットがよく現れているといってよいだろう．確かに，現実は様々なエージェントが様々な思惑で動いており，各エージェント間に交渉・根回しなどの複雑な相互作用が働いている．一つの結果が出るまでに，多種多様な要因が複雑に絡むので，それらすべてを考慮に入れた上で，現実を予測することなど，ほとんど不可能だといってよいだろう．しかし，政党間の勢力の違い，政策の違い，政党が成立した歴史的経緯など，そういった複雑な要因すべてをいったん括弧にくくり，政党の行動を現実的に制約している「数」の論理だけに注目すれば，枝葉に隠れていて見えなかったもの

ごとの本質がみえてくる場合がある．

実際に，思惑の異なる野党が反自民で結束し，細川政権を発足させることになるとは，当時の人々にとって必ずしも自明のことではなかった．「数」の論理からみれば当たり前のことでも，そこに様々な雑音が入ると，判断に迷いが生じる．それは明らかに「現実を複雑に考える」ことのデメリットであり，情報が多いことがかえって正しい結論にたどり着くための障害になっている例である．

もちろん，現実の多様性は否定されてはならないし，「現実を単純化して考える」ことでつねに正しい結論が導かれるなどと考えてはならない．しかし，多様なものを多様なまま取り入れ，かつ分析することは端的に不可能である．どのように考えるにしても，結局はどこかを単純化せざるをえない．そのとき，思い切って現象を可能な限り単純に考えることが現象の「なぜ？」に対してよりよい説明を与える場合がある，このことを知ることは大切である．その好例になっているという意味で，近藤論文は，投票ゲームの紹介のスタイルを採りながら，「数」の論理で政治を考えていくことの面白さ，さらにいえば数理モデルで社会現象を分析することの面白さを明らかにしている論文だといえる．

10.3.2 社会運動の発生と政治的機会構造：第7章

社会運動発生の政治的条件を扱った山本論文は，現実との応答を必要とする数理モデルの特徴をよくあらわしている．社会現象に関する数理モデルは，現実と切り離されて考察されるのではなく，絶えず現実との関係を考慮に入れながら考察されるのでなくてはならない．そうでなければ，数理モデルは，社会現象に対してとんちんかんな説明をする何かになってしまうだろう．またそれと同時に，山本論文は，数理モデルにとって，現実を完璧に説明することがつねに要請されるわけではないことも明らかにしている．本当に大切なのは，そのモデルによって何がどこまで説明され，そして何を説明できなかったかを明確化することなのである．

山本論文のとった手順にそくして，以上のことを簡単に確認しよう．山本論文では，まず数理モデルを用いて政治的機会構造というアイディアを形式化することが試みられている．その際，山本は不完備情報ゲームを用いている．次に，そしてこのことがもっとも大切になるのだが，モデルから導かれる予測を反証可能なように特定化している．このように特定化されていれば，その予測

は実証的なデータによって確認することができる．実際に，山本は国際比較の可能なデータを用いて，自身が立てたモデルの妥当性を検証しているのである．確かに，データによる検証は，山本が構築したモデルによって導かれる予測を部分的にしか支持しなかったかも知れない．しかし私たちは，山本が社会運動に関する数理モデルを構築し，かつそのモデルを実証的に検証した手続きを追尾することで，社会運動がどのような条件の下で発生する蓋然性が高めるのかについて考える手がかりをえることができた．例えば，与えられたモデルのどこを修正すればよりよく現実を説明することができるようになるのか，この課題はもはや山本だけのものではなく，私たちのものでもある．そして，このような課題の共有が一般に可能になるのは，数理モデルが現実を単純化・抽象化することで，説明の失敗を個別の出来事の個性に帰着させることを防護しているからなのである．

　どのような理論であれ，とうぜん現実との応答を繰り返しながら絶えず修正されるようなものでなければならない．それは数理モデルに限らないだろう．しかし，数理モデル化された理論と数理モデル化されていない理論との違いは，その修正のしかたに現れてくると思われる．数理モデル化された理論は，十分に現実を単純化・抽象化している場合には，仮に仮定の一部を修正しても，あるいは新しい均衡概念を導入したとしても，説明の一般性は失われない．つまり，数理モデル化された理論は，仮に現実に合わせて修正が施されたとしても，アドホックな説明に陥ることはない．しかし，数理モデル化されていない理論が現実に合わせて様々な修正が施されていくと，その修正は単なる後付けの解釈になってしまい，どうしても解釈の恣意性を免れえなくなってしまう．多少逆説的にいえば，数理モデルは過剰に複雑な現実を十分に単純化・抽象化しているからこそ，かえって実のある現実との応答が可能になるのである．

　したがって，私たちは，山本のモデルが現実をある程度説明することに成功し，政治機会構造論について閉鎖発生仮説が支持される理論的かつ実証的根拠を与ええたことに意義を見いだすと同時に，利益団体の政策介入度が過度に高い場合について山本モデルが導いた予測が十分に支持されなかったことについても，今後の展開につながる果実を見いだすことができる．

　少なくとも，私たちは次のことを肝に銘じなければいけない．何でも説明・予測できる万能の（社会）理論は，結局は何も説明できない（社会）理論と同じなのだ．例えば，今ここに何でも説明・予測できる万能の理論が存在したとし

よう．しかし，A. ギデンズが二重の解釈学（Giddens 1976＝1987; 1984）という概念を用いて論じたように，私たちはその理論に知悉し，その理論が説明・予測することを知ることで，その理論が説明・予測することを変容させることができる．したがって，その理論は何でも説明・予測できる理論でなかったことになる．仮に，にもかかわらず変容させられた説明・予測をもその理論がきちんと説明できたとしよう．それはどのような結果になってもそれに対応する適当な説明をその理論が用意しているということであり，したがってどのような結果になってもつねに理論によって説明がなされてしまうことであり，ようするにその理論は特定の結果が生起することを予測できないのである．そのような理論が，実際には何ら役に立たないものであることは言うまでもないだろう．むしろ，限定された仮定の下でしか成り立たない数理モデルの，現象の説明に対して必ずしも全体的でもないし，決定的でもないという特徴は，数理モデルの修正可能性を担保することで，現実との関係を豊かなものにする，重要な一側面なのである．

10.3.3　共同体でもなく原子化された個人でもなく：第8章

「共同体でもなく原子化された個人でもなく」と題された長谷川論文は社会的ジレンマを扱っている．この章では，シミュレーションという方法を用いて，私たちが他者と協力していくための社会的条件を探求している．社会的ジレンマとは，社会のメンバーが一致して協力すれば全員にとって望ましい状態が実現できるにもかかわらず，一人一人は協力しない方に動機付けられているような問題状況を意味している．この社会的ジレンマは，数理社会学のもっとも重要なトピックの一つである．長谷川論文では，単に数理モデルによって分析するのではなく，シミュレーションという手法を使って分析している．このシミュレーションも，数理社会学的研究の重要な構成要素になっている．そこで，長谷川論文について解説しながら，数理モデルがシミュレーションという方法と連携することで，数理社会学的な研究はどう深みを増すかについて簡単に検討することにしよう．

長谷川論文は，社会的ジレンマ状況を示すと思われる調査データを紹介することから始まっている．扱っている問題が机上の話でなく，私たちの日常と深くかかわっていることを示すデータである．つまり叙述の順序は，モデルが先にあって，そのモデルに相当する現象を考えるのではなく，現実が先にあって，

その現実を抽象化したモデルを検討するようになっている。また，言及される先行研究も，モデルではなく，現実を対象にしたものが選び出されている。このように，数理社会学は，現実との関係が明確でないモデル内部で閉じた研究を行なっているわけではないことに注意しなければならない。

特に，長谷川論文で問題にされているのは，社会的ジレンマと社会関係資本との関係である。社会関係資本が豊かであるかどうかはとりあえずは社会的ジレンマの問題と関係ないが，長谷川論文はこの社会関係資本が社会的ジレンマの解決に有効に寄与しているのではないかという仮説をもとに議論を展開している。したがって，長谷川論文の特徴は，社会的ジレンマゲームそれだけをモデル化しているのではなく，異なるゲームと連結させて分析しているところにある。

このとき，長谷川は，シミュレーションの前提として100人からなる仮想社会を想定し，確率的に社会関係資本の豊かな人とそうでない人とを発生させている。社会関係資本は，単に多くの人と交際しているというだけでなく，人と人とのつながりの拡がりをも含んでいる。したがって，仮に交際している人の数が同じでも，交際している人の社会関係の質のよって，社会関係資本の豊かさも変化する。仮に多くの人と交際していても，交際している人のネットワークが狭ければ，自分のネットワークも拡がっていかない。しかし，仮に交際している人の人数がさほどでなくても，その人が豊かな社会関係を持っていれば，その人を介して自分の社会関係も拡がっていく。このような状況を再現するのに，数理モデルだけでなく，数理モデルをベースにしたシミュレーションを利用することは，好都合であったといえるだろう。実際に，論文で示されているネットワークの性質は，このような社会関係資本の性格をよく反映しているといってよい。

長谷川は，シミュレーションによって発生させた社会関係資本の分布を社会的ジレンマ状況にあてはめることで，いくつかの興味深い知見を引き出すことに成功している。一つは，協力しない個人を社会関係から締め出すという戦略は社会的ジレンマ状況を克服することに効果があるけれども，個人が負担するコストを高くしていくと社会関係を遮断することの波及効果によって社会関係が劇的に崩壊してしまう臨界点が存在することである。もう一つは，すでに協力関係が成立しているとき，社会関係の持続性が低い（＝割引因子が低い）方が社会関係の持続性が高い（＝割引因子が高い）ときよりも裏切り行動をとる個人

の出現に対する耐性が高いということである．これらは，社会関係が人間関係の拡がりに依拠していることの逆効果といえるかもしれない．

　長谷川は，こうした知見を踏まえて，共同体に組み込まれてしまうのではない，かつ個人を孤立化させない，新しい社会関係のあり方を模索することの重要性を主張しているのである．

　このように，長谷川論文は，現実の観察をベースにして数理モデルを構築しており，またシミュレーションによって社会関係の波及的な効果を可視化し，現象の理解を容易にしている．まさに，数理社会学的な研究におけるシミュレーションという手法の有用性を明らかにした論文だといえるだろう．

10.3.4　繰り返しゲームによる所得分布の生成：第9章

　所得分布がどのようにして形成されるかを扱った浜田論文「繰り返しゲームによる所得分布の生成」は，きわめて興味深い現象を取り上げていると言えるだろう．浜田が扱っている問題は，形式的には，「なぜ，一般に所得分布は対数正規分布に近似しているのか」ということである．この問題をもう少し分かりやすく言い換えると，「どうして，社会では一般にごく少数の人だけが莫大な収入を得てしまうのか」，もしくは「貧富の格差はどうして極端になるのか」となるだろう．例えば，あるプロ・スポーツの世界では，一握りのトップ選手が一年で何億円と稼いでいる一方で，ほとんどの選手は一千万円以下の収入，あるいはアマチュア同然の収入というケースがありえる．確かにスポーツは実力が物言う世界で，実力があるものが多く稼ぐのは当然であるけれども，それでもその差は少し極端ではないかと思う人は少なくないはずだ．しかし，もし所得分布が対数正規分布する傾向があるなら，このような事例はプロ・スポーツの世界に限らず，一般的に観察できるのだ．浜田論文は，このような疑問に明快な答えを与えてくれるような論文だと言える．

　一見すると浜田論文は，数式を目一杯駆使した，高度で難解な論文のようにみえる．確かにそのような側面はあるが，そのような感想は浜田論文の本質を見落としてもいる．浜田論文の核は，実は「稼ぐ」ことに関する非常に単純なアイディアにある．単純なアイディアから，所得分布が対数正規分布に近似するメカニズムを明らかにしていることに，浜田論文の本質があり，そうであるがゆえに数理社会学的な研究として高く評価することができる．

　では，浜田論文の核にあるアイディアとは何だろうか．それは，私たちは社

会において繰り返し,「リスクを背負ってハイ・リターンを狙う」か,逆に「リスクを回避してロー・リターンで我慢する」かの選択を迫られている(浜田は,これを反復投資ゲームと呼んでいる)というアイディアである.もちろん,これだけでは所得分布が対数正規分布することを導けない.浜田は,このアイディアに「リスクを背負ってハイ・リターンを得たものは,次回の投資ゲームにおいてより多くの投資をできる(=より高いハイ・リターンを狙える)」というアイディア(浜田はこれを累積効果と呼んでいる)を付け加えている.このアイディアを付け加えることで,浜田は先の問題に明快な答えを与えることに成功した.つまり,勝ち続けるものは,勝ち続けることの累積効果で,最終的に平均と比較すると極端に多額な報酬を得ることが可能になるからである.

もしかすると,読者の中には,浜田の仮定が現実性を欠いていると感じている人がいるかもしれない.しかしよく考えてみると,浜田の仮定は私たちが日常において直面していることの十分な抽象化になっていることに気が付く.私たちは,人生において,自分の収入に結びつくような様々な選択を何度も迫られる.そして,多くの場合,そうした選択は「ハイ・リスク,ハイ・リターン」と「ロー・リスク,ローリターン」の間をめぐってなされることになる.つまり,現実には様々なバリエーションが存在するかもしれないけれども,「人生は,実際のところ,(浜田がいうところの,)繰り返し投資ゲームなのだ」と理解することは,それほどの飛躍ではない.

このようなきわめて単純なアイディアから(単純化されすぎたアイディアから?),個人が意図せずに産出する社会現象の背後にどのようなメカニズムがあるのかを厳密にまた論理的に解明した浜田論文は,まさに数理社会学の醍醐味を私たちに伝えてくれるような論文だと評価することができるだろう.このとき誤解してほしくないのは,浜田論文が優れているのは,複雑な数式を駆使しているからではないということと,数理モデルがきわめて精妙だからということでもないということである.そう誤解させかねない雰囲気をもっていることが浜田論文の欠点といえば欠点かもしれないが,いずれにしても読者は見かけ上の複雑さに騙されずに,優れた数理モデルがもつシンプルであることの美しさを見通してくれればと思う.

もちろん,数理モデルを用いた分析がつねにこのような成功を約束されているわけではないし,このような成功は多くの試行錯誤を背景にして成り立つものである.したがって,シンプルさが方法としての安易さとは遠くかけ離れて

いることを，蛇足かもしれないが，最後に付け加えたい．

10.4　数理社会学シリーズのめざすもの

　本章では，第1節と第2節で数理社会学の特徴を述べた後，そうした特徴が本書に収録された研究事例にどのように反映されているかを確認した．もちろん，数理社会学にはこれ以外に様々な研究があり，そして各々がテーマに応じた評価すべき点をもっている．後は，それらに一つ一つあたり，方法に対する理解を深めながら研究への実践感覚を摑んでいくことである．本書を含む一連の企画も，そのような手順で学習が進むように，第2巻に方法の解説を配し，第3巻，第4巻，第5巻はテーマを定めた上で，できるだけ多様な研究を紹介するように配慮している．一人でも多くの人に興味をもってもらい，自分でもやってみようと思ってもらえることが，今の私の願いである．

【文献】

遠藤知巳，2000，「言説分析とその困難：全体性／全域性の現在的位相をめぐって」『理論と方法』15(1)：49-60．
Giddens, A., 1976, *New Rules of Sociological Method: A Positive Critique of Interpretative Sociologies*, London: Hutchinson.（＝1987，松尾精文・藤井達也・小幡正敏訳『社会学の新しい方法規準：理解社会学の共感的批判』而立書房．）
───, 1984, *The Constitution of Society: Outline of the Theory of Structuration*, Cambridge: Polity Press.
Luhmann, L., 1984, *Soziale Systeme: Grundriss einer allgemeinen Theorie*, Frankfurt am Main : Suhrkamp.（＝1993/1995，佐藤勉監訳『社会システム理論（上）（下）』恒星社厚生閣．）

人名索引

あ

青木昌彦　173
アクセルロッド，R.　73,79
芥川龍之介　27
アリストテレス　90,91
アレ，M.　7
ヴァレラ，F.　82,84
ウィナー，N.　82
ウェーバー，M.　43
ヴォーカンソン，J.　76
エリアス，N.　74
小野理恵　144

か

カイヨワ，R.　88
加藤淳子　144
カートライト，D.　19
カルナップ，R.　42
ギデンズ，A.　222
木村邦博　113
ギルバート，N.　74
グジャラティ，D.　103,104
グラノベッター，M.　183
クリック，F.　79
クーン，T.　44
ゲーデル，K.　30
高坂健次　20
コーザー，L.　24,25
小林淳一　113
ゴールドバーガー，A.　103
コーン，M.　116
コンウェイ，J.　77

さ

サミュエルソン，P.　103
シュミッター，P.　162
ジンメル，G.　24,25
スクーラー，C.　116
鈴木梅太郎　46
ズナニエッキ，F.　102

た

高木兼寛　46
ダール，O. J.　81
デカルト，R.　34,76
デュエム，P.　43
デューク，R.　90
デュルケーム，E.　16,24,89
ドーキンス，R.　79,88
ドラン，J.　74

な

長尾真　86,87
西田春彦　100,119
野口英世　45,47
ニガート，K.　81
ノラート，M.　162

は

ハイダー，F.　19
パットナム，R.　170
ハラリー，F.　19
ハンソン，N.　44
ヒトラー，A.　34-36
ヒューウィット，C.　82
ヒューム，D.　42
ヒルベルト，D.　30,39
ファラロ，T.　20
ファン・ディーメン，M.　137,140
ファン・ベルタランフィ，L.　82
フォン・ノイマン，J.　76,77,79,82

プラトン　90, 91
フレーザー, J.　89
ヘンペル, C.　38, 42
細川護熙　141
ボードリヤール, J.　94
ホマンズ, J.　77
ポパー, K.　42, 43
ボルジャー, E.　144
ボルツ, N.　95

ま

マーシャル, A.　47
マトゥラーナ, H.　82, 84
マートン, R.　24
マリノフスキー, B.　20, 21
見田宗介　102
武藤滋夫　144
メイナード＝スミス, J.　78
モラン, E.　86
森鷗外（森林太郎）　45, 46
モレノ, J.　92, 102
モルゲンシュタイン, O.　77

や

安田三郎　101

ら

ライカー, W.　136
ラカトシュ, I.　43
ラザーズフェルド, P.　119
ラパポート, A.　78
ラ・メトリ, J.　76
ロールズ, J.　92, 93
ラングントン, C.　79, 80
ルウォンティン, R.　78
ルーマン, L.　83, 84, 215
レイ, T.　80
レイヴァー, M.　144
レームブルッフ, G.　162
レンブラント, H.　43

わ

ワトソン, J.　79

事項索引

あ

アレのパラドクス 7, 8
Out-For-Tat (OFT) 戦略 172, 173
意思決定 6, 7, 134, 139, 153, 155
イベントヒストリー分析 108, 110, 111, 115
イベント分析 147, 150, 160
後ろ向き合理性 70
演繹的モデル 87, 112, 115-117, 119
重みつき多数決ゲーム 129, 133, 135, 138, 142
オッカムの剃刀 38
オートポイエーシス 83, 84
オブジェクト指向 81, 82

か

回帰分析 105
解析モデル 74, 84
科学革命 44
確率関数 199, 200, 203
確率進化モデル 67
確率変数 204, 208
確率密度関数 187, 200, 203, 204
仮想プレイ 70
カテゴリーの誤謬 6
観察の理論負荷性 44
完全統合型関係 11
完全ベイジアン均衡 157
疑心暗鬼型関係 12
期待効用 7, 8
　期待効用モデル 149
期待の相補性 13, 15
期待利得 56, 61, 62, 66, 68, 155
共同体ゲーム 172-176, 183
共分散構造分析 111, 116
協力（的な）行動 170-173, 175, 185
非協力（的な）行動 172
協力ゲーム 14, 144, 219
非協力ゲーム 14
拒否権 127-129, 132
均衡の安定性分析 22
繰り返しゲーム 187, 209, 224
形式化
　→　フォーマライゼーション
形式主義 4, 30, 39
計量社会学 29, 99, 101-103, 112, 117
計量分析 99-107, 111-120
計量モデル 101-104, 107, 111, 113-115, 117
ゲーム理論 15, 51-54, 58-60, 69, 70, 77, 125, 147, 154, 160, 165
　進化ゲーム（理論） 59, 60, 67-70, 77, 78
限界効用 5
言説分析 215
言説モデル 13
構造方程式モデル 5, 111, 113
効用関数 5
公理主義 39
合理性の仮定 190
合理的行為者モデル 216
合理的選択 133, 188
合理的選択理論 216
互恵主義 176
互酬性の規範 171

さ

再均衡過程
　ノード型の再均衡過程 10
　ループ型の再均衡過程 11
最適反応 57
最適反応関数 56, 57

散逸破局型関係　12
参与観察　215
試行錯誤型関係　11
自己言及性　75
自己再製　76, 77, 79
『仕事とパーソナリティ』　116
『自殺論』　24
支持基盤　151-160, 165
実証主義　42
実践感覚　211, 226
質的（データ）分析　99, 101, 118, 215
しっぺ返し（戦略）　78, 171
シミュレーション　4, 71, 73-75, 77, 84-95, 182, 222-224
『シミュラークルとシミュレーション』　93
社会運動　147-155, 158-160, 162-165, 167, 220
社会関係資本　169-173, 175-178, 180, 182, 184, 185, 223
社会関係（の）ゲーム　180
社会システム論　215
社会測定法　102
社会調査法　103
社会的ジレンマ　169, 170, 172, 173, 182, 183, 222, 223
社会的連帯　16, 24
社会統計学　99, 100, 102, 113, 116, 117
『社会分業論』　16
社会分化　25
社会（学）理論　28, 29
シャープレイ・シュービック指数　129-134, 138
囚人のジレンマ　79, 171, 184
　一回限りの囚人のジレンマ　172
　繰り返し囚人のジレンマ　171
　反復囚人のジレンマ　78
進化的均衡　62-65, 67-69
進化的に安定した戦略（ESS）　68, 69, 78
人工生命　79, 80
水利ゲーム　172-176, 180, 181
数理解析　103
数理統計学　100

数理モデル　4, 13, 18, 20, 25, 27, 101, 103-107, 111-117, 119, 126, 137, 147, 148, 150, 151, 154, 164, 165, 211-218, 220-222, 224, 225
正義論　93
政権形成（モデル）　135, 137-139, 141
政治体　151-164, 165
政治的機会構造　147-154, 158, 160-162, 165, 167, 220, 221
政党数最小化モデル　136, 137
勢力モデル　140, 144
戦略
　混合戦略　55, 56
　純粋戦略　55, 56
相互主義　176, 180, 184

た

ダイアド関係　9
対数線形モデル　115
ただ乗り　170, 175
中間集団（中間団体）　183, 184
調整
　調整ゲーム　53
　調整問題　51, 52
　調整ルール　51
D-N 説明　38
提携
　提携形成　126, 135, 219
　勝利提携　127, 128, 130-132, 135, 138, 142
　敗北提携　127, 128, 131, 135
テイラー展開　10, 22
デュエムのテーゼ　44
統計分析　111, 118
（反復）投資ゲーム　194, 198, 202, 205, 206, 209, 225
投票ゲーム　125-129, 134, 138, 143, 144, 219, 220
　多選択肢化投票ゲーム　144
トリガー戦略

な

ナッシュ基準　15

ナッシュ均衡　54-58, 63
　　混合戦略ナッシュ均衡　56, 63
混合ナッシュ均衡（戦略）　14, 56
　　純粋戦略ナッシュ均衡　55, 58
『西太平洋の遠洋航海者』　20
二者関係　12
二重の解釈学　222
ネオ・コーポラティズム　160-163
ネットワーク　170-172, 175-178, 180, 184, 223

は

パラダイム　44-47, 73, 75
バランス理論　18
パレート効率的　14
パワー指数　125, 126, 129, 133, 134, 138-140, 142, 143
反証可能　43
反証主義　41, 43
微分方程式モデル　109, 111
フォークの定理　172
フォーマライゼーション　15, 16, 18, 20, 212
不完備情報ゲーム　157, 220
複数均衡問題　59, 65, 67
ブール代数　118, 119
分業度　17
分析的理性　34
分布
　　2次元正規分布　204
　　分布関数　202
　　所得分布　187, 188, 209, 224
　　正規分布　105, 187, 194, 200-205, 207-209
　　対数正規分布　187, 188, 205, 206, 208, 209, 224
　　多項分布　203, 209
　　多変量正規分布　203
　　二項分布　199-201, 203, 204, 207
報奨密度　190-194, 196, 198, 209

方法論的個人主義　52, 69
方法論的全体主義（方法論的社会主義）　52
細川（連合）政権　141-143, 219, 220

ま

前向き合理性　69
マルチ・エージェント　73, 80, 81
ミクロ-マクロ連関　75
無知のベール　92, 93
村八分　173, 176, 184

や

弱い紐帯の強さ　183

ら

ライカー・モデル　136, 140, 141
利益団体　160-164
リスク
　　リスク愛好的　8
　　リスク回避的　8
　　リスクに対する選好　8
利得関数　157
利得行列　13, 15, 53, 54, 63, 66
理論社会学　3, 20, 29, 35, 45
リンケージ
　　イシュー・リンケージ　175, 176
　　ゲームのリンケージ　169, 170, 172, 173, 176, 180, 183
　　プレイヤー・リンケージ　175, 176
累積効果　205-207, 209, 225
レプリケーター・ダイナミクス　61, 62, 66-70
ログリニア分析　118
ロジットモデル　118

わ

割引因子　177, 178, 182, 223
ワンショット・ゲーム　194, 195, 202, 209

執筆者略歴（＊は編者）

今田高俊（いまだ　たかとし）＊　第1章
1948年生まれ．東京工業大学大学院社会理工学研究科教授．専攻は社会システム論，社会階層論，社会理論．『自己組織性：社会理論の復活』創文社（1986），『社会階層と政治』東京大学出版会（1989），『意味の文明学序説：その先の近代』東京大学出版会（2001）ほか．

志田基与師（しだ　きよし）　第2章
1955年生まれ．横浜国立大学大学院環境情報研究院教授．専攻は理論社会学．『平成結婚式縁起（いまどきウェディングじじょう）』日本経済新聞社（1991），セン『集合的選択と社会的厚生』（監訳）勁草書房（2000）ほか．

佐藤嘉倫（さとう　よしみち）　第3章
1957年生まれ．東北大学大学院文学研究科教授．専攻は社会階層論，社会変動論，信頼研究．『意図的社会変動の理論：合理的選択理論による分析』東京大学出版会（1998），"Trust, Assurance, and Inequality: A Rational Choice Model of Mutual Trust," *Journal of Mathematical Sociology* 26(1-2): 1-16(2002), "Can Evolutionary Game Theory Evolve in Sociology?: Beyond Solving the Prisoner's Dilemma," 『理論と方法』18(2)：185-196(2003)ほか．

遠藤薫（えんどう　かおる）　第4章
1952年生まれ．学習院大学法学部教授．専攻は理論社会学，社会情報システム論，メディア社会学，社会シミュレーション．『電子社会論：電子的想像力のリアリティと社会変容』実教出版（2000），『世界インターネット利用白書』（共著）NTT出版（2002），「インターネットは世論を形成するか」吉見俊哉・花田達朗（編）『社会情報学ハンドブック』東京大学出版会（2004）ほか．

与謝野有紀（よさの　ありのり）　第5章
1960年生まれ．関西大学社会学部教授．専攻は社会階層論，数理社会学．「階層と経済発展：結果の平等，機会の平等および効率」『理論と方法』15（2）：313-330（2000），「政策対象としての真の弱者とは」（髙坂健次との共著）髙坂健次（編）『日本の階層システム6　階層社会から新しい市民社会へ』東京大学出版会（2000），「中国国有企業の『改革』と労働者意識の分化：権威主義とヒエラルヒ絶対主義」松戸武彦・高田利武（編）『変動するアジアの社会心理』ナカニシヤ出版（2000）ほか．

近藤博文（こんどう　ひろふみ）　第6章
1970年生まれ．専攻は数理社会学，ゲーム理論．「連立政権の数理解析」木村邦博（編）『合理的選択理論の社会学的再構成』（科研費報告書）（2000）ほか．

山本英弘（やまもと　ひでひろ）第7章

1976年生まれ．筑波大学大学院人文社会科学研究科研究員．専攻は政治社会学，社会運動論，合理的選択理論．「社会運動の動態と政治的機会構造：宮城県における社会運動イベントの計量分析，1986-1997」（渡辺勉との共著）『社会学評論』52（1）：147-162（2001），「政治的機会構造論再考：期待効用モデルによる考察」『社会学年報』31：139-157（2002），「イベント分析の展開：政治的機会構造論との関連を中心に」（西城戸誠との共著）曾良中清司・長谷川公一・町村敬志・樋口直人（編）『社会運動という公共空間：理論と方法のフロンティア』成文堂（2004）ほか．

長谷川計二（はせがわ　けいじ）第8章

1957年生まれ．関西学院大学総合政策学部教授．専攻は数理社会学．「『共有地の悲劇』：資源管理と環境問題」海野道郎・盛山和夫（編）『秩序問題と社会的ジレンマ』ハーベスト社（1991），「合理的選択と集合的帰結」碓井崧・丸山哲央・大野道邦・橋本和幸（編）『社会学の理論』有斐閣（2000），『質的比較分析』（鹿又伸夫・野宮大志郎との共編著）ミネルヴァ書房（2001）ほか．

浜田宏（はまだ　ひろし）第9章

1970年生まれ．関西学院大学社会学部准教授．専攻は数理社会学，準拠集団論，機会不平等の分析．「所得分布の生成モデル：反復投資ゲームによる定式化」『理論と方法』14（2）：3-17（1999），「経済的地位の自己評価と準拠集団：δ区間モデルによる定式化」『社会学評論』52（2）：283-299（2001），「相対的剥奪の生成：マートン準拠集団論の精緻化」三隅一人（編著）『社会学の古典理論』勁草書房（2004）ほか．

数土直紀（すど　なおき）*　第10章

1965年生まれ．学習院大学法学部教授．専攻は理論社会学，数理社会学．『自由の社会理論』多賀出版（2000），『理解できない他者と理解されない自己：寛容の社会理論』勁草書房（2001）ほか．

数理社会学シリーズ1
数理社会学入門

2005年2月25日　第1版第1刷発行
2007年6月25日　第1版第2刷発行

編著者　数土　直紀
　　　　今田　高俊

発行者　井村　寿人

発行所　株式会社　勁草書房
112-0005 東京都文京区水道2-1-1　振替 00150-2-175253
（編集）電話 03-3815-5277／FAX 03-3814-6968
（営業）電話 03-3814-6861／FAX 03-3814-6854

三協美術印刷・鈴木製本

©SUDO Naoki, IMADA Takatoshi　2005

ISBN978-4-326-64867-2　　Printed in Japan

JCLS ＜㈱日本著作出版権管理システム委託出版物＞
本書の無断複写は著作権法上での例外を除き禁じられています。
複写される場合は、そのつど事前に㈱日本著作出版権管理システム
（電話 03-3817-5670、FAX03-3815-8199）の許諾を得てください。

＊落丁本・乱丁本はお取替いたします。

http://www.keisoshobo.co.jp

数理社会学会監修・土場学ほか編集
社 会 を〈モ デ ル〉で み る
数理社会学への招待
A 5 判　2,940円
60165-3

三隅一人編著
社 会 学 の 古 典 理 論
数理で蘇る巨匠たち
A 5 判　3,150円
60167-7

数理社会学シリーズ（全 5 巻）

数土直紀・今田高俊編著
1　数 理 社 会 学 入 門

小林盾・海野道郎編著
2　数理社会学の理論と方法

佐藤嘉倫・平松闊編著
3　ネットワーク・ダイナミクス
　　社会ネットワークと合理的選択

土場学・盛山和夫編著
4　正　義　の　論　理
　　公共的価値の規範的社会理論

三隅一人・髙坂健次編著
5　シンボリック・デバイス
　　意味世界へのフォーマル・アプローチ

勁草書房刊

＊表示価格は2007年6月現在，消費税は含まれております。